U0540805

本书为教育部人文社会科学研究青年基金项目（18XJC790013）"新时代乡村振兴战略视角下人口城镇化与土地城镇化协调发展研究"和国家社会科学基金重大招标项目（11&ZD146）"制度变迁视角下的中国二元经济转型研究"的阶段性成果

本书由云南师范大学省级重点马克思主义学院、马克思主义理论一级学科和研究生核心课程建设经费资助出版

中国人口城镇化与土地城镇化协调发展研究

Zhongguo Renkou Chengzhenhua Yu
Tudi Chengzhenhua Xietiao Fazhan Yanjiu

王兴芬 ● 著

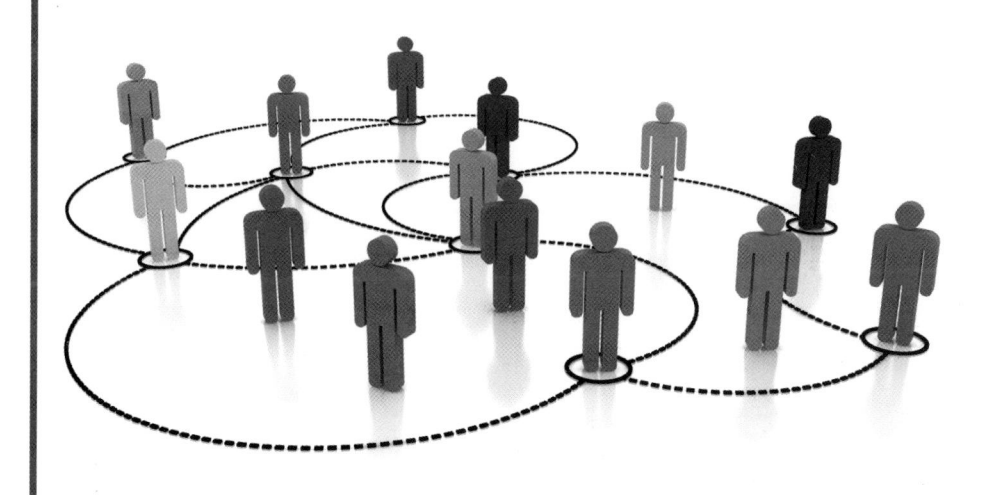

中国社会科学出版社

图书在版编目（CIP）数据

中国人口城镇化与土地城镇化协调发展研究 / 王兴芬著 . —北京：中国社会科学出版社，2019.6
ISBN 978-7-5203-4391-6

Ⅰ.①中⋯ Ⅱ.①王⋯ Ⅲ.①城市化—研究—中国 Ⅳ.①F299.21

中国版本图书馆 CIP 数据核字（2019）第 090004 号

出 版 人	赵剑英
责任编辑	刘　艳
责任校对	陈　晨
责任印制	戴　宽

出　　版	中国社会科学出版社
社　　址	北京鼓楼西大街甲 158 号
邮　　编	100720
网　　址	http://www.csspw.cn
发 行 部	010-84083685
门 市 部	010-84029450
经　　销	新华书店及其他书店
印　　刷	北京明恒达印务有限公司
装　　订	廊坊市广阳区广增装订厂
版　　次	2019 年 6 月第 1 版
印　　次	2019 年 6 月第 1 次印刷
开　　本	710×1000　1/16
印　　张	14.75
插　　页	2
字　　数	213 千字
定　　价	66.00 元

凡购买中国社会科学出版社图书，如有质量问题请与本社营销中心联系调换
电话：010-84083683
版权所有　侵权必究

前　言

　　人口城镇化与土地城镇化是城镇化的重要组成部分，人口城镇化是核心，土地城镇化是载体，人口城镇化与土地城镇化协调发展是健康城镇化的必然要求。人口城镇化与土地城镇化协调发展是保持经济持续健康发展的强大引擎，有利于经济结构转型升级，有利于全面建成小康社会的实现，有利于社会主义现代化建设的加快推进。中国人口城镇化与土地城镇化之间不协调发展的问题严重，已严重影响到我国的社会和谐、经济发展及生态安全等。因此，以中国人口城镇化与土地城镇化协调发展为主题，全面系统地分析我国人口城镇化与土地城镇化失调的现状、失调的类型、失调的原因，以及解决失调的办法显得十分重要和紧迫。本书的主要内容包括以下几个方面：

　　第一，对人口城镇化与土地城镇协调发展进行理论分析。从人口城镇化与土地城镇化及其协调发展含义、人口城镇化与土地城镇化的互动机理及人口城镇化与土地城镇化协调发展的实现机制三个方面展开分析。人口城镇化与土地城镇化是城镇化的基本内容，二者相伴相生，人口城镇化是核心和本质，土地城镇化是空间载体。人口城镇化与土地城镇化相互促进、相互制约，二者良性互动是人口城镇化与土地城镇化协调发展。人口城镇化与土地城镇化协调发展的实现要求健全的市场机制与科学的政府调控相结合，政府创造良好的外部环境，市场在资源配置中起决定性作用。

　　第二，考察我国人口城镇化与土地城镇化失调的表现，分析失调可能产生的危害。城镇新增建成区主要靠征地、建成区人口密度下降、建设占用耕地情况严重、城镇住房空置率高、土地城镇化的增长速度快于人口城镇化的增长速度等现象均表明我国人口城镇化与土地城镇化失调，且失调的类型属于人口城镇化滞后型。土地城镇化过快发展一方面导致城镇土地利用率低下，另一方面导致农地过度"非农化"，会产生威胁国家粮食安全、影响社会安定、破坏生态环境等危害。

第三，对我国人口城镇化与土地城镇化协调性进行测度。首先，采用协调发展模型对全国人口城镇化与土地城镇化协调发展情况进行测度，结果显示我国人口城镇化与土地城镇化失调严重，并且属于人口城镇化滞后型。其次，采用离差系数法对中国大陆31个省（市、区）人口城镇化与土地城镇化协调性进行测度，并从区域比较的视角展开分析，结果显示：我国四大区均处于不同程度的人口城镇化与土地城镇化失调状态，失调程度由高到低依次是西部、东北、东部、中部；而从失调类型上看，西部、东北、中部均属于人口城镇化滞后型，东部10省市中，除了北京市和上海市属于人口城镇化超前外，其余的8省（市）也都属于人口城镇化滞后型。最后，采用协调性评价模型对中国大陆654个城市的人口城镇化与土地城镇化协调性进行测度，并从不同类别城市以及城市规模变动两个视角对人口城镇化与土地城镇化协调情况进行比较分析，结果显示：小城市、中等城市、大城市和特大城市均处于不同程度的土地城镇化快于人口城镇化状态，其中小城市和中等城市以土地显著扩张为主，大城市和特大城市以土地快速扩张为主，在五种城市类别中，只有超大城市属于土地城镇化滞后型，以人口快速扩张为主。

第四，剖析我国人口城镇化滞后于土地城镇化的原因。对我国人口城镇化与土地城镇化协调性测度的结果显示，我国整体上处于人口城镇化滞后、土地城镇化超前的状态，因此，从制约人口城镇化和推动土地城镇化两方面展开原因剖析。通过分析得出：我国人口城镇化滞后于土地城镇化主要是由制度安排的不合理所致，制度因素是决定性因素。制约人口城镇化发展的原因包括：（1）由于城乡二元社会保障制度，城乡二元教育制度，以及城乡二元住房保障制度限制，农民工难以享受与城镇本地户籍居民均等的公共服务，阻碍了人口城镇化。（2）由于农村土地承包经营权和宅基地使用权流转范围被严格限制在"本集体经济组织"，以及禁用宅基地使用权抵押等金融功能，农民的财产性收益变现难，降低了市民化成本的支付能力。（3）由于财权与事权不对称的分税制导致地方政府财权小，财力不足，影响了地方政府对公共服务的支出，降低了人口城镇化的吸引力。（4）由于"自上而下"单一的官员晋升考核机制，导致地方政府缺乏提供公共产品的激励，阻碍了人口城镇化。推动土地城镇化快速发展的原因包括：（1）由于城乡二元土地制度存在土地征用目的不明确、征地补偿标准低的缺陷，地方政府可以通过低价征收高价出让获得巨额土地出让金，从而激励地方政府征地，推动土地城镇化。（2）由于财权与事权不对称的分税制，导致地方政府事权增加，为履行政府的基本职能，地方政府增强了对土地财政的依赖，从而推动土地城镇化。（3）强调GDP等经济业绩的政绩考核制度，加速了地方政府征地。（4）"自上而下"单一的官员晋升考核机制，加强了地方政府对"献上"考核指标的重视，助推土地城镇化。

第五，探讨促进我国人口城镇化与土地城镇化协调发展的措施。针对导致我国人口城镇化滞后于土地城镇化的原因，从加快人口城镇化与控制土地城镇化两个方面提出促进我国人口城镇化与土地城镇化协调发展的措施。加快人口城镇化的措施包括：（1）通过深化户籍制度改革，解绑与户籍关联的制度安排，建立全国统一的社会保障制度、学籍制度和住房保障制度，解决进城农民工社会保障、随迁子女教育和基本住房权利等问题，推动农民工市民化。（2）通过完善农村土地流转机制、赋予两权（农村土地承包经营权和住房财产权）抵押融资功能，保障农民的财产性收益，提高人口城镇化成本的支付能力。（3）通过完善转移支付制度，缩小区域差距，逐步实现区域间公共服务均等化，促进区域间人口合理流动。（4）通过采用"自上而下"与"自下而上"相结合的官员晋升考核模式，建立体现民意的官员晋升考核机制，激励地方政府提供完备的公共服务，从而促进人口城镇化。合理控制土地城镇化的措施包括：（1）通过明确征地的公共利益范围、采用"国有化"与"市场化"相结合的土地

"农转非"方式，改革土地征用制度，限制地方政府的权力，遏制地方政府的征地冲动，控制土地城镇化的规模。（2）通过将土地出让金分年度支付，降低现任政府的土地出让金收益；完善土地增值收益分配机制，让农民参与享受土地增值收益，降低地方政府在土地增值收益中所得的份额，从而减少地方政府的征地行为。（3）开辟新税源，降低地方政府对土地财政的依赖，从而减缓土地城镇化的速度。（4）降低经济业绩在政绩考核中的权重，从而放缓土地城镇化的步伐。

目　录

第一章　绪论 …………………………………………………………（1）
　　第一节　选题背景 …………………………………………………（1）
　　第二节　研究意义 …………………………………………………（2）
　　第三节　研究方法 …………………………………………………（4）
　　第四节　基本结构与主要内容 ……………………………………（6）
　　第五节　创新与不足 ………………………………………………（9）

第二章　文献综述 ……………………………………………………（12）
　　第一节　国外文献综述 ……………………………………………（12）
　　第二节　国内研究综述 ……………………………………………（19）
　　第三节　研究述评 …………………………………………………（30）

第三章　人口城镇化与土地城镇化协调发展的理论分析 …………（32）
　　第一节　人口城镇化与土地城镇化及其协调发展的含义 ……（32）
　　第二节　人口城镇化与土地城镇化的互动机理 ………………（42）
　　第三节　人口城镇化与土地城镇化协调发展的实现机制 ……（49）

第四章　中国人口城镇化与土地城镇化失调的表现及影响 ……（66）
　　第一节　中国人口城镇化与土地城镇化的发展及现状 ………（66）
　　第二节　中国人口城镇化与土地城镇化失调的表现 …………（79）

第三节　中国土地城镇化快于人口城镇化的危害 …………（90）

第五章　中国人口城镇化与土地城镇化协调性测度 …………（112）
第一节　研究对象与数据来源 ………………………………（112）
第二节　测度方法 ……………………………………………（113）
第三节　测度结果与分析 ……………………………………（119）

第六章　人口城镇化与土地城镇化协调性的区域比较 ………（129）
第一节　测度方法 ……………………………………………（129）
第二节　测度结果与分析 ……………………………………（132）

第七章　不同类别城市人口城镇化与土地城镇化协调性比较 …………………………………………………………（145）
第一节　研究对象与数据来源 ………………………………（145）
第二节　测度方法 ……………………………………………（150）
第三节　结果分析 ……………………………………………（153）

第八章　中国人口城镇化滞后于土地城镇化的原因 …………（162）
第一节　与户籍关联的制度安排制约人口城镇化 …………（164）
第二节　二元土地制度影响人口与土地城镇化协调发展 …（170）
第三节　财权与事权不对称的分税制影响人口与土地城镇化协调发展 …………………………………………（178）
第四节　政绩考核与晋升机制影响人口与土地城镇化协调发展 …………………………………………………（183）

第九章　促进人口城镇化与土地城镇化协调发展的措施 ……（187）
第一节　深化户籍制度改革，解绑与户籍关联的制度安排 …………………………………………………（187）

第二节　推进土地制度改革，促进城镇化健康发展…………（190）

第三节　建立财权与事权对称的财税体制………………（194）

第四节　改革政绩考核与官员晋升机制…………………（196）

参考文献………………………………………………………（200）

第一章 绪论

第一节 选题背景

城镇化是加快产业结构升级的重要抓手,是撬动内需、保持经济持续健康发展的强大引擎。美国诺贝尔经济学奖得主斯蒂格利茨曾断言,中国的城镇化和美国的高新科技将是21世纪影响世界经济的两件大事。

2016年我国常住人口城镇化率为57.35%,根据世界城镇化发展的普遍规律,目前我国的城镇化处于快速发展阶段(城镇化率30%—70%),该阶段是很多国家经济快速发展的黄金时期,同时也是问题的多发期。具体到我国,城镇化的发展方式粗放导致城镇蔓延式扩张,人口城镇化滞后于土地城镇化是目前城镇化关键阶段的重点和难点问题。1981年,中国的城镇人口与建成区面积分别为20171万人和7438平方公里,2015年城镇人口与建成区面积分别为77116万人和52102.31平方公里,35年里城镇人口增加了3.82倍,而建成区面积却增加了7.01倍,建成区面积的增长速度约为城镇人口增长速度的2倍。

土地城镇化快于人口城镇化产生诸多不良影响:首先,威胁国家粮食安全。农地过度非农化,城镇建设占用耕地严重,以及土地过度城镇化导致耕地质量下降,影响了我国粮食产量,导致我国粮食商品化率低、粮食进口量不断增加,人均粮食占有水平低,威胁我国的粮食安全。其次,导致城镇土地利用率低下。农地过度非农化,导致城镇住房空置率高、城市土地利用率低、城市人口密度低等城镇土地利用率不高问题。再次，影响社会安定。农地快速城镇化，导致大批农民失去土地，产生许多"三无游民"，提高了犯罪的概率，威胁社会和谐与安定。最后，破坏生态环境。农地过度非农化，自然生态景观遭到破坏，原有生态系统的生态功能退化，生物多样性降低，土地污染和退化严重。因此，土地城镇化快于人口城镇化，影响我国经济持续健康发展，不利于和谐社会的构建和全面建成小康社会的实现。

土地城镇化快于人口城镇化已造成严重的不良影响，但目前有关人口城镇化与土地城镇化协调发展的研究较少，且不系统，没有对人口城镇化与土地城镇化协调发展展开比较系统的研究，导致理论指导不足。虽然政府已经出台了一些改革措施来应对，但人口城镇化缓慢、城镇空间规模快速扩张的问题依然严重。

2015年新增建成区面积2329.68平方公里，征用土地面积1548.53平方公里，年内减少耕地面积30万公顷，建设占用耕地面积15.94万公顷，按照联合国确定的土地对人口的最低生存保障线人均0.8亩（8分）耕地计算，2015年我国因城镇建设占用耕地导致298.86万人失去耕地。2016年我国2.45亿[①]流动人口处于城镇的"边缘地带"，难以实现市民化。

未来能否实现城镇化全面协调可持续发展，将对我国经济发展起到关键作用，也将对我国居民生活状况产生深远影响。因此，选择"中国人口城镇化与土地城镇化协调发展"作为研究课题，全面系统地分析我国人口城镇化与土地城镇化失调的现状、失调的类型、失调的原因，以及找到解决失调的办法显得十分重要和紧迫。

第二节 研究意义

人口城镇化与土地城镇化是城镇化的基本内容，人口城镇化与土地城镇化相伴相生，人口城镇化是核心，土地城镇化是空间载体，人

---

① 杨菊华：《新型城镇化背景下户籍制度的"双二属性"与流动人口的社会融合》，《中国人民大学学报》2017年第4期。

口城镇化与土地城镇化协调发展是健康城镇化的必然要求。虽然有关城镇化的研究成果较多，但对于人口城镇化与土地城镇化的研究相对较少，而对于人口城镇化与土地城镇化协调发展的研究比较零星，因此对人口城镇化与土地城镇化协调发展展开全面、系统的研究，具有较强的理论意义和现实意义。

一　理论意义

理论意义具体表现在：第一，通过对人口城镇化与土地城镇化协调发展的理论分析，很好地揭示了人口城镇化与土地城镇化在城镇化体系中的作用，对二者互动机理以及二者协调发展实现机制的研究，有利于丰富和完善人口城镇化与土地城镇化关系的理论研究。

第二，分析人口城镇化滞后土地城镇化的制度性成因，并在此基础上提出相应的解决措施，有利于推进人口市民化、土地集约化的城镇化发展道路研究。

第三，人口城镇化与土地城镇化协调发展可推动城镇化健康发展，从而为社会经济的发展带来红利。有关城镇化的研究较多，但以人口城镇化与土地城镇化协调发展为研究主题的却较少，本书以中国为研究对象，从全国整体、不同区域及不同规模城市三个视角，研究我国整体、不同区域、不同规模城市人口与土地城镇化的协调情况，有助于对我国人口城镇化与土地城镇化的协调情况有一个整体的认识，有助于充实与城镇化相关的研究成果。

二　现实意义

现实意义具体表现在：第一，通过对全国、各区域、不同类别城市、城市规模变动下的人口城镇化与土地城镇化协调性进行测度分析，更加全面地展现我国人口城镇化与土地城镇化的协调情况，为政府制定相关政策，促进人口城镇化与土地城镇化协调发展提供参考依据。第二，从制度的视角找我国人口城镇化滞后于土地城镇化的"病根"和"病理"，从而提出具有可操作性的完善措施，为解决农民工市民化、土地集约节约利用等问题提供可资借鉴的指导。

第三节 研究方法

　　城镇化是一项复杂的系统工程，涉及经济学、政治学、社会学、管理学、统计学、人口学等多学科领域，在研究时需要跨学科、多视角地进行综合、系统、辩证的分析，由个别到一般、从现象到本质，从发展的视角进行研究。人口城镇化与土地城镇化协调发展问题研究既需要从理论角度深入剖析所涉及的相关问题，了解问题出现的实际情况和客观规律，又需要从实证方面判断二者协调发展的程度、失调的影响等。故本书既运用实证分析方法也运用规范分析方法，这两种方法相互补充和论证，可以提高问题研究的科学性和合理性。

一　逻辑演绎法

　　逻辑演绎法是指利用现有的经济学一般原理，对某种具体现象或问题进行系统的论述和说明的方法。逻辑演绎法集中体现在人口城镇化与土地城镇化协调发展的理论分析部分，对人口城镇化与土地城镇化协调发展的内涵、互动机理、实现机制进行逻辑推演。根据人口城镇化与土地城镇相伴相生，是城镇化的两个重要组成部分，推演出人口城镇化与土地城镇化协调发展的内涵。根据人口城镇化与土地城镇化各自在城镇化体系中的作用，推演出人口城镇化与土地城镇化的互动机理。根据成本收益原理，演绎出人口城镇化是由市场主体对集聚收益与集聚成本的权衡决定的，当人口集聚收益大于集聚成本时，人口集聚，反之则人口分散。同时，根据成本收益原则，推演出集聚收益最高的区位就是土地利用最高的地方，而集聚收益低的地方土地利用相对较低，因集聚收益的不同，导致城镇空间结构的演变与土地资源的配置。

二　描述性统计法

　　描述性统计法是对统计数据进行整理和描述的方法。描述性统计法在文中集中体现在第四章，为了让中国人口城镇化与土地城镇化失调的表现更加清楚和具体，用了大量的数据表格和图形来表示，如为了说明城镇建设占用耕地情况严重，通过数据整理，经过简单计算，再用表格的形式列出来，可以清晰地看到1999—2015年因城镇建设用地面积占当年减少耕地面积的比重平均为42.36%，2007年甚至高达79.65%。

三 比较分析法

比较分析法是指通过事物异同点的比较，达到对各个事物深入了解，从而把握各个事物的方法。比较分析法集中体现在第六章、第七章中。第六章对我国东、中、西、东北四大区域的人口城镇化与土地城镇化协调性进行比较分析，最后得出我国四大区域均处于不同程度的人口城镇化与土地城镇化失调状态，失调程度由高到低依次是西部、东北、东部和中部的结果。第七章对我国不同规模城市类型的人口城镇化与土地城镇化协调性进行比较分析，得出不同类型城市人口城镇化与土地城镇化失调情况：小城市、中等城市、大城市和特大城市均处于不同程度的土地城镇化快于人口城镇化状态，其中小城市和中等城市以土地显著扩张为主，大城市和特大城市以土地快速扩张为主；在五种城市类型中，只有超大城市属于土地城镇化滞后型，以人口快速扩张为主。

四 数据可视化分析法

数据可视化分析法是指借助图形化的手段将数据转换成适当的图片或图像，以图片或图像的形式将隐藏在数据中的信息清晰有效地展现出来的方法。数据可视化分析法集中表现在第四章、第五章、第六章、第七章中。如第六章中，按照失调等级划分标准，利用 ArcGIS 软件将通过离差系数法测算出来的离差系数在地图上进行可视化操作，直观地展现出中国大陆31个省（市、区）人口城镇化与土地城镇化失调情况的空间分布。

五 协调性测度法

协调性测度法是测度事物间协调程度的方法统称。文中采用了协调发展模型、离差系数法和协调性评价模型三种测度人口城镇化与土地城镇化协调性的方法。这三种方法的具体应用分别体现在第五章、第六章和第七章中。第五章中，建立了协调发展模型，选取反映人口城镇化与土地城镇化内涵的评价指标，通过查找数据，并将数据代入模型计算出人口城镇化与土地城镇化的协调度、发展度和协调发展度，从而判断全国整体人口城镇化与土地城镇化的协调发展水平。第六章中，选取集中体现人口城镇化与土地城镇化内涵的指标，依据查找到的统计数据，利用离差系数法，计算出中国大陆31个省（市、区）的人口城镇化与土地城镇化的离差系数，从而判断中国四大区域的人口与土地城镇化协调情况。第七章中，构建了协调性评价模型，选取评价指标和查找相关指标数据，通过计算人口城镇化与土地城镇化协调度，再根据该方法的判断标准对中国大陆654个城市的人口城镇化与土地城镇协调类型进行判断，从而对不同类别城市人口城镇化与土地城镇化的协调性进行比较研究。

第四节 基本结构与主要内容

本书围绕中国人口城镇化与土地城镇化协调发展这一研究主题，采用"层进式"研究思路逐步展开，如图1-1所示。

在该图中，左侧列是本书的研究逻辑，中间列是对应的具体章节，右侧列是本书的研究思路。前两章是进行本书研究的前提；第三章是本书研究的理论基础；第四章归纳总结出我国人口城镇化与土地城镇化失调的具体表现以及失调可能导致的危害；随后三章采用不同的方法从不同的视角来测度并判断我国人口城镇化与土地城镇化的协调情况以及失调类型，目的在于用定量分析的方法判断我国人口城镇化与土地城镇化失调这一问题的严重程度；最后分析我国人口城镇化与土地城镇化发展不协调的原因，找出解决问题的办法。各章节的具

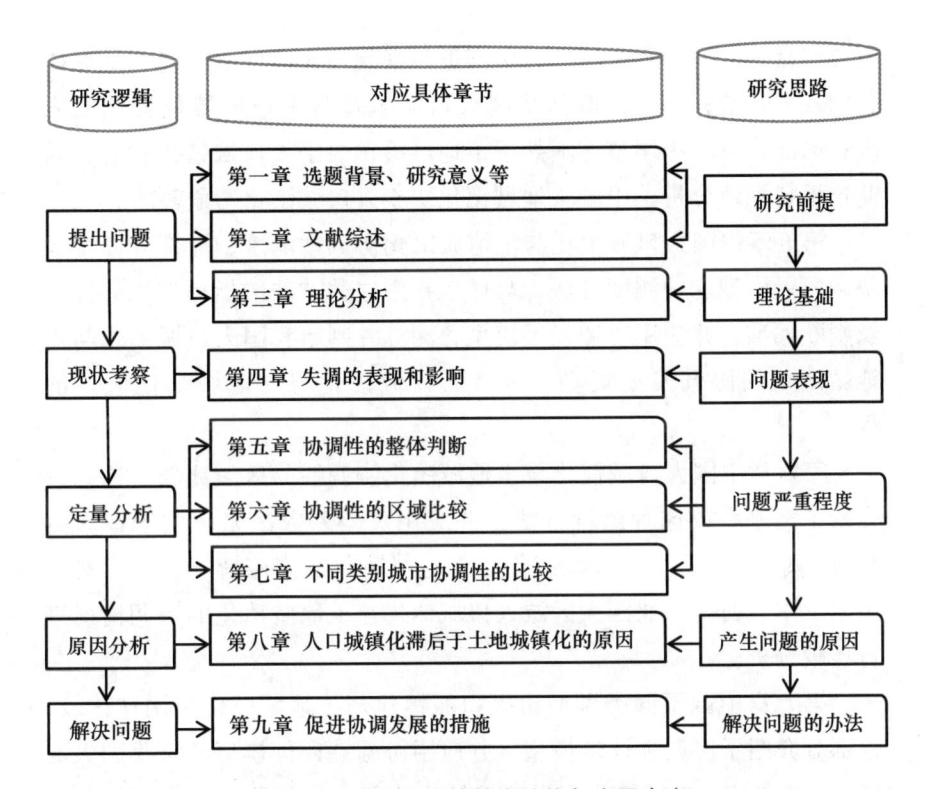

```
研究逻辑                  对应具体章节                    研究思路

提出问题  →  第一章 选题背景、研究意义等  ←  研究前提
          →  第二章 文献综述              ←
          →  第三章 理论分析              ←  理论基础
             ↓
现状考察  →  第四章 失调的表现和影响      ←  问题表现
             ↓
定量分析  →  第五章 协调性的整体判断      ←
          →  第六章 协调性的区域比较      ←  问题严重程度
          →  第七章 不同类别城市协调性的比较 ←
             ↓
原因分析  →  第八章 人口城镇化滞后于土地城镇化的原因 ← 产生问题的原因
             ↓
解决问题  →  第九章 促进协调发展的措施    ←  解决问题的办法
```

图1-1 本书研究的基本结构与主要内容

体内容，如下所述。

第一章绪论，是本书研究的导入部分，主要分析了本书的选题背景、研究意义，介绍本书所采用的研究方法及基本结构与主要内容，并对本书可能的主要创新点及不足做了总结。本部分内容具有重要的提纲挈领作用，对全书研究范围做了界定。

第二章文献综述，从国外和国内两个角度，详细梳理了人口城镇化与土地城镇化的相关研究成果。

第三章人口城镇化与土地城镇化协调发展的理论分析，用理论实证的方法分析人口城镇化与土地城镇化及其协调发展的含义、人口城镇化与土地城镇化之间的互动机理，以及确保二者协调发展的实现机制。该部分是本书的理论基础。

第四章中国人口城镇化与土地城镇化失调的表现及影响，这部分主要包括三方面内容：第一，考察近年来我国人口城镇化与土地城镇化的发展现状；第二，概括我国人口城镇化与土地城镇化失调的表现；第三，由于中国整体上处于土地城镇化快于人口城镇化状态，因此这里特别地分析了中国土地城镇化快于人口城镇化的危害。

第五章中国人口城镇化与土地城镇化协调性测度，这部分介绍了协调发展模型这种测度方法，具体包括用这种方法的指标选取、优点及判断标准，并应用协调发展模型，测算并判断我国人口城镇化与土地城镇化的协调发展类型，以及人口城镇化与土地城镇化失调的程度。

第六章中国人口城镇化与土地城镇化协调性的区域比较，这部分介绍了离差系数这种测度方法，并应用离差系数法来测度中国大陆31个省（市、区）人口城镇化与土地城镇化的协调情况，进而对我国东、中、西、东北四大区域人口城镇化与土地城镇化的协调情况进行比较分析。

第七章中国不同类别城市人口城镇化与土地城镇化协调性比较，这部分介绍了协调性评价模型，并应用协调性评价模型，对我国大陆654个城市的人口城镇化与土地城镇化协调性进行测度，进而对我国小城市、中等城市、大城市、特大城市、超大城市这五种城市类别人口城镇化与土地城镇化协调情况进行比较分析，以及对城市规模变动下人口城镇化与土地城镇化协调性进行比较研究。

第八章中国人口城镇化滞后于土地城镇化的原因，这部分剖析了近年来我国人口城镇化发展缓慢、土地城镇化快速扩张的影响因素。人口城镇化滞后于土地城镇化主要是由制度安排的不合理所致，除了社会保障制度、教育制度和住房保障制度单独影响人口城镇化以外，其余的制度安排，包括土地制度、财权与事权不对称的分税制、政绩考核制度与官员晋升机制的作用力是双重的，它们的存续加剧了人口城镇化滞后于土地城镇化的程度，即在制约人口城镇化的同时还推动了土地城镇化快速发展。

第九章促进中国人口城镇化与土地城镇化协调发展的措施，由第八章的原因分析得知，人口城镇化滞后于土地城镇化主要是由与之相关的各项制度安排不合理、不完善所致。因此，这部分需要针对这些制度的不足，提出深化各项改革的具体措施，从而促进中国人口城镇化与土地城镇化协调发展。

第五节 创新与不足

一 创新

通过以中国人口城镇化与土地城镇化协调发展为主题进行研究，本书可能存在的创新点如下。

（一）较为系统地解释了人口城镇化与土地城镇化的互动机理

已有研究对人口城镇化与土地城镇化互动关系认识还比较浅，停留在二者在城镇化体系中均十分重要，人口城镇化是核心，土地城镇化是载体，人口城镇化与土地城镇化之间存在相互影响，但并未对二者之间相互影响的机理做出系统全面的分析。本书从人口城镇化对土地城镇化的作用机理、土地城镇化对人口城镇化的作用机理，以及人口城镇化与土地城镇化的良性互动三个方面全面系统地解释了二者之间存在的相互关系。

（二）优化评价指标体系

在土地城镇化的评价体系中，已有研究从城镇规模、土地结构、投入水平和产出水平四个方面选取指标。在这些评价指标中，城镇规模这一指标是无可争议的，但土地结构、土地的投入水平与土地的产出水平这三个指标不能参与评价土地城镇化水平。原因是：这三个指标是从不同的角度来体现城镇土地利用的效率，而城镇土地利用效率可以在不增加城镇土地面积的情况下，通过对土地利用类型进行结构调整等方式提高，这与本书界定的土地城镇化（是指土地由非城镇用地转变为城镇用地，城镇空间规模扩张的过程）内涵不相符。在这种情况下，继续加入这三个指标测度出来的土地城镇化水平不准确，会对人口城镇化与土地城镇化的失调程度和失调类型做出错误的判断，因此本书缩小了评价土地城镇化水平的指标范围，选取城镇规模和征地面积两个一级指标，而剔除了土地结构、土地的投入水平与土地的产出水平这三个指标。

（三）从全国整体、区域、不同类别城市以及城市规模变动视角下较为全面地测度我国人口城镇化与土地城镇化的协调情况

在已检索到的文献中，有从全国视角或从某一区域或某一省市来研究人口城镇化与土地城镇化协调发展的，但并没有学者将全国、省（市、区）和具体的城市这三个视角结合起来进行整体分析。本书既研究了中国人口城镇化与土地城镇化整体的协调情况，又从中国大陆31个省（市、区）的角度展开测度，从而进行东、中、西、东北四大区域人口城镇化与土地城镇化协调情况的比较研究，同时还从可获得数据的中国大陆654个城市的视角展开测度，从而进行不同类别城市以及城市规模变动下人口城镇化与土地城镇化协调情况的比较研究。既有时间纵向比较研究，也有区域横向比较研究；既有不同规模城市人口城镇化与土地城镇化协调性的静态比较研究，也有城市规模变动下人口城镇化与土地城镇化协调性的动态比较研究。

（四）较为系统地阐释了人口城镇化与土地城镇化协调发展的经济学含义

已有研究多集中在人口城镇化与土地城镇化是城镇化的基本内容以及二者在城镇化体系中的作用，已认识到二者协调发展很重要，但并未对二者协调发展的经济学含义进行阐释，本书在理解协调、发展、协调发展这三个概念内涵的基础上，根据人口城镇化与土地城镇化各自在城镇化体系中的作用，推演出人口城镇化与土地城镇化协调发展的经济学含义。

二 不足

由于能力、精力以及视野的局限，本书仍存在以下不足：第一，缺乏对国外经验的借鉴或对国外失败教训的归纳总结。第二，在测度中国大陆31个省（市、区）以及654个城市时，由于样本量较大，涉及人口城镇化与土地城镇化内涵的指标较多，数据难以获全，无法采用复合指标法来评价，故选取人口城镇化与土地城镇化的核心指标，采用单一指标法进行测度。第三，原因分析和对策建议不到位。

对中国大陆31个省（市、区）和654个城市人口城镇化与土地城镇化协调性测度的结果显示，我国也存在少数城市是人口城镇化快于土地城镇化的，如北京和上海，由于本书研究的重点是全国的整体情况，从整体上看，我国处于人口城镇化滞后于土地城镇化状态，因此在原因分析和对策建议部分就只分析人口城镇化滞后于土地城镇化的情况，对于少数特殊情况没有做出解释。这些问题有待以后进一步的深化研究。

第二章 文献综述

第一节 国外文献综述

国外文献对于人口城镇化与土地城镇化协调问题的研究主要集中在以下几个方面：第一，人口城镇化与土地城镇化不协调发展产生的问题，主要包括城市蔓延、郊区化，人口分布不均匀、过度集中于大城市两个方面；第二，产生以上人口与土地城镇化不协调问题的原因是什么；第三，产生这些问题可能带来的影响、是否需要纠正以及纠正措施是什么。以下将大致按照以上三个方面展开对国外文献的梳理。

一 人口城镇化与土地城镇化存在的问题研究

国外有关人口城镇化与土地城镇化的研究主要包括两大问题，第一，土地城镇化快于人口城镇化问题。国外文献更多地将土地城镇化快于人口城镇化现象称为城市蔓延（Urban Sprawl）或郊区化（Suburbanization）。"二战"后，北美地区城市人口大规模从市中心向外迁移，逐渐形成了由低密度郊区包围中心城市的居住格局。ULI（1999）[1]、Sierra Club（2000a)[2] 等认为，北美的城市蔓延主要是在经济增长和家庭所有权、个人使用区域的扩大、政府补贴与高速公路、郊区基础设施的投资增长等因素驱动下产生的。与加拿大相比，

---

[1] ULI., "Smart Growth: Myth and Fact", *Urban Land Institute*, 1999. http://www.uli.org/Pub/Media/A_issues/A_SmL4_Myth.pdf.

[2] Sierra Club., "Sprawl Costs Us All: How Your Taxes Fuel Suburban Sprawl", *The Sierra Club Report on Sprawl*, 2000a. http://www.sierraclub.org/sprawl/report00/sprawl.pdf.

美国的城市蔓延现象更为严重（Parfray，1999[①]；Sierra Club，2000b[②]）。Hoenack 和 Peris 等（1984）认为20世纪60年代末70年代初，美国人口从大都市迁往非都市区成为主流趋势。[③] 美国人口普查局数据显示，1950—1980年，美国超过100万人的大城市的人口只增加了74.5%，但城市土地面积增加了147.7%，城市人均用地增加了84.3%。Seto 等（2011）的研究表明在过去的30年里全球的城市面积和城镇人口数量都发生了剧烈的变化，表现为城市面积扩大了4倍，而城镇人口仅增长2倍。人口城镇化滞后于土地城镇化，低海拔的沿海地区城市土地扩张的速度更快，而印度、中国、非洲的城市土地扩张是世界上最迅速的。[④] Marshall（2007）的研究表明美国城市土地扩张速度快于人口增长的速度，导致平均城市人口密度下降。[⑤]

城市蔓延造成了大量自然景观和农田资源被吞噬、旧城中心衰落、城市内部出现阶层与种族分化、郊区孤立、缺少社区氛围等经济、社会和环境问题。自"二战"以来，美国人口分散化成为主要趋势，造成城市土地使用类型的变化（Long 和 DeAre，1983）。Geller（2003）认为美国梦是由宽敞的独立屋、许多土地以及独立感编织而成，但是现在公共卫生、城市规划这些都已离我们太遥远。人们谴责这种存在大量问题的毫无规划的城市蔓延。[⑥]

第二，人口分布不均匀，过度集中于大城市的问题。Henderson

[①] Parfrey, E., "What is 'Smart Growth'?", *Sierra Club*, 1999. http://www.sierraclub.org/sprawl/community/smartgrowth.asp.

[②] Sierra Club. "Smart Choices or Sprawling Growth: A 50-State Survey of Development", *The Sierra Club Report on Sprawl*, 2000b. http://www.sierraclub.org/sprawl/50statesurvey/intro.asp.

[③] Hoenack S. A., Peris J. A., Weiler W. C., "Can Economic Incentives Explain the Recent Population Movements to Nonmetropolitan areas?", *The Annals of Regional Science*, Vol.18, No.1, January 1984.

[④] Seto K. C., Michail F., Burak G., et al., "A Meta-Analysis of Global Urban Land Expansion", *Plos One*, Vol.6, No.8, August 2011, p.23777.

[⑤] Marshall J. D., "Urban Land Area and Population Growth: A New Scaling Relationship for Metropolitan Expansion", *Urban Studies*, Vol.44, No.10, September 2007, pp.1889-1904.

[⑥] Geller A. L., "Smart Growth: A Prescription for Livable Cities", *American Journal of Public Health*, Vol.93, No.9, September 2003, pp.1410-1415.

(2002) 认为过去的半个世纪里，在许多发展中国家，快速城市化在大城市似乎伴随着过度的城市人口集中。一定程度的城市人口集中最初是可取的，可以减少地区间和地区内的基础设施支出。但在一个成熟的城市系统中，经济活动会更加分散。标准化的工业生产往往分散到更小和中型都市地区，而在大都市的主要是服务、科研和非标准化工业。[①] Small (2004) 通过卫星探测夜灯分布情况得出，60000 个灯区占居住地面积不到 2%，且 50% 的灯区在最大城市的前 5% 和卫星城。城市土地使用和高的人口居住密度对周边环境产生了不同程度的影响。如果未来人口分布按照现在的模式蔓延下去，人口增长的势头和城市移民的增长率将导致城区面积的加速扩张。[②]

二 城镇用地快速扩张的原因

导致城镇用地快速扩张的原因有多种说法：第一，地租决定论。以 Alonso (1964)[③]、Muth (1967)、Mill (1969)、Brueckner (1987)[④] 为代表。第二，收入决定论。以 Zhang (2001)[⑤]、Camagni 等 (2002)[⑥] 为代表。第三，市场决定论。以 Brueckner (1983, 2000)[⑦][⑧] 为代表，认为美国城市空间扩张的原因有三个，分别是人

[①] Henderson V., "Urbanization in Developing Countries", *World Bank*, Vol. 17, No. 1, Spring 2002, pp. 89 – 112.

[②] Small C., "Global Population Distribution and Urban Land Use in Geophysical Parameter Space", *Earth Interactions*, Vol. 8, No. 8, June 2004, pp. 145 – 147.

[③] Alonso W., *Location and land use*, Massachusetts: Harvard University Press, 1964, pp. 11 – 26.

[④] Brueckner J. K., "The Structure of Urban Equilibria: A Unified Treatment of the Muth-Mills Model", *Handbook of Regional & Urban Economics*, Vol. 2, No. 1, 1987, pp. 821 – 845.

[⑤] Zhang T. W., "Community Features and Urban Sprawl: The Case of the Chicago Metropolitan Region", *Land Use Policy*, Vol. 18, No. 3, July 2001, pp. 221 – 232.

[⑥] Camagni R., Gibelli M. C., Rigamonti P., "Urban Mobility and Urban Form: The Social and Environmental Costs of Different Patterns of Urban Expansion", *Ecological Economics*, Vol. 40, No. 2, February 2002, pp. 199 – 216.

[⑦] Brueckner J. K., Fansler D. A., "The Economics of Urban Sprawl: Theory and Evidence on the Spatial Sizes of Cities", *Review of Economics & Statistics*, Vol. 65, No. 3, February 1983, pp. 479 – 482.

[⑧] Brueckner J. K., "Urban Sprawl: Diagnosis and Remedies", *International Regional Science Review*, Vol. 23, No. 2, April 2000, pp. 160 – 171.

口增长、收入增加、通勤成本下降,这三个方面市场失灵会扰乱土地在农业和城市之间的使用分配。Shoshany 和 Goldshleger (2002)[①] 与 Deng 和 Huang 等 (2008)[②] 在对中国、以色列等国家城镇用地扩张的研究中,进一步验证了 Brueckner 的观点。Haase 和 Kabisch 等 (2013) 分析了 1990—2000 年欧洲 188 个城市的人口和家庭数目的关系,以及 2000—2006 年城市土地增长和人均居住空间之间的关系,结果显示,有些城市人口和家庭数目同时下降,而且这种"双降"城市在不断地增加,因为人均居住空间的增加中和了减少的土地消费。在得出欧洲人口城镇化与土地城镇化的特点是不管城市人口和家庭数目是增加还是减少,城市土地和人均居住面积都在增加后认为既不是人口的下降也不是家庭数目的减少就能够自动解决全球土地消费问题。因此,他们认为城市土地扩张的原因包括城市人口、家庭户数、定居计划、住房类型、户型、生活方式、土地使用类型等。[③]

三 人口过度集中于大城市的原因

人口偏好迁移到大城市、特大城市,造成大城市的人口密度过高、拥挤不堪的原因包括以下几个方面:第一,政治权利。Ades 和 Glaeser (1994) 认为人们历尽艰辛进城就是为了集中在城市的财富、影响领导者的欲望、较好的治安和资金安全。而这些均是因为政治权利集中于城市,公元前 50 年的罗马是这样,现在很多国家也是这样的。[④] 第二,经济收益。Hoenack 和 Peris 等 (1984) 认为就业是外在

---

① Shoshany M., Goldshleger N., "Land-Use and Population Density Changes in Israel-1950 to 1990: Analysis of Regional and Local Trends", *Land Use Policy*, Vol. 19, No. 2, April 2002, pp. 123 – 133.

② Deng X., Huang J., Rozelle S., et al., "Growth, Population and Industrialization, and Urban Land Expansion of China", *Journal of Urban Economics*, Vol. 63, No. 1, January 2008, pp. 96 – 115.

③ Haase D., Kabisch N., Haase A., "Endless Urban Growth? On the Mismatch of Population, Household and Urban Land Area Growth and Its Effects on the Urban Debate", *Plos One*, Vol. 8, No. 6, June 2013, p. e66531.

④ Ades A. F., Glaeser E. L., "Trade and Circuses: Explaining Urban Giants", *NBER Working Papers*, No. 4715, April 1994.

原因，经济因素是内在原因。① 英国经济学家雷文斯坦（E. Ravenstien）等人提出推拉理论，认为人口迁移是推力与拉力两种力量共同作用的结果，更好的职业、教育、医疗、生活条件和社会环境吸引人们流向大城市，其中城乡收入差距是促使人口转移的主要原因。Zhang 和 Song（2003）认为省际移民由城乡收入差距所鼓舞，同时受地理距离位置所限制。② Brueckner（1983）认为"失业是外在因素，而经济因素对移民的影响才是内在的原因"。Henderson（2002）也认为城市人口过度集中的原因是特大城市的规模经济、不发达的城市体系和城市规划管理的人力资源。人口过度集中导致交通事故、由于严重的空气和水污染所产生的医疗费用、长途通勤的时间损失等负面影响，所以必须控制这种趋势。③

四 城市蔓延的原因

许多评论家认为城市蔓延现象是经济系统出错的征兆，而 Brueckner 和 Fansler（1983）认为城市扩张是一个有序的市场过程而不是经济系统失控的象征，高质量、高价格的耕地而非贫瘠的土地对城市扩张更具有抵抗力，土地市场要从城市蔓延的得与失中获得平衡，只需要在消耗到有价值的土地资源时限制城市的蔓延即可。④ 有关城市向郊区蔓延的原因，有以下几种说法：第一，汽车决定论。Glaeser 和 Kahn（2003）将城市扩张界定为基于汽车的生活方式。认为城市扩张无处不在并在继续蔓延。城市的扩张并不是明确的政府政

---

① Hoenack S. A., Peris J. A., Weiler W. C., "Can Economic Incentives Explain the Recent Population Movements to Nonmetropolitan areas?", *The Annals of Regional Science*, Vol. 18, No. 1, January 1984, pp. 81–93.

② Zhang K. H., Song S., "Rural-Urban Migration and Urbanization in China: Evidence from Time-Series and Cross-Section Analyses", *China Economic Review*, Vol. 14, No. 4, September 2003, pp. 386–400.

③ Henderson V., "Urbanization in Developing Countries", *World Bank*, Vol. 17, No. 1, Spring 2002, pp. 89–112.

④ Brueckner J. K., Fansler D. A., "The Economics of Urban Sprawl: Theory and Evidence on the Spatial Sizes of Cities", *Review of Economics & Statistics*, Vol. 65, No. 3, February 1983, pp. 479–482.

策的结果或城市规划不好，而是轿车是生活的必然产物，汽车的生活方式是导致美国城镇用地迅速扩张的根本性因素。城市扩张与生活质量显著改善有关，扩张对环境的负面影响被技术变革抵消。一些人因为没有足够的能力来支付城市扩张这种生活形态所要求的汽车开销而被遗留在城中才是与城市扩张相关的主要社会问题。[1] 第二，分区化税收政策决定论。Hoch认为人们从城市迁往乡村的原因是城乡纳税级别的巨大差别，迁到乡村居住可以减少纳税负担，获得更多可支配收入。[2] 第三，人口迁移、人口自然增长以及政府放任的政策等原因。Arku（2009）认为城市的蔓延式扩张是由以下三方面的原因导致的：（1）自由化的政策导致城市的蔓延式扩展；（2）宏观改革措施伴随着新问题的产生；（3）农民流向城市和人口的自然增长导致城市人口、建设区域面积增加而向外延扩张。[3]

五 控制土地城镇化速度的措施

由于城市蔓延造成了大量自然景观和农田资源被吞噬、旧城中心衰落、城市内部出现阶层与种族分化、郊区孤立、缺少社区氛围等经济、社会和环境问题，许多学者提出了控制城市增长的措施，包括建立绿化带（Brown等，2004）[4]、制定城市增长边界（Gennaio等，2009），以及实行发展税和分级税率（Bento等，2006[5]；Banzhaf等，

---

[1] Glaeser E. L., Kahn M. E., *Sprawl and Urban Growth*, Harvard Institute of Economic Research, Massachusetts: Harvard University, May 2003.

[2] Shaffer R. E., "Rural Employment and Rural-Urban Population Shifts: Discussion", *American Journal of Agricultural Economics*, Vol. 61, No. 5, December 1979, pp. 973 – 974.

[3] Arku G., "Rapidly Growing African Cities Need to Adopt Smart Growth Policies to Solve Urban Development Concerns", *Urban Forum*, Vol. 20, No. 3, February 2009, pp. 253 – 270.

[4] Brown D. G., Page S. E., Riolo R., et al., "Agent-Based and Analytical Modeling to Evaluate the Effectiveness of Greenbelts", *Environmental Modelling & Software*, Vol. 19, No. 12, December 2004, pp. 1097 – 1109.

[5] Bento A. M., Franco S. F., Kaffine D., "The Efficiency and Distributional Impacts of Alternative Anti-Sprawl Policies", *Journal of Urban Economics*, Vol. 59, No. 1, January 2006, pp. 121 – 141.

2010[①]) 等。在此背景下，20世纪八九十年代，新城市主义、"精明增长"和"紧凑城市"等理念提出，并得到许多人的支持。在1980—2010年，美国的城市蔓延现象逐渐得到控制，50万人以上城市的人均建成区面积仅仅增加了3.6%。总的来说，国外文献有关控制土地城镇化的措施主要包括以下几个方面。

第一，精明增长的城镇发展模式。Arku（2009）认为这些问题可以通过采用精明增长模式来解决。精明增长（Smart Growth）模式的核心观点是支持经济繁荣、强调社会需求、保护环境。精明增长模式通过在已有城市土地范围上集约发展来促进城市的繁荣。这个模式也鼓励建立一个强有力的市政府来实施土地使用法规、做一个综合规划来指导发展的地域方向和时间，提供城市管理的范围界限，提供更多的住房选择。[②] 精明增长的城市发展模式有很多的好处，比如可以促进人们的健康状况（Geller，2003）[③]、减少对潜在栖息地和濒危物种80%以上的冲突和威胁（Hunter and Manuel 等，2003）[④]。

第二，更加分散的聚居形式。Moos 和 Skaburskis（2010）利用加拿大人口普查的数据进行多变量分析，结果显示，除了自由职业者、家庭工人、个体经营者外，其他的人不太愿意居住在大城市，可以通过促进城市发展紧凑形态的可持续发展政策和通过强调城市设施来吸引流动人口的政策，降低城市蔓延的速度。因此，建议在技术不断进步的环境下，允许更加分散、稀疏的国民聚居形态，减少建筑用地的

[①] Banzhaf H. S., Lavery N., "Can the Land Tax Help Curb Urban Sprawl? Evidence from Growth Patterns in Pennsylvania", *Social Science Electronic Publishing*, Vol. 67, No. 2, March 2010, pp. 169 – 179.

[②] Arku G., "Rapidly Growing African Cities Need to Adopt Smart Growth Policies to Solve Urban Development Concerns", *Urban Forum*, Vol. 20, No. 3, February 2009, pp. 253 – 270.

[③] Geller A. L., "Smart Growth: A Prescription for Livable Cities", *American Journal of Public Health*, Vol. 93, No. 9, September 2003, pp. 1410 – 1415.

[④] Hunter L. M., Manuel D. J. G. G., Stevenson M., et al., "Population and Land Use Change in the California Mojave: Natural Habitat Implications of Alternative Futures", *Population Research and Policy Review*, Vol. 22, No. 4, August 2003, pp. 373 – 397.

面积。①

第三，沿交通走廊发展新城区。Kocabas 和 Dragicevic（2013）通过贝叶斯网络（BN_S）与基于自主行动者模型（BNAS）把土地使用变化的自然和社会关键因素结合起来，使用 GIS、ABNS、BNS 和影响图原则（Influence diagram principles）来模拟不规则空间结构的人口变化。模型将历史数据参数化，继而模拟加拿大不列颠哥伦比亚省萨里市未来 20 年人口和土地使用变化。模拟结果证明围绕主要交通走廊发展新城区是有效的方式。②

第四，对土地使用类型实行行政区划政策。系统的监督城市发展、正确的城市管理和有规划的未来发展（Shirazi and Kazmi，2014）③，通过行政区划政策明确土地使用类型，从而来限制耕地被城镇使用（William 等，1975）。④

第二节 国内研究综述

目前国内研究的焦点主要集中在以下几点：第一，人口城镇化与土地城镇化的内涵；第二，人口城镇化与土地城镇化的协调程度；第三，影响人口城镇化与土地城镇化协调发展的因素；第四，促进人口城镇化与土地城镇化协调发展的措施。故本书也从这四个视角去梳理文献。

---

① Moos M., Skaburskis A., "Workplace Restructuring and Urban Form: the Changing National Settlement Patterns of the Canadian Workforce", *Journal of Urban Affairs*, Vol. 32, No. 1, January 2010, pp. 25–53.

② Kocabas V., Dragicevic S., "Bayesian Networks and Agent-Based Modeling Approach for Urban Land-Use and Population Density Change: A BNAS Model", *Journal of Geographical Systems*, Vol. 15, No. 4, October 2013, pp. 403–426.

③ Shirazi S. A., Kazmi J., "Analysis of Population Growth and Urban Development in Lahore-Pakistan Using Geospatial Techniques: Suggesting Some Future Options", *South Asian Studies*, Vol. 29, No. 1, January 2014, pp. 293–305.

④ William R. B., Howard E. C., "New Farmland Preservation Programs in New York", *Journal of the American Planning Association*, Vol. 41, No. 6, November 1975, pp. 390–396.

一 人口城镇化与土地城镇化的内涵

（一）土地城镇化的内涵

2007年，陆大道、姚士谋首次提出"土地城镇化"概念。[①] 李昕（2012）[②] 从土地条件角度对土地城镇化的概念进行了界定，认为土地城镇化是指土地条件由农村形态转向城市形态的过程，与土地非农化概念等同（吕萍，2008）[③]。李力行（2010）从空间范围方面解释认为土地城市化泛指城市在空间上的扩张。[④] 鲁德银（2010）从土地的权属角度入手，认为土地城镇化是指从农村土地转变为城镇用途土地的过程。[⑤] 狄昌娅、竺杏月（2015）从土地状态角度解释，认为土地城镇化是指在城镇化进程中土地由非城镇状态向城镇状态转变的过程。崔许锋（2014）侧重于城镇化的空间扩展和利用效率的提高，体现在土地用途的转换和资本的积累，其内涵不仅包括城镇化建成区的空间扩展，还包括单位土地面积资本投入的增加，单位面积土地产出值的提高等。[⑥] 陈凤桂等（2010）将土地城镇化的内涵总结为三个方面，即建成区面积的扩大、土地投入水平的提高、土地产出水平的增加。[⑦]

（二）人口城镇化的内涵

人口学家威尔逊（Christopher Wilson，1986）把人口城镇化界定

[①] 陆大道等：《关于遏制冒进式城镇化和空间失控的建议》，《中国科学院院士咨询报告》，2007年。

[②] 李昕、文婧、林坚：《土地城镇化及相关问题研究综述》，《地理科学进展》2012年第8期。

[③] 吕萍：《土地城市化与价格机制研究》，中国人民大学出版社2008年版。

[④] 李力行：《中国的城市化水平：现状、挑战和应对》，《浙江社会科学》2010年第12期。

[⑤] 鲁德银：《论中国特色的土地城镇化道路》，《农村经济》2010年第8期。

[⑥] 崔许锋：《民族地区的人口城镇化与土地城镇化：非均衡性与空间异质性》，《中国人口·资源与环境》2014年第8期。

[⑦] 陈凤桂、张虹鸥、吴旗韬等：《我国人口城镇化与土地城镇化协调发展研究》，《人文地理》2010年第5期。

为居住在城镇地区的人口比重上升的现象。① 狄昌娅、竺杏月（2015）认为人口城镇化是指非城镇人口向城镇集中，城镇人口比重逐渐提升的动态过程。② 姚懿洺（2015）将人口城镇化定义为农村人口不断流向城市或乡镇地区变农村人口为城镇人口。③

范进、赵定涛（2012）将人口城镇化的内涵概括为三个方面：第一，城镇人口比重不断提高；第二，产业结构从农业逐步向二、三产业升级；第三，城市文化、价值观、生活方式不断发展并向农村渗透和传播，农民的生活方式和生产方式、文明程度不断提高、不断现代化。④ 陈凤桂、张虹鸥等（2010）的概括比范进、赵定涛的更深入，除以上三个方面外，认为人口城镇化还包括居民生活水平的不断提高。陈明星、陆大道等（2009）认为人口城镇化是指城市吸纳农村人口，为他们提供教育、就业、社会福利等使之转化为城市人口的过程，不仅指农村人口从数量上向城市转移，还应包括农村人口生活水平、生活方式、心理素质的城镇化。⑤ 刘登强、王欢欢（2016）则认为人口城镇化即城市人口规模结构的扩大，包括从生活方式、生产方式以及普及城市文明等方向进行转变。⑥

二 人口城镇化与土地城镇化协调程度的测度

（一）人口城镇化与土地城镇化协调程度的度量方法

有关人口城镇化与土地城镇化协调程度的度量方法包括以下几

---

① Wilson C., *The Dictionary of Demography*, Oxford: Basil Blackwell Ltd., 1986, p. 225.
② 狄昌娅、竺杏月：《江苏省人口城镇化与土地城镇化的协调发展研究》，《中国商论》2015年第26期。
③ 姚懿洺：《基于面板数据模型的土地与人口城镇化非均衡性研究——以陕西省为例》，硕士学位论文，长安大学，2015年。
④ 范进、赵定涛：《土地城镇化与人口城镇化协调性测定及其影响因素》，《经济学家》2012年第5期。
⑤ 陈明星、陆大道、张华：《中国城市化水平的综合测度及其动力因子分析》，《地理学报》2009年第4期。
⑥ 刘登强、王欢欢：《新型城镇化背景下人口城镇化问题及对策》，《统计与决策》2016年第2期。

点：第一，离差系数法（尹宏玲、徐腾，2013；李小敏，2014[①]）。根据离差系数的大小来判断人口城镇化与土地城镇化的协调情况，离差系数的值越小，二者越协调，反之亦然。第二，协调发展模型或耦合发展模型（陈凤桂、张虹鸥、吴旗韬等，2010；刘娟、郑钦玉、郭锐利等，2012[②]；卢长安、游斌、郑丹，2014[③]；王丽艳、郑丹、王振坡，2015；狄昌娅、竺杏月，2015；王帅，2015[④]；沈彦、朱翔、雷志刚，2015；夏浩、张勇，2015[⑤]；王兴芬，2017[⑥]）。将用此方法计算出来的协调发展度按照一定的标准划分为协调类（0.60—1.00）、过度类（0.40—0.59）和失调类（0.00—0.39）三大类，失调类细分为轻度失调衰退类（0.30—0.39）、中度失调衰退类（0.20—0.29）、严重失调衰退类（0.10—0.19）、极度失调衰退类（0.00—0.09）四种亚类；过度类细分为勉强协调发展类（0.50—0.59）和濒临失调衰退类（0.40—0.49）两个亚类；协调类细分为优质协调发展类（0.90—1.00）、良好协调发展类（0.80—0.89）、中度协调发展类（0.70—0.79）、初级协调发展类（0.60—0.69）四个亚类。再根据人口城镇化指数与土地城镇化指数的大小来判断协调发展的亚型，将人口城镇化指数大于土地城镇化指数的归为土地城镇化滞后型，前者小于后者的归为人口城镇化滞后型，相等的情况则属于人口—土地城镇化同步型。第三，ROXY指数（范虹珏、刘祖云，

[①] 李小敏：《人口城镇化与土地城镇化协调发展研究》，硕士学位论文，浙江工业大学，2014年。

[②] 刘娟、郑钦玉、郭锐利等：《重庆市人口城镇化与土地城镇化协调发展评价》，《西南师范大学学报》（自然科学版）2012年第11期。

[③] 卢长安、游斌、郑丹：《论中小城市人口城镇化与土地城镇化协调发展》，《中国房地产》2014年第18期。

[④] 王帅：《人口城镇化与土地城镇化协调发展研究——以山东半岛蓝色经济区为例》，硕士学位论文，曲阜师范大学，2015年。

[⑤] 夏浩、张勇：《欠发达地区人口城镇化与土地城镇化协调发展研究——以安徽省为例》，《国土与自然资源研究》2015年第3期。

[⑥] 王兴芬：《中国土地城镇化与人口城镇化协调发展的实证研究——基于协调发展模型》，《技术经济与管理研究》2017年第1期。

2014)①。第四，协调性指数法（范进、赵定涛，2012②；杨丽霞、苑韶峰、王雪禅，2013③）。

（二）人口城镇化与土地城镇化衡量指标

用单一指标时，衡量人口城镇化基本上采用非农人口比重或二、三产业劳动者比重；衡量土地城镇化基本上采用建成区面积或建设用地面积。用复合指标时，人口城镇化的衡量指标综合起来包含人口构成、就业水平、人口素质、产业结构和生活水平五个一级指标，具体包括非农人口比重，二、三产业劳动者比重，城镇登记失业率，每万人高等学校在校生数，人均教育经费支出，二、三产业产值占 GDP 比重，城镇居民家庭恩格尔系数，城镇居民家庭人均可支配收入，城镇人均居住面积，城镇人均消费金额，每万人拥有卫生人员数，每万人拥有医师人员数，每万人拥有公共交通车辆数，每万人拥有小汽车数，每万人拥有医院、卫生院床位数和社会消费品零售总额 16 个二级指标，具体见表 2 - 1。④

表 2 - 1　　　　　　　　　人口城镇化的衡量指标

衡量人口城镇化的一级指标	衡量人口城镇化的二级指标	序号
人口构成	非农人口比重	1
	二、三产业劳动者比重	2
就业水平	城镇登记失业率	3
人口素质	每万人高等学校在校生数	4
	人均教育经费支出	5
产业结构	二、三产业产值占 GDP 比重	6

---

① 范虹珏、刘祖云：《中国城镇化空间发展态势研究——基于人口、土地、经济城镇化协调发展的视角》，《内蒙古社会科学》（汉文版）2014 年第 1 期。
② 范进、赵定涛：《土地城镇化与人口城镇化协调性测定及其影响因素》，《经济学家》2012 年第 5 期。
③ 杨丽霞、苑韶峰、王雪禅：《人口城镇化与土地城镇化协调发展的空间差异研究——以浙江省 69 县市为例》，《中国土地科学》2013 年第 11 期。
④ 王兴芬、杨海平：《中国土地城镇化与人口城镇化协调发展研究述评》，《企业经济》2017 年第 1 期。

续表

衡量人口城镇化的一级指标	衡量人口城镇化的二级指标	序号
生活水平	城镇居民家庭恩格尔系数	7
	城镇居民家庭人均可支配收入	8
	城镇人均居住面积	9
	城镇人均消费金额	10
	每万人拥有卫生人员数	11
	每万人拥有医师人员数	12
	每万人拥有公共交通车辆数	13
	每万人拥有小汽车数	14
	每万人拥有医院、卫生院床位数	15
	社会消费品零售总额	16

土地城镇化的衡量指标综合起来包括城镇规模、土地结构、土地投入水平和产出水平四个一级指标，具体包括城镇建成区面积，人均公共绿地面积，城镇建成区面积与城市总面积的比值，城镇工地面积与城市全部面积的比值，城镇工矿用地与城镇建设用地的比值，地均财政投入，地均固定资产投入，地均年建设投资，城市用地率，地均从业人员数，地均用电量，地均城市市政公用设施建设固定资产投资，地均二、三产业产值和地均财政收入14个二级指标，具体见表2-2。[1]

表2-2　　　　　　　　　　土地城镇化的衡量指标

衡量土地城镇化的一级指标	衡量土地城镇化的二级指标	序号
城镇规模	城镇建成区面积	1
	人均公共绿地面积	2

---

[1] 王兴芬、杨海平：《中国土地城镇化与人口城镇化协调发展研究述评》，《企业经济》2017年第1期。

续表

衡量土地城镇化的一级指标	衡量土地城镇化的二级指标	序号
土地结构	城镇建成区面积与城市总面积的比值	3
	城镇工地面积与城市全部面积的比值	4
	城镇工矿用地与城镇建设用地的比值	5
土地投入水平	地均财政投入	6
	地均固定资产投入	7
	地均年建设投资	8
	城市用地率	9
	地均从业人员数	10
	地均用电量	11
	地均城市市政公用设施建设固定资产投资	12
土地产出水平	地均二、三产业产值	13
	地均财政收入	14

三 人口城镇化与土地城镇化失调的原因

人口城镇化滞后于土地城镇化，一方面是由于土地等二元体制以及金融支持过度导致土地城镇化"冒进式"扩张。陆大道、宋林飞等（2007）认为不彻底的分税制导致土地财政，从而刺激土地城镇化。[①] 简新华、何志扬等（2010）认为中国特有的二元经济体制推动土地城镇化。[②] 李宝礼、胡雪萍（2016）认为我国土地城镇化的过快发展与近年金融资源对房地产市场的支持过度有直接的联系，如果厂商和政府能够从银行取得贷款，并且当土地市场存在群体性投机行为时，政府会增加土地开发面积，土地城镇化速度会随着金融支持力度的提高而加快。

另一方面是由于二元户籍制度及关联制度安排不合理、政绩观念

[①] 陆大道、宋林飞、任平：《中国城镇化发展模式：如何走向科学发展之路》，《苏州大学学报》（哲学社会科学版）2007年第2期。

[②] 简新华、何志扬、黄锟：《中国城镇化与特色城镇化道路》，山东人民出版社2010年版，第15页。

以及我国投资驱动型的经济增长方式等因素制约人口城镇化的推进。杨立申（1996）认为二元户籍制度及其关联福利即社会保障和福利的缺失直接抑制了人口城镇化。① 林毅夫（2002）认为失衡的根源是我国计划经济时期优先发展重工业的发展战略。② 孙海鸥（2005）③、李力行（2010）认为是行政区划管理不合理。范虹珏、刘祖云（2014）认为是政绩观念。范进、赵定涛（2012）、沈彦、朱翔、雷志刚（2015）则认为是由中国投资驱动型的经济增长模式所致。

因此，导致人口城镇化滞后于土地城镇化的原因有多种看法，李力行（2010）认为人口城镇化滞后于土地城镇化的原因在于地方政府"土地财政"的动机，以及为农民工提供福利和保障的巨大财政压力。蔡继明、程世勇（2011）认为地方利益驱动与土地制度缺陷是城市空间扩张的动因；城乡二元福利制度是城市户籍人口增长滞后的制度性障碍。④ 蔡继明、熊柴、高宏（2013）认为人口城镇化严重滞后于土地城镇化的根源在于城乡二元土地制度、财政制度和地方官员的政绩考核机制。⑤ 范虹珏、刘祖云（2014）认为对经济增长的刚性需求、土地征用的非市场化体制、二元户籍制度及地方政府的短期行为是人口城镇化滞后于土地城镇化和经济城镇化的主要原因。王丽艳、郑丹、王振坡（2015）认为是土地政策、财税政策和户籍制度三重限制以及城镇化与产业发展脱节等影响所致。

四　促进人口城镇化与土地城镇化协调发展的措施

有关促进人口城镇化与土地城镇化协调发展对策的研究包括推进

---

① 杨立申：《人口城镇化应与经济社会发展相协调》，《宏观经济管理》1996年第2期。

② 林毅夫：《中国的城市发展与农村现代化》，《北京大学学报》（哲学社会科学版）2002年第4期。

③ 孙海鸥、赵晓雷：《2005年中国区域经济发展报告》，上海财经大学出版社2005年版，第1—200页。

④ 蔡继明、程世勇：《中国的城市化：从空间到人口》，《中国乡村发现》2011年第2期。

⑤ 蔡继明、熊柴、高宏：《我国人口城市化与空间城市化非协调发展及成因》，《经济学动态》2013年第6期。

人口城镇化快速发展的措施、控制土地城镇化的措施两个方面。促进我国人口城镇化快速发展需要完善制度和软环境建设，提高国民教育水平等。刘登强、王欢欢（2016）认为只有通过完善土地征用制度和补偿制度，建立健全城乡间资源要素流动的渠道与配套措施，实现城乡资源自由流动；提高人口城镇化质量和农村环境，创造新生一代回乡发展的大环境；采取积极的心理干预提高对城市文明的接受度，才能实现新型的人口城镇化。而控制土地城镇化速度除了完善制度建设、提高教育水平以外，还应有合理的城镇规划等。鲁德银（2010）认为采取"市场化+国有化"的方式来完善中国特色的土地城镇化道路，具体包括：政府要转变观念和职能，确立科学发展观主导地位；健全国有私有产权平等保护制度；发挥市场机制在农村土地所有权征收和城镇国有土地出让中利益分配作用；健全公平和谐征收法律制度；发挥土地产权自我保护耕地制度。[①] 薛鸥、赵凯、陈艳蕊等（2011）认为通过采取阶段性土地城镇化政策、挖掘城市土地潜力、合理分配土地收益的方式来控制土地城镇化规模。[②] 崔许锋（2014）认为通过加强就业教育培训，建立合理的人口导入机制，及时更新城镇规划，有序合理扩展城市发展空间，为人口城镇化提供空间支持。

从完善制度建设角度提出促进我国人口城镇化与土地城镇化协调发展的措施。陶然、曹广忠（2008）提出土地制度、财税制度、户籍制度联动改革是解决空间城镇化与人口城镇化不协调问题的有效政策组合，该政策组合以土地制度改革，尤其是征地制度市场化改革为出发点，配合引入土地增值税和财产税充实地方税基的财税制度改革，进一步推进为流动人口提供最低生活保障、子女就学安排和住房保障的户籍制度改革，为农村流动人口提供与户口相关的基本福利。[③] 蔡继明、程世勇（2011）认为要加快我国的人口城市化进程，需要

---

① 鲁德银：《论中国特色的土地城镇化道路》，《农村经济》2010年第8期。
② 薛欧、赵凯、陈艳蕊等：《陕西省土地城市化水平评价分析》，《山东农业大学学报》（自然科学版）2011年第3期。
③ 陶然、曹广忠：《"空间城镇化"、"人口城镇化"的不匹配与政策组合应对》，《改革》2008年第10期。

政府动用财政资源为进城务工农民提供住房保障、社会保障和基本医疗保障，又需要政府拆除阻碍农民进城落户的制度藩篱，深化包括土地制度、户籍制度、就业制度在内的各项改革，为加快城市化进程提供必要的制度保障。蔡继明、熊柴、高宏（2013）认为推进我国人口城镇与空间城市化协调发展的关键在于改革二元土地制度、财政制度和地方官员的政绩考核机制。王丽艳、郑丹、王振坡（2015）认为优先推进土地制度改革与财税制度改革，继而推进户籍制度改革，并配套 GDP 考核机制及产业政策改革，从制度层面和政策层面积极突破制约人口城镇化与土地城镇化协调发展的障碍性因素，实现二者良性发展。

从促进我国经济发展和完善制度建设两个方面提出促进我国人口城镇化与土地城镇化协调发展的措施。李力行（2010）认为通过加速发展第三产业、扩大城镇新增就业、推进公共服务均等化，同时主动改革土地制度、并创新行政区划管理体制等方式来提升城市化水平。范虹珏、刘祖云（2014）认为解决人口城镇化滞后于土地城镇化和经济城镇化的措施包括：转变城镇化发展方式，促进经济城镇化可持续发展；加快土地征用市场化改革，推动土地城镇化科学推进；破解城乡统筹发展难题，助力人口城镇化正常发展；科学规范政府行为，保障城镇化协调发展。李小敏、陈多长（2014）利用省级面板数据验证了财政分权、土地财政、商品房价格上涨和政绩考核是推动人口城镇化滞后于土地城镇化的主要因素，建议政府应从土地征用制度和地方税制改革两个方面来改善人口城镇化滞后于土地城镇化的问题。[①] 刘潇（2015）认为促进人口城镇化与土地城镇化协调发展的措施包括探索土地制度改革，实行价格并轨；加快户籍制度改革，消除体制障碍；完善促进农民工市民化的政策支持体系；控制城镇用地范围，优化建设用地布局；调整经济发展战略，积极发展第三产业。[②]

[①] 李小敏、陈多长：《我国人口城镇化与土地城镇化失调原因分析》，《改革与战略》2014 年第 12 期。

[②] 刘潇：《河南省人口城镇化与土地城镇化协调发展研究》，硕士学位论文，郑州大学，2015 年。

狄昌娅、竺杏月（2015）认为没有产业支撑的城镇化是"沙漠上的大厦"，新型城镇化平台在城镇，关键在产业，产城融合发展是建设新型城镇化的关键之举；逐步剥离户籍制度相关福利，大力推动基本公共服务的均等化，改革与现行户籍制度相关联的不合理制度。把促进农民就业作为推进农民城镇化的根本之策，把加强社会保障作为安稳之计，从住房、保险、就业等方面提供全面保障；控制城镇化建设用地扩张速度，控制冒进式扩张，合理布局城市不同类型用地，加快粗放低效利用向集约高效利用转变，摒弃"盲目造城"，合理规划城镇规模；进一步明确开发边界，严格执行建设用地审批制度。

从优化产业结构、转变经济增长方式角度提出促进我国人口城镇化与土地城镇化协调发展的措施。杨丽霞、苑韶峰、王雪禅（2013）认为通过加强土地的集约利用，挖掘土地利用潜力，提高土地利用效率，推动产业结构优化升级，实现经济发展方式的根本转变，使城市化进程深入协调。

从遵循精明增长节约集约利用土地等思想理念与完善制度建设角度提出促进我国人口城镇化与土地城镇化协调发展的措施。王丽艳、郑丹、游斌（2014）认为实现我国人口城镇化与土地城镇化良性互动发展，应该从以下四个方面着手：第一，积极推进城市土地制度改革，强化土地监察力度，具体包括推动农村集体土地物权改革，实现城乡土地价格并轨；引入财产税和土地增值税；以规范的市场化方式出让土地，通过"基本农田保护制度"收缩国家对农村土地的控制权、限制地方政府滥用土地行为。第二，遵循精明增长理念，采用密集组团、相对集中的城市开发建设模式，划定城市增长边界，限制城市扩张。第三，提升城镇化质量，避免过度城镇化。第四，改革与现行户籍制度相关联的不合理制度，逐步剥离户籍制度关联福利，推动基本公共服务的均等化，增加知识和人力资本的积累，开展对新一代农民工的教育和培训，提升劳动力的边际收益。

从金融支持角度提出促进我国人口城镇化与土地城镇化协调发展的措施。李宝礼、胡雪萍（2016）认为我国土地城镇化过快是由于金融支持过度，因此应加强金融监管；提高银行对房地产资金供给的利率水平；引入民间资本参与城镇化；增加对农村和中小企业的金融支持。

从城镇规划角度提出促进我国人口城镇化与土地城镇化协调发展的措施。周元、孙新章（2012）认为我国城镇化出现了许多可持续发展问题，解决这些问题应坚持发展小城市和小城镇方针，缓解地域中心城市人口压力；创新农村居民点用地管理制度，实现城镇化与新农村建设有机统一；加强城市规划与管理的科学性，全力提升城市品位；建立跨区域城市协调机制，破解恶性竞争与产业同构困局；促进公共服务均等化，消除新老"二元社会"问题。①

除此之外，还有从提高转移人口素质和城镇发展方式角度提出促进人口城镇化与土地城镇化协调发展措施的。邓维青（2015）认为提高转移人口教育水平，合理选择城镇发展路径，提高土地综合利用程度来推动人口城镇化与土地城镇化协调发展。②胡银根、刘彦随等（2015）认为通过人口转移、经济转型、土地转换来促进人口、资金、土地三要素协调发展。③

第三节 研究述评

已有研究对人口城镇化与土地城镇化协调发展虽做出有益的探索，但仍存在以下不足。

第一，对人口城镇化与土地城镇化的内涵理解不到位，对土地城镇化含义的理解甚至出现错误。人口城镇化是指人口的市民化，不仅要实现农民向市民职业、身份的转变，同时还应享受均等的城镇公共服务。土地城镇化是指农业用地的"非农化"，仅指土地用途的"农

---

① 周元、孙新章：《中国城镇化道路的反思与对策》，《中国人口·资源与环境》2012年第4期。

② 邓维青：《推进人口城镇化和土地城镇化协调发展的对策研究》，《财经界》（学术版）2015年第19期。

③ 胡银根、刘彦随、张子卿：《协调城乡土地、资金与人口"三要素"助推新型城镇化》，《特区经济》2015年第2期。

转非",与土地用途转换之后的用途、效率无关。从对人口城镇化与土地城镇化内涵的综述可知,大部分学者对人口城镇化内涵理解得不够全面,而将土地城镇化的外延拉得太远,导致衡量指标选取不合理,测算结果不准确。

第二,研究视角狭窄。从已检索到的文献来看,研究视角局限于某一区域,比如说全国或某省、市、区,缺乏比较研究。

第三,对人口城镇化与土地城镇化之间关系的理解不全面、不深入。已有研究仅是泛泛而谈人口城镇化与土地城镇化在城镇化中的作用,并未对二者的互动机理做深入分析。

第四,对人口城镇化与土地城镇化失调的原因以及促进二者协调发展的措施分析得比较浅显。很多分析局限于某一因素影响了人口城镇化与土地城镇化协调发展,但并未对该因素是如何影响人口城镇化与土地城镇化失调做出路径分析。

本书试图弥补以上不足。第一,在正确理解人口城镇化与土地城镇化内涵的基础上,选择合适的指标,对人口城镇化与土地城镇化的协调性进行准确的测度。第二,从全国视角、区域视角、不同类别城市及规模变动城市视角展开对我国人口城镇化与土地城镇化协调性测度,既有时间纵向比较研究,也有区域横向比较研究;既有不同规模城市人口城镇化与土地城镇化协调性的静态比较研究,也有城市规模变动下人口城镇化与土地城镇化协调性的动态比较研究。第三,对人口城镇化与土地城镇化的互动机理展开详细的分析。第四,展开影响因素对影响结果(即人口城镇化滞后于土地城镇化)的路径分析。尽量做到系统、全面、深入地分析中国人口城镇化与土地城镇化协调发展的相关内容,为实现人口城镇化与土地城镇化协调发展提供可资借鉴的理论指导,从而促进我国新型城镇化顺利进行。

第三章 人口城镇化与土地城镇化协调发展的理论分析

第一节 人口城镇化与土地城镇化及其协调发展的含义

人口城镇化与土地城镇化是城镇化的重要组成部分,这两者之中,人口城镇化是核心,土地城镇化是载体,二者协调发展是城镇化的应有之义。[①]

一 人口城镇化与土地城镇化是城镇化的基本内容

城镇化是以农村人口比重下降和城镇人口比重上升为表征,以产业结构从农业产业为主向非农业产业为主、社会结构从农村社会构成向城镇社会构成、人类聚居场所从农村空间形态向城镇空间形态的转型为本质的多元演进过程。因此,城镇化包括人口城镇化、经济城镇化、土地城镇化和社会城镇化四个方面。[②] 人口城镇化是核心,其实质是人类经济活动的空间转移过程;土地城镇化是载体,主要表现为城镇建成区面积增加。健康可持续的城镇化是"以人为本"和"以地为根"的城镇化。[③]

[①] 王兴芬:《中国土地城镇化与人口城镇化协调发展的实证研究——基于协调发展模型》,《技术经济与管理研究》2017年第1期。
[②] 陈春:《健康城镇化发展研究》,《国土与自然资源研究》2008年第4期。
[③] 沈彦、朱翔、雷志刚:《新型城镇化视角下的湖南省土地城镇化与人口城镇化协调发展研究》,《中国人口·资源与环境》2015年第5期。

人口城镇化是指非城镇人口（包括农民和农民工）转变为城镇人口，由在农业产业从事劳动转变为在非农产业从事劳动，实现身份和职业的双重转变，同时获得平等的市民待遇，自身素质、生活方式、思想观念不断向城市居民靠近的过程。土地城镇化是指土地由农村用地转变为城镇用地①，城镇的空间规模扩张的过程。

（一）人口城镇化与土地城镇化相伴相生

人口城镇化和土地城镇化是城镇化的重要组成部分，在城镇化进程中二者相伴相生。伴随着人类社会的进步，农业劳动生产力提高，产生了剩余劳动和剩余农产品，从而促进了社会分工的产生；社会分工导致生产过程专业化以及每人生产产品单一化，每人生产产品的单一化与人们对产品需求的多样化之间的矛盾促进了交换的产生；随着交换的不断发展，为便于交换，专门用于交换的场所——集市产生了；随着商品经济的发展和社会分工的加深，为了降低交易费用，部分人口在集市集聚，形成了城镇，人口城镇化与土地城镇化就此产生（见图3-1）。

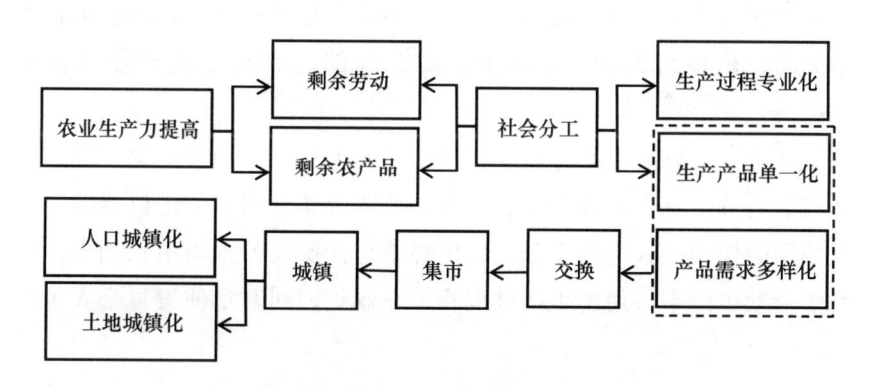

图3-1 人口城镇化与土地城镇化产生的逻辑图

城镇产生的根本原因是社会生产力的提高及人类社会的三次大分

---

① 在中国，土地城镇化除了指土地用途的"农转非"，同时还包括土地产权主体由农村集体转变为国家、产权性质由集体所有转变为国家所有。

工。① 农业生产效率的提高为城镇化的发展提供了条件——剩余劳动和剩余农产品。1967年戴尔·乔根森（Dale W. Jogenson）发表《剩余农业劳动与二元经济发展》一文，认为农业剩余对城市经济发展起着决定性的作用。② 人类社会发展初期，没有城镇人口和农村人口的区别，基本上也没有城镇和乡村的差别。所有人都生活在农村，从事农业劳动，随着农业劳动生产率的提高，产生两个结果：第一，由其中一部分农民从事劳动就可养活全部人口，出现剩余劳动。第二，生产者生产的东西自食而有余，可以供给别人食用，出现剩余农产品，这为城镇化的发展提供了物质基础。1961年美国经济学家费景汉（John C. H. Fei）和古斯塔夫·拉尼斯（Gustav Ranis）在合著《经济发展的一种理论》中指出农业生产力的提高是人口实现转移的前提条件，农村的发展不仅为城市提供必要的剩余劳动力，还提供必需的农产品。③

剩余劳动和剩余农产品的出现促进了社会分工。由于农业劳动生产率的提高，出现剩余劳动和剩余农产品。剩余的农业劳动者从农业劳动中释放出来，专门从事二、三产业④。人类劳动从此逐渐从农业中分离，出现畜牧业、手工业、商业等部门和行业或产业（见图3-2）。

社会分工导致生产过程专业化和每人生产产品的单一化。亚当·斯密认为分工具有提高劳动者技能、节约劳动时间和促进机器的发明与使用的作用。人类社会分工的优势就是让擅长的人做擅长的事，提高了劳动生产率，使得生产过程趋于专业化，同时也使得每个人生产

---

① 董增刚：《城市学概论》，北京大学出版社2013年版，第16页。
② 刘潇：《河南省人口城镇化与土地城镇化协调发展研究》，硕士学位论文，郑州大学，2015年。
③ 刘潇：《河南省人口城镇化与土地城镇化协调发展研究》，硕士学位论文，郑州大学，2015年。
④ 英国统计学家费希尔（Ronald Aylmer Fisher）1935年在《安全与进步的冲突》一书中提出三次产业分类法，即将全部经济活动分为第一次产业、第二次产业和第三次产业，产品直接取自自然界的称为第一产业，对初级产品进行再加工的称为第二产业，为生产和消费提供各种服务的称为第三产业。

第三章　人口城镇化与土地城镇化协调发展的理论分析　35

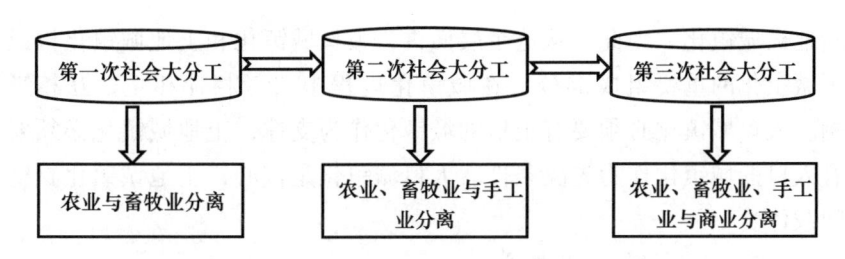

```
┌─────────────┐    ┌─────────────┐    ┌─────────────┐
│ 第一次社会大分工 │ →  │ 第二次社会大分工 │ →  │ 第三次社会大分工 │
└──────┬──────┘    └──────┬──────┘    └──────┬──────┘
       ↓                  ↓                  ↓
┌─────────────┐    ┌─────────────┐    ┌─────────────┐
│  农业与畜牧业   │    │ 农业、畜牧业与  │    │ 农业、畜牧业、手 │
│    分离      │    │  手工业分离    │    │  工业与商业分离  │
└─────────────┘    └─────────────┘    └─────────────┘
```

图 3－2　人类历史上的三次社会大分工

的产品趋于单一化。

每个人或某个群体生产产品的单一化和人们需求的多样化之间的矛盾促进了交换的产生。由于专业化分工后劳动者开始从事自己擅长的行业，生产自己擅长的产品，为满足自己多样化的需求，必须与别的生产者进行交换，于是在生产产品单一化和人们需求多样化的共同作用下交换经济产生了。

频繁的交换活动促进了集市的形成。随着商品交换数量、交换品种、交换人数和交换次数的增加，时间和空间上的矛盾凸显出来，以往那种偶然的、零星的、分散的交换形式已不能适应社会发展的需要，需要向经常化、集中化、固定化发展。为了能够方便快捷、节约高效地满足人们对交换的需求，逐渐形成定期、定点的集市①。当商品交换由偶尔变为经常、由不固定变为固定、由不连续变为连续时，为满足商业活动的需求，人们在集市周边居住下来，逐渐形成了城镇。②商业的经济活动性质决定了必须以城镇为依托，要以集中的城镇作为活动中心和贸易中心。③

人口和土地是城镇存在的两个基本要素，随着商品经济的不断发展，工业化不断深入推进，农村人口不断地涌进城镇，人口和土地不

---

① 集市是指定期或定点买卖货物的市场，是城镇的原始和低级形态，包含城镇最基本的内容和功能。转引自冯云廷《城市经济学》，东北财经大学出版社 2011 年版，第 25—26 页。

② 潘颖、丁奇：《城市集市空间的发展——传统功能与现代需求的统一》，《艺术与设计（理论）》2015 年第 12 期。

③ 《马克思恩格斯全集》（第 25 卷），人民出版社 1974 年版，第 371 页。

断地被城镇化。因此，从这个层面讲，人口城镇化和土地城镇化构成了城镇化的重要组成部分，在城镇化进程中二者相伴相生，互相影响。人口城镇化必须要有土地的城镇化作为支撑，土地城镇化必须要有人口的城镇化作为先决条件。人口城镇化是核心，土地城镇化是空间载体。

（二）人口城镇化是核心

在城镇化建设中，"人"始终是最为关键也是最为重要的因素，城镇化战略的出发点和落脚点必须体现在作为主体的"人"的身上。[①] 首先，只有人的集聚才有"城"，城镇化的出现"源于人"。为了降低生产成本和交易成本，获得聚集经济，突破传统农业经济分散化所引致的低效率，[②] 提供农村所不能提供的条件，城镇才出现。因此，城镇是人类为了最大化满足自身需要而创造的人工环境[③]，没有人的聚集，就不会产生城镇。其次，城镇化的发展"依靠人"。城镇是人创造的，城镇里的住房、工业、商业及公共服务是由"人"来提供的，人是整个社会生产与生活的主体，更是城镇的灵魂[④]和主体[⑤]，没有了人，城镇化就无法推进。最后，城镇化的推进"为了人"。城镇不断演变进化的过程也可以看作人的需求不断发展变化的过程，人的需求结构和需求层次随着社会物质财富的增加不断发生变化。随着人的需求结构和需求层次的不断变化，为了能够更好地满足人们日益增长和变化的物质与精神文化需要，演变出不同区域结构和规模结构的城镇。城镇之所以能够更好地服务于人们的需求，主要是因为城镇非农产业的专业化分工、迂回生产和人口集中突破了农产品需求弹性小及自给自足生产方式所造成的需求约束[⑥]，能够更好地满

---

① 文军：《城镇化的核心是人的城镇化》，《光明日报》2013年10月16日第11版。
② 张桂文：《推进以人为核心的城镇化促进城乡二元结构转型》，《当代经济研究》2014年第3期。
③ 许经勇：《人口城镇化是城镇化的核心》，《学习论坛》2014年第2期。
④ 段汉明：《城市学：理论·方法·实证》，科学出版社2012年版，第4页。
⑤ 冯云廷：《城市经济学》，东北财经大学出版社2011年版，第19页。
⑥ 张桂文：《推进以人为核心的城镇化促进城乡二元结构转型》，《当代经济研究》2014年第3期。

足人们多样化需求，使人有充分选择的空间①。总之，既要将人作为城镇化发展的动力，又要将人作为城镇化发展的目标②，只有将人放在城镇化的核心位置上，才能最大化实现人的利益和满足人的需求。③

（三）土地城镇化是空间载体

土地对人类至关重要。马克思指出"空间是一切生产和一切人类活动的要素"④，亚当·斯密也指出："劳动是财富之父，土地是财富之母。"土地在人类发展史上作为生产要素，是人类赖以生存和发展的物质基础。第一，土地作为人类赖以生存的基础，自古以来人类依靠着土地进行栖息繁衍。就像人需要空气、水和阳光一样，没有土地，人类就不能生存，从原始社会伊始，人类从土地中得到赖以生存的食物。第二，国民经济各行业的发展离不开土地。土地是一种特殊的资源，被运用于各行各业中。无论是农业还是非农行业，都需要一定条件的土地。第三，土地是人类各种生产关系中的重要关系。在人类经济生活中，土地所有制是生产资料所有制的重要组成部分，是土地制度的核心和基础。同时，土地的所有制决定了以土地所有制为基础的生产关系，即在社会再生产过程中人们之间的相互关系。易言之，土地所有制决定了土地使用制度，决定了土地价格、土地等级分类（绝对地租、级差地租）等，同时也与土地相关的生产价格建立关联。

土地作为城镇化过程中必需的资源，承载着居民的生产生活用地，包括居民住房用地、工业生产用地、商业用地等，没有土地作为支撑条件，城镇化将是"空中楼阁"。并且随着城镇化的推进，城镇人口增加，所需的空间规模也会相应增加。正如马克思所说："在生产力发展的既定阶段上，总是需要有一定的空间，并且建筑物在高度

---

① 甘露：《新型城镇化的核心是人的城镇化》，《人民日报》2012年10月29日。
② 缪小林、王婷、程李娜：《以人为核心的新型城镇化质量与效益研究——基于中国省际数据的评价与比较》，《云南财经大学学报》2015年第4期。
③ 任远：《新型城镇化是以人为核心的城镇化》，《上海行政学院学报》2014年第4期。
④ 马克思：《资本论》（第三卷），中共中央马克思恩格斯列宁斯大林著作编译局译，人民出版社2004年版，第875页。

上也有它一定的实际界限。生产的扩大超过这种界限，也就要求扩大土地面积。"① 因此，随着城镇人口规模的增加，土地城镇化也应以适配的比例增加，以维持城镇人口正常的生产生活需要。

二　人口城镇化与土地城镇化协调发展的经济学含义

（一）协调

"协调"（Coordination）一词在学术研究和实际应用中使用广泛，它涉及系统学、控制论、经济学和管理学等众多学科领域，各自研究目的和角度的不同致使到目前为止仍没有一个十分明确和统一的定义。② 总的来说，协调主要有两个方面的含义，一是作动词用，意为使配合得当，二是作名词用，意为配合得当。第一层含义把协调看作一种组织管理方式，是指围绕着组织发展目标，主体对组织整体中各种活动的相互联系进行调节，通过不断的努力与融合，使这些活动有机地结合在一起，减少矛盾、重复等现象，促进组织目标的实现。③协调的第二层含义将其视为一种事物间关系的理想状态④，是指"为实现系统总体演进的目标，各子系统或各元素之间相互协作、相互配合、相互促进而形成的一种良性循环态势"⑤，第二层含义的"协调"表明系统中各子系统或各系统因素间、系统各功能间、结构或目标间的融合关系，从而描述系统的整体效应。⑥ "协调"的反面是"不协调"或"失调"，在现实中"协调"存在一个随着目标及环境条件而变化的具有一定值域的"协调度"即度量系统要素协调机制运转情

---

① 《马克思恩格斯全集》第四十六卷，人民出版社2003年版，第883页。
② 曾珍香：《可持续发展协调性分析》，《系统工程理论与实践》2001年第3期。
③ 尹优平：《中国区域金融协调发展研究》，博士学位论文，西南财经大学，2007年。
④ 彭荣胜：《区域经济协调发展的内涵、机制与评价研究》，博士学位论文，河南大学，2007年。
⑤ 王维国：《协调发展的理论与方法研究》，博士学位论文，东北财经大学，1998年。
⑥ 彭荣胜：《区域经济协调发展的内涵、机制与评价研究》，博士学位论文，河南大学，2007年。

况的定量指标①,越过"值域"为"失调"。本书中有时采用第一层含义,但更多的时候采用协调的第二层含义。

协调具有以下特征:第一,协调是一个整体概念,是针对多个对象组成的整体而言的,因此协调的前提是系统包含不同组成部分。第二,协调的手段是加强系统各机能部分的联系。② 第三,协调的目的在于通过协调实现制度和系统环境的改善,实现系统的优化和系统效率的提高,强调整体有效。③ 第四,协调的"度"不是简单的完全一致,而是存在一定范围的协调。④ 第五,协调的好处是通过协调可以达到 $1+1 \geq 2$ 的效益。

(二) 发展

发展(Development)是一个具有普遍意义的范畴,是事物由小到大、由低到高、由旧到新的变化过程。唯物辩证法认为,运动是物质的根本属性,而向前的、上升的、进步的运动即是发展。因此,发展的含义是指事物的一种纵向变化,是通过事物在先后不同时期的对比显现出来的⑤,既有量的变化,又有质的飞跃。⑥ 所以,发展应该包括两层意思,一是总量的增加,二是结构的优化或效率的提高。发展是系统或系统组成要素本身从小到大、从简单到复杂、从低级到高级、从无序到有序的变化过程,反之则称为"负发展"或"逆发展",介于两者之间,维持现状不变的则称为"零发展"⑦。

---

① 任静:《京津冀地区人口城镇化与土地城镇化协调发展研究》,博士学位论文,首都经济贸易大学,2016 年。
② 周再清:《面向"三农"的金融机构协调发展研究》,博士学位论文,湖南大学,2012 年。
③ 尹优平:《中国区域金融协调发展研究》,博士学位论文,西南财经大学,2007 年。
④ 马浩:《山东区域经济非均衡协调发展研究》,博士学位论文,北京交通大学,2013 年。
⑤ 尹优平:《中国区域金融协调发展研究》,博士学位论文,西南财经大学,2007 年。
⑥ 周再清:《面向"三农"的金融机构协调发展研究》,博士学位论文,湖南大学,2012 年。
⑦ 秦云鹏:《青岛市经济与环境协调发展研究》,博士学位论文,中国海洋大学,2009 年。

(三) 协调发展

协调发展（Coordinated Development）是"协调"与"发展"两个概念的交集，这个概念是对协调概念的推广，是对发展概念的深化，是系统或系统内要素之间在和谐一致、配合得当、良性循环的基础上由低级到高级、由简单到复杂、由无序到有序的总体演化过程。[①] 在系统的内部，任何一方面的发展都需要在各方面的相互配合、相互促进中才能实现，没有各个方面的相互配合、相互促进，系统任何一方面的持续稳定发展都是不可能的，更谈不上系统整体的进步和发展。

在协调发展的运动过程中，发展是系统运动的指向，而协调则是对这种指向行为的有益约束和规定。在协调与发展的关系上，两者始终是处于互为推动的动态过程，协调是发展的条件[②]。发展作为系统的演化过程，某一系统或要素的发展，可能以其他系统或要素的破坏甚至毁灭为条件（代价），而协调则强调两种或两种以上系统或系统要素之间的关系应保持理想状态，因此，协调是多个系统或要素健康发展的保证。总之，协调发展是一种强调整体性、综合性和内在性的发展聚合，它不是单个系统或要素的"独大"，而是多系统或要素在协调这一有益的约束和规定之下的综合的、全面的发展。协调发展不允许其中一个系统或要素使整体或综合发展受影响，追求的是一种整体提高、全局优化、共同发展的美好前景。[③]

(四) 人口城镇化与土地城镇化协调发展

根据协调发展的含义以及人口城镇化与土地城镇化各自在城镇化体系中的作用，可以得出人口城镇化与土地城镇化协调发展（Coordinated Development Between Population Urbanization and Land Urbaniza-

---

[①] 秦云鹏：《青岛市经济与环境协调发展研究》，博士学位论文，中国海洋大学，2009年。

[②] 张晓东、池天河：《90年代中国省级区域经济与环境协调度分析》，《地理研究》2001年第4期。

[③] 廖重斌：《环境与经济协调发展的定量评判及其分类体系——以珠江三角洲城市群为例》，《广州环境科学》1996年第1期。

tion）是指以人口城镇化的发展为核心，根据人口城镇化的需要，人口城镇化与土地城镇化之间按照适当的比例①来推进土地城镇化，促进城镇化健康发展，从而助推经济增长。特别指出的是，人口与土地城镇化协调发展并不要求二者的发展速度完全吻合，可以存在一定差距，这个差距因各国（地区或城市）的实际情况不同会有所不同，因此，这个适当比例不是一个绝对的值，而是一个区间。只有当人口城镇化与土地城镇化的发展速度超过这个适当的比例范围时才是失调。

在这里，协调既是一种状态也是一种手段。首先，协调是一种状态，描述的是人口城镇化与土地城镇化之间的横向理想关系。人口城镇化与土地城镇化之间的横向关系分为两种，第一种是人口城镇化与土地城镇化协调，第二种是人口城镇化与土地城镇化失调，失调具体表现为人口城镇化快于土地城镇化和人口城镇化滞后于土地城镇化两种情况。人口城镇化与土地城镇化协调会产生效率，甚至有可能实现 $1+1 \geqslant 2$ 的效应，即在人口城镇化与土地城镇化协调的基础上，其效果大于或等于二者的合力。而人口城镇化与土地城镇化失调，则会带来效率的损失。因此，协调是人口城镇化与土地城镇化之间的横向理想关系。其次，协调是一种方式，围绕人口城镇化发展这一核心，使人口城镇化与土地城镇化处于横向理想关系中，从而促进人口城镇化的发展。之所以要使人口城镇化与土地城镇化始终处于横向的理想关系，是因为人口城镇化与土地城镇化协调是城镇化健康发展的前提条件。人口城镇化和土地城镇化均是城镇化的基本内容，二者相伴相生，只有土地城镇化为其提供空间载体，人口城镇化才能得以发展，只有人口城镇化的发展，土地城镇化才有意义，因此，人口城镇化与

---

① 城镇用地增长弹性系数是国际认可的判断协调性的指标，该指标是城镇用地增长率与城镇人口增长率之比，该比值为 1.12 为合理值，意味着城镇用地的增长速度可以比城镇人口的增长速度快，只要不超过 0.12 就是合理的、协调的。当然，用不同的方法测度协调性会有不同的判断标准，但判断标准中对协调的判定均是一定的区间，而不是完全一致。文章第五、六、七三章采用不同的方法来测度二者的协调性时，也是遵循协调的内涵将其界定在一个区间内。

土地城镇化始终是相互联系的，只有二者配合得当，有机地结合在一起，使人口城镇化与土地城镇化始终处于横向的理想关系中，城镇化才能健康持续地发展。

发展是一种指向，描述的是人口城镇化与土地城镇化在时间纵向上的关系。在时间纵向上，人口城镇化与土地城镇化会出现发展、不发展和逆发展三种情况。由于在人口城镇化与土地城镇化的关系上，人口城镇化是核心，土地城镇化的发展是为人口城镇化提供空间载体，因此，人口城镇化与土地城镇化的协调发展从根本上说是以人口城镇化的发展为核心，合理配置土地资源，这种土地资源的合理配置，可以在城镇土地规模不变和适度增加的情况下实现。

根据协调发展的要求，人口城镇化的增长速度和城镇空间规模的扩张速度应保持适当比例，避免出现"东边日出西边雨"这种两极分化的现象。在人口城镇化发展速度快时，土地城镇化应以适当的比例增长，为人口城镇化的发展服务，提供相应的空间载体。因此，人口城镇化与土地城镇化的协调发展要坚持"以人为本"，尊重客观规律，顾及当代人和后来人，实现人口城镇化与土地城镇化的"代内协调发展"和"代际协调发展"，从而促进经济健康持续增长。

第二节　人口城镇化与土地城镇化的互动机理

机理，原指机器的构造和原理，是传统的工程学概念。"机理"一词在理论研究中被频繁使用，主要用来解释在一定的系统结构中各要素的内在工作方式以及诸要素在一定环境下相互联系、相互作用的运行规则和原理。互动机理是指在一定环境下，系统间相互联系、相互作用的运行原理。人口城镇化与土地城镇化之间的互动机理包括人口城镇化对土地城镇化的作用机理、土地城镇化对人口城镇化的作用机理以及二者之间的良性互动三部分内容。

一 人口城镇化对土地城镇化的作用机理

人口城镇化主要表现为人口向城镇集中，导致城镇人口增加、城镇劳动力增加和城镇居民收入增加，这势必导致住宅、工业、商业、基础设施、公共服务等用地需求增加，在需求的推动下土地资源向城镇配置，城镇用地供给增加，导致城镇用地规模扩张（见图3-3）。

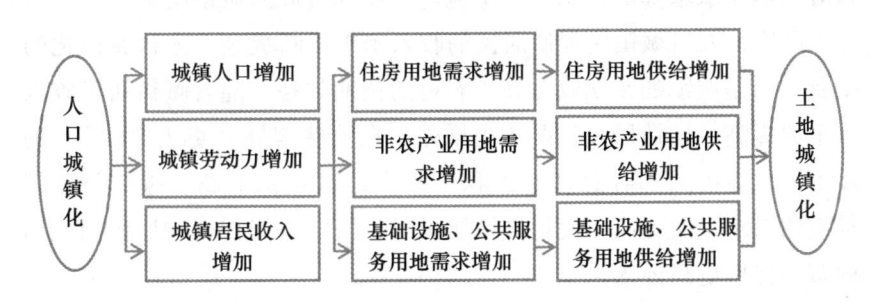

图3-3 人口城镇化对土地城镇化的作用机理

首先，人口城镇化主要表现为城镇人口总量的增加，在其他条件不变的情况下，进入城镇的人口越多对城镇用地的需求量越大，包括居民的住房用地需求、工业用地需求、商业用地需求、基础设施建设用地需求和公共服务用地需求等均会不同程度地增加。城镇非农人口的增加，需要解决他们的衣食住行等基本需求问题，而衣食住行又和城市建设用地规模紧密联系在一起。此外，随着社会的不断发展、物质财富的极大丰富，人们的需求层次不断提高，"城里人"对各方面的需求层次也不断提高，不仅仅表现在吃穿住用行等物质层面，还表现在休闲娱乐等精神文化层面的需求标准也在提高，这就需要在城镇中建设一定量的基础设施来满足市民的需要，例如道路、广场、公园以及绿地等，所有这些基础设施的建设无疑会在一定程度上加快城镇建设用地的增长速度。[①] 因此，当农村劳动力转移到城镇就业、生活

---

① 赵尔强：《人口对城市建设用地增长的影响》，《湖北经济学院学报》（人文社会科学版）2008年第2期。

时，必然产生对城市基础设施、公共服务设施、商业服务设施和住宅等的巨大需求，进而带动相关用地需求①的增长，从而推动土地城镇化。②

其次，人口城镇化增加了城镇的劳动力供给，这为城镇非农产业生产规模的扩大和企业数量的增加提供了人力资本。伴随着非农产业生产规模的扩大和企业数量的增加，非农产业等用地需求增加。在城镇对土地需求增加的作用下，土地这一特殊资源向城镇配置。

最后，人口城镇化促使居民的收入水平不断提高。人口城镇化的主要原因是城镇的预期收益高于农村的预期收益。随着城镇居民收入水平的提高，城镇居民的购买力增强，在消费偏好"更大空间"③的作用下，居民的"合意住房面积"扩大，对城镇道路、绿化与休闲景观的需求层次提高，使得城镇居民对城镇的空间规模和城镇用地结构布局提出更高要求。

土地是一种稀缺的特殊商品，其供给是一定的，在城镇用地与农村用地之间存在此消彼长的关系。在市场经济条件下，土地用途取决于对地租的支付能力，而城乡收入差距决定了两类土地用途的转化更多地反映为土地的城镇化。城镇居民收入水平的提高可以将城镇用地需求变成有效需求，因此，当对城镇用地的需求增加时，与此相对应的城镇用地的供给就会增加。

从以上分析可以得出，土地城镇化的规模以及城镇建设用地的结构布局是根据人口城镇化的规模和结构来配置土地资源的结果。人口

---

① 我国《城市用地分类与规划建设用地标准》中规定：人均居住用地指标为18—28平方米，居住用地占城市建设用地总量的20%—32%；人均工业用地指标为9—22平方米，工业用地占城市建设用地总量的15%—25%；人均道路广场用地指标为7—15平方米，占城市建设用地总量的9%—14%；人均绿地指标不得小于9平方米，其中，公共绿地面积不得小于7平方米，绿地占城市建设用地总量的8%—15%。城镇人口总量的增加，在其他条件不变的情况下，相关用地需求量增加。

② 严思齐、吴群：《土地城镇化与人口城镇化的非协调性和互动关系》，《中国人口·资源与环境》2016年第11期。

③ ［日］藤田昌久、［比］雅克-弗兰斯瓦·蒂斯：《集聚经济学：城市、产业区位与全球化》（第二版），石敏俊等译，格致出版社、上海三联书店、上海人民出版社2016年版，第56页。

城镇化在整个城镇化体系中处于核心地位,土地是为人口城镇化服务的必要资源之一,土地城镇化是物质载体,因此,土地城镇化的规模以及城镇建设用地的布局均是源于人口城镇化的需要。根据人口城镇化的需要,结合现实情况,形成不同规模结构和不同区域结构的城镇。

二 土地城镇化对人口城镇化的作用机理

土地城镇化作为城镇化的重要组成部分,其对人口城镇化的作用机理主要表现在以下三个方面(见图3-4):第一,土地城镇化为城镇人口提供了生产与生活的空间。土地城镇化的直接表现是农地非农化带来的城镇空间规模的扩大,在人均用地需求量不变的条件下,城镇空间规模的扩大意味着可以容纳更多的人口进入城镇。并且,城镇空间规模的扩大为二、三产业的发展提供了用地支撑,进而促进城镇就业的增长和农村劳动力的转移。[①] 从生产要素角度来讲,"土地是财富之母"。土地城镇化为企业提供了最基本的投入要素,土地作为企业的生产投入要素,与其他要素优化组合,为企业创造利润提供了条件,利润的增加刺激企业扩大生产规模,进而提供更多的就业岗位,吸引更多的农民流向城镇。

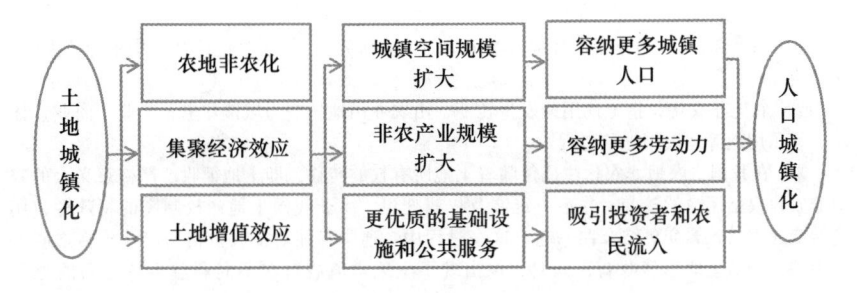

图3-4 土地城镇化对人口城镇化的作用机理

[①] 严思齐、吴群:《土地城镇化与人口城镇化的非协调性和互动关系》,《中国人口·资源与环境》2016年第11期。

第二，适度的土地城镇化可以更好地发挥集聚经济的功能，在促进城镇经济发展的同时，吸引更多的人口进入城镇。从区位优势角度来讲，城镇由于产业或企业在空间位置上邻近，能够享受经济活动的集聚效应如规模经济、正的外部性、报酬递增效益等[1]，这有利于企业扩大生产规模，创造更多的就业机会，为农民职业城镇化创造了条件。

第三，适度的土地城镇化可以通过土地的增值收益促进人口城镇化。土地的城镇化意味着农地的非农化[2]，农地在被征用[3]、开发、使用、转让等过程中产生了大量的农地非农化增值收益[4]。农地非农化增值收益是指在农地非农化过程中土地经过开发整理后（非农用地）的价值与原农用地的价值差，来源于以下几个方面[5][6]：①直接投资增值。由于土地使用者或经营者对土地进行追加投资，从而使得土地生产率得以提高，进而土地不断增值，是级差地租Ⅱ的资本化。②间接投资增值。国家、地方政府或其他土地使用者对土地进行投资（如公共服务设施建设）而使邻近地区的土地受益，进而使邻近区域土地的区位条件得以改善（正外部性），从而促使土地价值提升的土地增值，属于级差地租Ⅰ的资本化。③市场供求性增值。主要由某个省区的土地供不应求而导致的土地市场价格上升，实质上是城镇土地

---

[1] 余运江：《城市集聚、外部性与劳动力流动研究》，博士学位论文，华东师范大学，2015年。

[2] 农地非农化，指土地用途发生转变，由农业用地转变为城镇住宅、工业、商业、休闲、娱乐用地等建设用地的过程。

[3] 在我国，农地非农化往往伴随着土地所有权的转移，即土地征收。严格意义上的农地非农化仅指用途的转变，并不一定涉及权属变更，由于我国土地产权制度的特殊性，用途转变通常与权属变更结合在一起。这一过程中，通常存在着征收价格与出让价格之间的巨大差异，即土地增值收益；同时，也出现了土地增值收益在不同利益主体之间的分配问题。

[4] 苑韶峰、孙乐、杨丽霞等：《农村土地流转近期研究评述与启示》，《上海国土资源》2011年第4期。

[5] 邓宏乾：《土地增值收益分配机制：创新与改革》，《华中师范大学学报》（人文社会科学版）2008年第5期。

[6] 朱一中、曹裕：《农地非农化过程中的土地增值收益分配研究——基于土地发展权的视角》，《经济地理》2012年第10期。

第三章　人口城镇化与土地城镇化协调发展的理论分析　47

的绝对地租和垄断地租的增加或产生。④土地用途转变增值。由于土地用途改变、利用率提高等引起的土地增值。农地非农化过程中的土地增值收益分配应兼顾农民、政府（中央政府和地方政府）、开发商等多元权利主体的利益，体现产权主体均能获得应有的土地增值收益的基本原则。[1] 农民和政府从农地非农化中获得各自的那份土地增值收益，土地增值收益的获得，增加了农民城镇化的支付能力，另外，农民还可以利用土地增值所得收益进行人力资本等投资或创业，提高了"市民化"的适应能力。地方政府可以利用土地增值收益（属于政府预算外财政收入）获取城镇建设所需的资金，改善区域道路、交通、机场、通信网络等基础设施和学校、医院和绿色开放空间[2]等公共服务设施，以此来吸引更多的个人和家庭流向城镇。与此同时，更加优越的基础设施和公共服务环境能够吸引更多的企业投资，创造更多的就业岗位和就业机会，为人口城镇化创造条件。

三　人口城镇化与土地城镇化的良性互动

互动，是指两个事物或多个事物之间相互联结、相互影响、相互作用，这种相互作用有积极的过程，也有消极的过程，过程的结果有积极的，也有消极的。良性互动是指过程是正面的、积极的，其结果是相互提升、相互促进的。而过程是负面的、消极的，其结果是各自萎缩，趋于停滞的互动则称为恶性循环或不良互动。[3] 人口城镇化与土地城镇化良性互动关系见图3-5。

第一，人口城镇化从城镇用地数量及城镇土地使用结构两方面提出对土地城镇化的需求；土地城镇化从土地用途的转化及土地资源的合理配置两方面满足人口城镇化对土地的需求。人口城镇化最直观的

---

[1] 邓宏乾：《土地增值收益分配机制：创新与改革》，《华中师范大学学报》（人文社会科学版）2008年第5期。
[2] 赵尔强：《人口对城市建设用地增长的影响》，《湖北经济学院学报》（人文社会科学版）2008年第2期。
[3] 王晓丽：《农村集体经济与农民发展的良性互动研究》，博士学位论文，山西大学，2014年。

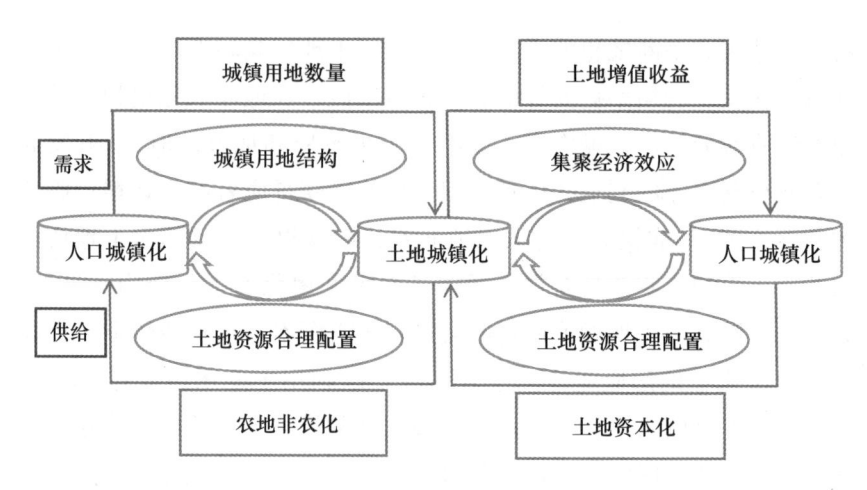

图 3-5 人口城镇化与土地城镇化良性互动逻辑图

表现是城镇人口总量的增加，这里很大一部分人群是从乡村向城市转移的劳动力数量的增加。假设在其他条件不变的情况下，城镇人口总量增加，住房用地①需求增加，以及与城镇人口数量相匹配的公共管理与公共服务设施用地、道路与交通设施用地、商业服务业设施用地、公用设施用地、绿地与广场用地、物流仓储用地等需求增加；劳动力增加，促进二、三产业扩大生产规模，从而工业用地等需求增加。农地非农化使得城镇空间规模扩大，从而满足了城镇人口对城镇用地数量需求的增加；根据城镇居民对城镇用地类型的需求情况，城镇土地资源在住房、工业、商业、服务业、公共管理与公共服务设施等各方面合理配置，满足城镇人口对城镇土地使用结构的需求。

第二，人口城镇化提高了居民的收入水平，对城镇用地的数量和结构提出更高的要求，一方面进一步促进城镇土地资源的合理配置，另一方面人口城镇化对土地城镇化的需求促进了土地资本化②③，从

---

① 根据我国《城市用地分类与规划建设用地标准》（GB 50137—2011），城市建设用地包括居住用地、公共管理与公共服务设施用地、商业服务业设施用地、工业用地、物流仓储用地、道路与交通设施用地、公用设施用地、绿地与广场用地八大类。
② 土地资本化是指稀缺的土地资源进入土地市场参与流转并实现增值的过程。
③ 李双海：《国有土地资本化经营研究》，博士学位论文，西南财经大学，2007年。

而推动了土地城镇化进程；土地城镇化满足了城镇人口对城镇用地数量和结构的需求，能更好地发挥集聚经济效应，增加了土地增值收益，从而进一步促进人口城镇化。城镇人口增加，使得城镇人口对城镇用地的需求增加，需求的增加推动土地价格[①]上涨，地价上涨促进了土地的资本化运作，增加了土地增值收益。

人口城镇化与土地城镇化的良性互动是处在不断运动、变化、发展过程之中的，从人口城镇化与土地城镇化的互动机理可以得出：人口城镇化与土地城镇化的良性互动是指二者是动态的协调发展过程，即无论处在城镇化哪一阶段，人口城镇化与土地城镇化两者之间都能够实现协调发展。二者动态协调发展可以有效地避免不协调带来的"农村病"和"城市病"，助推城镇化健康持续发展。

第三节 人口城镇化与土地城镇化协调发展的实现机制

人口城镇化与土地城镇化的良性互动意味着二者之间要实现协调发展，但人口城镇化与土地城镇化协调发展并不是必然的，它需要诸多的条件为其保驾护航。在健全的市场机制下，可以实现资源的优化配置，解决效率问题。然而市场不是万能的，"无形的手"无法解决信息不对称、外部性、自然垄断等问题，导致市场在公平问题上失灵，因此还需要政府通过宏观调控手段（税收政策、财政政策、土地政策、城镇规划等）对人口与土地城镇化进行科学调控，预防和纠正市场失灵[②]。然而政府也不是万能的，政府的宏观调控往往存在滞后性等问题，为了确保人口城镇化与土地城镇化协调发展，一方面需要

---

① 土地不是劳动产品，本身没有价值，但土地作为重要的生产条件在私有制下可以给它的所有者带来地租收入，土地的这一使用价值使它也作为商品进行买卖交易，因而土地也就有了价格。

② 市场失灵是指由于内在功能性缺陷和外部条件缺陷所引起的市场机制在资源配置的某些领域运作不灵，达不到资源的最优配置。

完善政府治理防范政府失灵①，更好地弥补市场失灵；另一方面需要将政府与市场有机结合，政府指导城市发展方向，为其创造良好的宏观环境，市场则在微观资源配置中起决定性作用（见图3-6）。

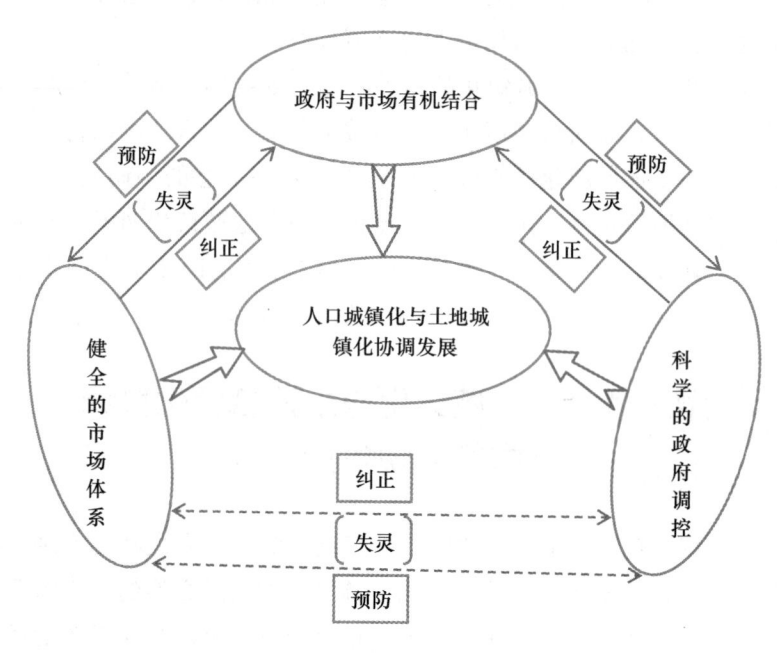

图3-6 人口城镇化与土地城镇化协调发展的实现机制

一 健全的市场体系

城镇化是市场主体对集聚收益与集聚成本权衡的结果，只有充分发挥市场机制在资源配置方面的决定性作用，才能有利于市场主体做出合理的选择，促进人口城镇化与土地城镇化协调发展，而要充分发挥市场机制的资源配置功能，需要有健全完善的市场体系，特别是劳动力市场和土地市场。

---

① 政府失灵是指政府的经济调节措施在许多方面不理想，政府发挥不了预定的经济调节作用。

城镇是不同经济主体（主要是企业和家庭）的集聚。① 马克思说："城市本身表明了人口、生产、工具、资本、享乐和需求的集中；而乡村所看到的却是完全相反的情况，孤立和分散。"② 集聚会产生集聚经济，"若没有集聚经济，社会经济活动就不必采用空间集中的形式，从而也就不一定会导致城市的产生和发展"③。集聚经济又称集聚经济利益、集聚经济效益或集聚收益，一般是指因企业、居民在空间上的集中而带来的经济利益或成本节约。④ 人口空间上的集聚在给居民、企业乃至整个城镇经济带来集聚收益的同时，在这个集聚过程中，也会产生各种各样的额外成本或额外费用，这就是集聚成本或集聚不经济，作为一种行为抑制因素，成本能够影响所有经济行为主体的选择⑤。城镇化是市场主体对集聚收益与集聚成本权衡的结果。集聚收益是城镇集聚的"向心力"，集聚成本是城镇空间集聚的"离心力"，这两股力量的大小决定了城镇空间规模的大小，城镇的空间结构同样也是由城镇自身吸引和集聚的向心力、扩张和分散的离心力的共同作用形成。

具体而言，集聚收益包括近邻效应、分工效应、结构效应、规模效应、洼地效应等，集聚成本包括土地成本、拥挤成本、生活成本、用工成本、社会成本等（见表3-1）。

表3-1　　　　　　　　城镇空间集聚的收益和成本

集聚收益 I	集聚成本 C
近邻效应	土地成本
分工效应	拥挤成本

---

① ［日］藤田昌久、［比］雅克-弗兰斯瓦·蒂斯：《集聚经济学：城市、产业区位与全球化》（第二版），石敏俊等译，格致出版社、上海三联书店、上海人民出版社2016年版，第142页。
② 《马克思恩格斯选集》（第3卷），人民出版社1972年版，第56页。
③ 吕玉印：《城市发展的经济学分析》，上海三联书店2000年版，第14页。
④ 吕玉印：《城市发展的经济学分析》，上海三联书店2000年版，第14页。
⑤ ［美］詹姆斯·布坎南：《成本与选择》，浙江大学出版社2009年版，第42页。

续表

集聚收益 I	集聚成本 C
结构效应	生活成本
规模效应	用工成本
洼地效应	社会成本

近邻效应。近邻效应（Neighborhood Effects）[1]是指区域内各种经济活动之间或各区域之间的空间位置关系对其相互联系所产生的影响。这里的近邻并不是纯粹的地理现象，也包括文化、组织、制度、社会和认知等多维层面，"近邻"的动态交互式学习和创造力，越来越表现为"无形"的制度、文化等形式。但地理位置上的"近邻"是其他形式的基础，地理"近邻"使得互动、合作、学习、接触成为可能，某种程度的地理"近邻"是形成持久关系的一个条件，是交换非编译知识（习惯、惯例、公约）的载体。短距离的面对面交流，可以更好地学习和掌握隐性知识（难以被编译化的知识）。[2]

近邻效应具体体现在以下几个方面：第一，由于区位上的集聚，企业和居民可以共享城镇基础设施、公共产品、公共服务等获得外部经济收益。恩格斯在《英国工人阶级状况》中写道："城市越大，搬到里面来就愈有利，因为这里有铁路、有运河、有公路；可以挑选的熟练工人愈来愈多……"第二，集聚提高了劳动力市场的效率，企业在区位上相互靠近，可以形成共同的劳动力市场从而共享"熟练的工人库"，节约了工人培训成本和搜寻成本，同时保持相对稳定的工资。而厂商的大量集聚为居民创造了更多的择业机会，有效降低了对工作岗位的搜寻成本和流动成本。第三，集聚促进信息的交流和技术的推广和扩散，提高了工作效率，有利于知识的积累和创新能力的加强。[3]

分工效应。分工效应（Division of Labor Effects）是指由分工导致

---

[1] 近邻效应遵循"距离衰减规律"，即各种经济活动或区域的经济影响力是随空间距离的增大而呈减小的趋势。
[2] 胡晓辉：《制度变迁的空间近邻效应》，博士学位论文，上海社会科学院，2016年。
[3] 冯云廷：《城市经济学》，东北财经大学出版社2011年版，第48页。

的专业化生产,提高了劳动生产率,从而获得收益的增加。随着人口的集聚,理性的市场主体从事自己具有比较优势的劳动,分工更加精细,提高了劳动生产效率,在按劳分配的市场机制下,员工和企业的收入提高,这增强了居民的支付能力,有利于人口城镇化。

结构效应。结构效应(Structural Effects)是指由于结构的优化,所获得的收益增加。这里特指由于集聚使得城镇的用地结构、产业结构、人才结构等得以优化,通过合理的结构优势所获得的集聚收益。在健全的市场机制下,人口可以自由流动,土地可以自由配置,因此,劳动和土地可以自动实现帕累托有效的资源配置,使得城镇的用地结构趋于合理。"企业和资本包括人口,都具有逐利性"[1],健全的市场机制可以确保产业之间充分而有效的竞争,哪里的收益高,人口和资本就流向哪里,促进城镇产业结构优化升级。健全的市场机制通过均等的机会让每一个人、每一个要素都充分发挥潜能,人口在城镇空间上集聚能够使人的力量大大增加。恩格斯在《英国工人阶级状况》中说:"……城市……这种大规模的集中,二百五十万人这样集聚在一个地方,使这二百五十万人的力量增加了一百倍。"知识、技术、人才集合起来能够产生更大的能量。而人才一般多是一技独长,聚众之长就会形成人才集聚优势,形成"合理结构"。[2]

规模效应。规模效应(Scale Effects)是指由于城镇规模的扩大,获得递增的报酬。[3] 人口在城镇的集聚促使市场需求规模不断扩大,那么作为市场微观主体的企业,生产规模也随之扩张,这样,企业的运输、储存等方面的成本或者费用就会随着规模的扩大而有所降低。城镇居民由于集聚,也促进了文化交流和人与人之间的沟通,无形中人力资本的提高均可使企业从中获益。总之,企业"生产效率随城市规模的扩大而增加"[4]。除了生产上的规模经济外,买卖活动也具有

---

[1] 肖周燕:《政府调控、市场机制与城市发展》,《中国人口·资源与环境》2016年第4期。
[2] 董利民:《城市经济学》(第2版),清华大学出版社2016年版,第37页。
[3] 吕玉印:《城市发展的经济学分析》,上海三联书店2000年版,第130页。
[4] 吕玉印:《城市发展的经济学分析》,上海三联书店2000年版,第131页。

规模经济。商贸企业集聚后，卖方坐落于企业群落中会得到更多的"购买人气"和营销的空间外部性[1]；买方在商店群落中采购会得到"货比三家"、"竞争压价"、"一揽子购买"的外部性。[2]

洼地效应。洼地效应（Field Effects）也称为"城市场效应"，中心城市对周围地区的作用力遵循距离衰减规律，即距离城市越近，场效应越强；反之亦然。[3] 随着距离城市的空间距离不断增大，从城市集聚中所得收益就会不断减少。根据洼地效应原理，人口集聚的区位对以上所述的近邻效应、分工效应、结构效应、规模效应产生决定性影响。距离城镇越远，从集聚中所得到的收益就越少，距离城镇越近获得的集聚收益就越多，这解释了为什么人们偏好大城市。

土地成本。土地成本（Land Costs）是指使用土地所需支付的费用，主要包括土地使用权取得费及土地开发费。土地是稀缺资源，有限的城镇土地因居民、企业两大消费主体的相互竞争而变得供不应求，为追求集聚收益，企业和居民这两大消费主体必须以高于农业地租的价格才能获得城镇的土地。集聚程度越高，土地越稀缺，从而地价也就越高，所需支付的地租也就越高。"城镇集聚规模越大，发生这种地价增加的距离就越长，从而农业用地和城市中心土地价格之间的差异也就越大。"[4]

生活成本。生活成本（Living Costs）是指人们为维持特定的生活水平，购买产品与服务所花费的金钱[5]，主要是指房屋所在地与业主平时的工作、生活圈之间所产生的各类成本，一般认为，半径为5公里的生活圈是基本生活成本的核算基础。生活成本包括人们日常生存生活所必需的衣食住行等各方面花费。集聚程度越高的地区，资源的稀缺程度越高，居民所需支付的生活成本就越高，尤其是住房价格

---

[1] 营销的空间外部性是指一家商店对顾客的吸引给另一家商店带来的利益。
[2] 董利民：《城市经济学》（第2版），清华大学出版社2016年版，第34—45页。
[3] 冯云廷：《城市经济学》，东北财经大学出版社2011年版，第49页。
[4] ［英］艾伦·W. 伊文思：《城市经济学》，甘士杰、唐雄俊等译，上海远东出版社1992年版，第74页。
[5] ［美］罗宾·巴德、迈克尔·帕金：《经济学精要》（第二版），王秋石、张弘译，中国人民大学出版社2004年版。

较高。

用工成本。用工成本（Labor Costs）是指企业（单位）因雇用劳动力而支付的费用，主要包括劳动报酬、社会保险、劳动安全卫生、职工培训及其相关费用。① 用工成本随城镇规模的扩大而增加的趋势明显，尤其是劳动报酬即工资水平与城镇规模具有强烈的正相关关系。R. S. 戈尔德法布和 A. M. 耶齐研究表明，工资大体上是随着城镇规模的扩大而以递减的增长率上升。美国学者霍奇（I. Hoch）发现，平均来讲，城市人口每增加10倍，工资水平上升9%。

社会成本。社会成本（Social Costs）是指经济活动中私人成本与外部成本的总和。② 这里特指由于人口过度集聚，城镇规模不断扩大，造成社会福利的净损失。城镇规模不是越大越好，随着人口的不断集聚，城镇规模不断扩大，也会出现一些"城市病"现象，比如城市大气污染、交通拥堵、小产权房、生态破坏、环境污染、犯罪率增高等现象。这些均给城市的发展带来显著的负外部性，尤其城市中的居民受影响最大，造成了社会福利的损失。

拥挤成本是社会成本的其中一种，由于城镇人口过度集聚造成的拥挤成本的增高越来越影响到人们的生活，使得城镇居民幸福指数下降，所以此处将其提出来，专门分析。拥挤成本（Congestion Costs）是指市民因拥堵造成的经济损失，主要包括因拥堵造成的时间成本以及由此产生的经济成本。主要表现在以下两个方面：第一，当集聚规模扩大到一定程度，城市空间内的交通、运输等成本也随之增加，从而增加了市民的通勤成本。第二，人口不断的集聚也会导致城市公共物品需求增大，城镇基础设施等公共物品的供给不足一方面降低了城镇居民的生活质量，另一方面也会引起"逆城市化"过早到达。

在健全的市场体系下，市场主体能理性地权衡集聚收益与集聚成本，从而自动达到城镇的最佳规模。人口城镇化与土地城镇化的规模

---

① 何勤、王飞鹏：《〈劳动合同法〉实施后企业用工成本的增量分析与应对措施》，《中国劳动关系学院学报》2009年第5期。

② 张国胜、陈明明：《我国新一轮户籍制度改革的价值取向、政策评估与顶层设计》，《经济学家》2016年第7期。

是市场主体对集聚收益与集聚成本的权衡决定的，集聚经济的存在使城镇空间规模产生越来越大的倾向，而随着城镇空间规模的扩大，又会产生集聚不经济。因此，集聚收益与集聚成本的大小决定了城镇化规模的大小。

集聚收益是人口城镇化的诱因，作为吸引人口不断向城镇集聚的"向心力"，是城镇各利益主体选择城镇化的根本出发点和落脚点。集聚收益越大，集聚规模就越大。然而集聚成本的存在使得这种空间集聚不可能无止境地集聚下去，集聚不经济作为城镇空间集聚产生的"离心力"，制约着城镇集聚规模的扩大和土地利用结构的形成。而最终城镇规模的大小则由集聚收益与集聚成本的差值即集聚效用或集聚利润（$U=I-C$）决定。差值 U 越大，集聚规模就越大；差值 U 越小，集聚规模就越小；当集聚收益（I）与集聚成本（C）相等时，不会有人（农民）进入城镇，也不会有人（城里人）离开城镇，城镇的规模达到稳定或均衡状态（见表3-2）。从理论上说，当城镇集聚收益与集聚成本之差最大［即 $U_{max}=(I-C)_{max}$］时，城镇就处在最佳规模或合理规模上（见图3-7）。

表3-2　　　　　　　集聚效用对集聚方向的影响

U>0 (I>C)	U<0 (I<C)	U=0 (I=C)
集聚	分散	稳定或均衡

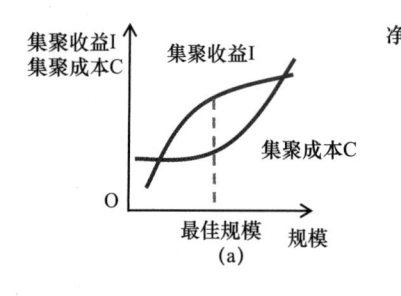

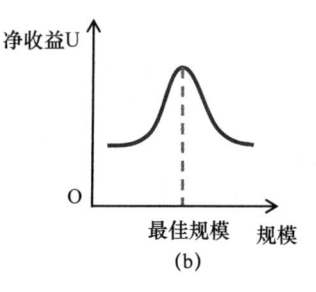

图3-7　城镇最佳规模

假设所有城镇的规模和效用之间的关系都如图3-8所示，那么当城镇规模尚小于最佳规模时，人口城镇化和土地城镇化可获得递增的净收益，人口和土地用途以递增的速度向城镇转化；当城镇规模扩大到已经超过最佳规模时，净收益趋于下降，人口和土地用途向城镇转化的速度放缓直至集聚利润为零，城镇化才告结束。后一种情况人口流动会因为效用水平的降低而向其他城镇转移，使得城镇规模趋于稳定。

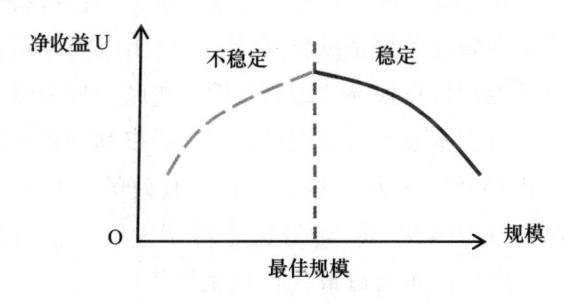

图3-8 市场经济条件下的城镇规模

以上所述集聚收益与集聚成本的权衡以及城镇最佳规模的形成，需要健全的市场体系确保经济行为主体能够获得充分的信息，在完全自由竞争的环境下做出合理的选择，城镇化才是良性的、健康的，也就是说，只有健全的市场体系确保市场机制在配置资源中起决定性作用时，市场主体才能对城镇集聚收益与集聚成本进行充分的权衡并做出合理的选择，这样才能促进人口城镇化与土地城镇化协调发展。

健康的城镇化是健全的市场体系充分发挥作用时产生的集聚（极化）效应和扩散（涓流）效应共同作用的结果，然而，由于垄断、公共物品、信息不对称以及外部性的存在，常态的市场体系是不健全的、不完善的，会出现市场失灵现象，因此，在城镇发展上政府干预是必要的，一方面纠正市场失灵，另一方面制定政策指导城镇发展方向，为城镇发展创造良好的外部环境。[1]

二 科学的政府调控

在市场经济条件下，每一个经济主体均按照自身利益最大化原则来作决定，然而，个体的理性并不代表整个社会的理性，对于具有"公共"属性的物品或资源，时常会出现由于个体的理性选择或行为导致整个社会非理性的"搭便车"、"公地悲剧"等现象[2]。不可否认，市场调节是资源配置的一种非常有效的机制，但市场机制的完全有效只有在严格的假设条件下才能成立[3]，对于市场体系自身固有的缺陷，例如自发性和盲目性导致的滞后性、垄断、外部性、公共产品供给不足、收入分配不公与财富两极分化、产权和利益界定不清晰等问题，需要充当公益人的政府进行合理、有效的干预，匡正市场失灵，才能确保人口城镇化与土地城镇化协调发展。正如萨缪尔森所说："当今没有什么东西可以取代市场来组织一个复杂的大型经济。问题是，市场既无心脏，也无头脑，它没有良心，也不会思考，没有什么顾忌。所以要通过政府制定政策，纠正某些由市场带来的经济缺陷。"[4]

对于具备准公共属性的土地资源[5]而言，土地市场并不具备完全市场竞争的条件。完全竞争市场须同时具备以下四个条件：第一，对于某一商品存在着大量的买者和卖者，市场上每一个人都是价格的接受者，供求双方所受限制条件少，特别是供应方，可以根据市场价格和需求，无限地调整生产规模，以实现供需平衡和价格的平稳；第

---

[1] 肖周燕：《政府调控、市场机制与城市发展》，《中国人口·资源与环境》2016年第4期。

[2] [美] 曼瑟尔·奥尔森：《集体行动的逻辑》，陈郁、郭宇峰、李崇新译，上海格致出版社、上海人民出版社2014年版。

[3] 金太军：《市场失灵、政府失灵与政府干预》，《中共福建省委党校学报》2002年第5期。

[4] [美] 保罗·A. 萨缪尔森、威廉·D. 诺德豪斯：《经济学（第12版）》（上册），中国发展出版社1993年版，第78页。

[5] 具体地说，土地资源是一种无排他性、有竞争性的公共资源。

二，供应方能生产出均质的产品或可进行价格比较的不同质量产品；第三，供应方（生产者）以追求经济利益为唯一目的；第四，供需双方在完全公开、公平、公正的市场环境中进行交易。对于这四个条件，土地市场均不具备：第一，土地的面积是有限的，不可能完全根据市场需求而无限制地扩大供应量；第二，土地是特殊"商品"，具有个体异质性的基本特征，基本上是"一地一价"，不能像一般商品那样按生产成本来计算价格；第三，土地在利用过程中，经济效益不应是唯一目的，而应追求经济效益、生态效益、社会效益的统一；第四，由于土地是国家安定的重要因素，国家不可能完全任其自由流转。[①] 土地资源的准公共物品属性决定了土地市场的非完全竞争性，抑制了市场调节土地资源配置的基础性作用。

土地资源配置[②]的市场调节存在以下三个明显的局限性：（1）局部性。各用地单位遵循市场规律安排用地，其出发点是立足于本单位的局部利益，对于高一层次的整体效益，特别是诸如交通、卫生、绿化等公益基础设施和生态保护用地，靠市场机制的自发调节是难以实现的。（2）盲目性。市场能够引导土地资源的投向，却难以确定资源的投量，而且市场难以保证土地资源收益的公平分配。（3）滞后性。由于信息不完全等原因，一般情况下，市场对供求关系变化的反应迟缓，容易造成"蛛网模型"式的周期性波动。

国家对土地资源的宏观调控[③]，可以采用经济、行政和法律三种手段进行。经济手段是通过价格、税收、金融等对市场供求关系产生影响，从而鼓励或限制市场主体的经济行为，继而引导土地资源的合理配置，促进土地资源的合理利用。法律手段主要通过立法、司法等手段，对土地利用等经济活动进行控制、指导、规范和监督，将实践证明较符合客观经济规律的、对合理配置土地资源起促进作用的、能

---

① 陈美球：《中国农村城镇化进程中的土地配置研究》，博士学位论文，浙江大学，2002年。

② 土地配置包括两层含义：一是土地配置的政策、制度设计；二是土地利用结构的空间优化。

③ 城镇化的土地资源配置方式主要包括土地征用、规划增值调整和土地整理三种。

提高土地利用率和生产率的一些规定、办法法律化，用以约束土地经济活动。行政手段①是政府机构凭借上下级之间的权威和服从关系，按照行政系统，运用行政命令、指标、指令性计划和任务等，对土地交易等经济活动进行直接管理。②

人口城镇化和土地城镇化不仅为微观个体（企业和居民）带来各种各样的经济利益，而且在宏观上也影响着城镇经济的运行。集聚经济的存在，必然吸引企业和家庭的较大集聚，这种较大的集聚又将吸引更大的集聚，从而影响着整个城镇的发展。市场主体包括企业、家庭和个人基本上是按照自身利益最大化原则来做出是否进城的决策，以获得收入或效用的最大化。③但当他们追求自身利益时，不可能总与城乡转型的总体目标相一致，经济人的有限理性、信息不对称等原因会引起城乡转型无序、城镇发展混乱等市场失灵现象。政府作为全社会利益的代表，其行为是从整个社会的利益最大化角度出发，根据城镇化的内在规律，通过行政区划、规划、制度以及方针政策的制定，吸引或阻碍家庭、个人或企业向城镇迁移，进而调控土地资源的利用。

空间是城镇存在的基本形式之一，人类活动离不开空间，空间是城镇一切活动的载体。④城镇的空间结构是由城镇自身吸引和集聚的向心力、扩张和分散的离心力共同作用形成的。城镇空间结构有很多的模式，其中典型模式有霍华德（E. Howard）的田园城市理论、沙里宁（E. Saarinen）的有机疏散理论、芝加哥大学教授伯吉斯（E. W. Burges）的同心圆模式、霍伊特（H. Hoyt）的扇形模式以及哈里

---

① 行政手段可以迅速及时地调节经济活动，但是，行政手段易出现"长官意志"和"一刀切"，难以适应经济过程中复杂多变的各种具体情况。所以，行政手段必须结合规划、经济和法律等手段一起加以运用，相互配合，取长补短，才能取得预期效果。

② 陈美球：《中国农村城镇化进程中的土地配置研究》，博士学位论文，浙江大学，2002年。

③ 顾朝林、于方涛、李王鸣等：《中国城市化格局·过程·机理》，科学出版社2008年版。

④ 中国社会科学院研究生院城乡建设经济系：《城市经济学》，经济科学出版社1999年版，第128—130页。

斯（C. D. Hanis）和乌尔曼（E. Ullman）的多核心模式。①

这里以同心圆模式为例来解释城镇空间结构是在城镇集聚经济的"向心力"和城镇集聚不经济的"离心力"的共同作用下形成的，其他模式的城镇空间结构原理与之相似。随着城镇的增长，城镇集聚由单一中心向多中心演化，空间布局向外部地带蔓延。为了获得集聚经济，在原有的一些集聚点上形成新的社会经济活动中心，城镇结构由单一中心向多中心结构演化。然而，市中心功能仍难以被完全取代，而是与其他次中心形成相互竞争又相互依存的多核结构（如图 3-9 所示）。

现实中城市集聚与土地利用的演进并不一定按照以上所述的理想状态向多中心化方面发展，可能会由于受自然环境、交通与规划、政府行为、土地价格、社会结构、人文类型等多方面的影响而呈现出非规则的空间演化形态。②

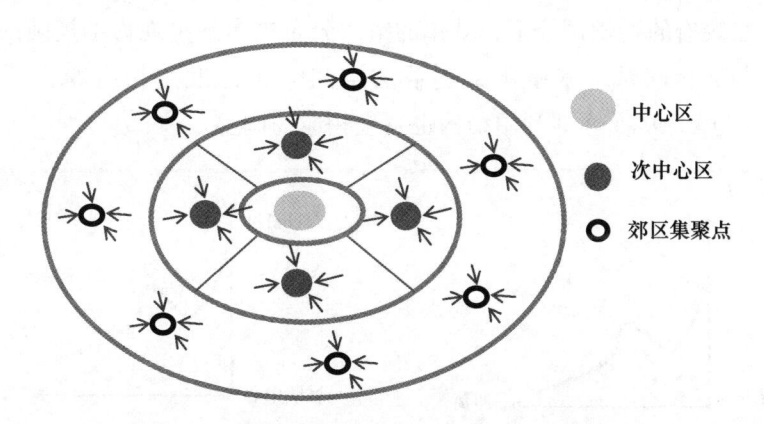

图 3-9　城镇集聚由单中心向多中心布局的演化

城镇集聚效应对土地利用具有决定性的调节作用，其演化与分布同城镇土地利用的布局与演变相辅相成。地理位置优越，经济聚集明显的地方，土地利用强度高；相反地，经济聚集下降的地方，自然成

---

① 张勇：《四川省城镇空间结构优化研究》，博士学位论文，西南财经大学，2014 年。
② 吕玉印：《城市发展的经济学分析》，上海三联书店 2000 年版，第 133 页。

为土地利用的衰退区,土地利用强度低,因此,集聚经济与土地利用在空间分布上具有高度的一致性。在同心圆或单中心城镇中,随着与城镇中心距离的增加,区位集聚利益和土地利用深度(用人口密度来衡量)将呈现出递减的趋势(见图3-10)。

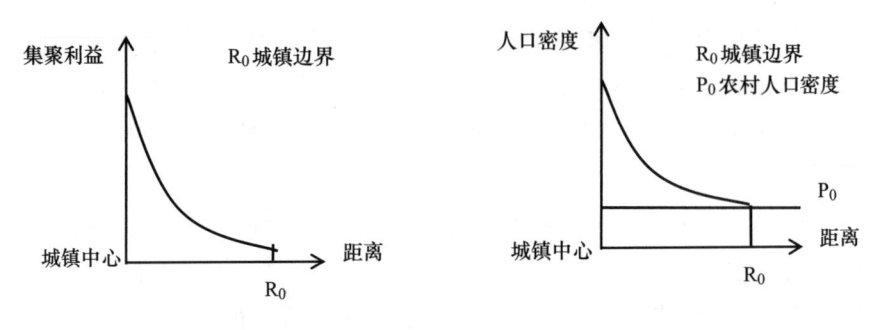

图3-10 单中心城镇的集聚效应与土地利用

在政府的科学调控下,城镇的空间分布更多地呈现为不规则的形状,与之相联系,城镇集聚利益的空间分布也发生相应变化(见图3-11),从而土地利用结构也发生相应的调整。

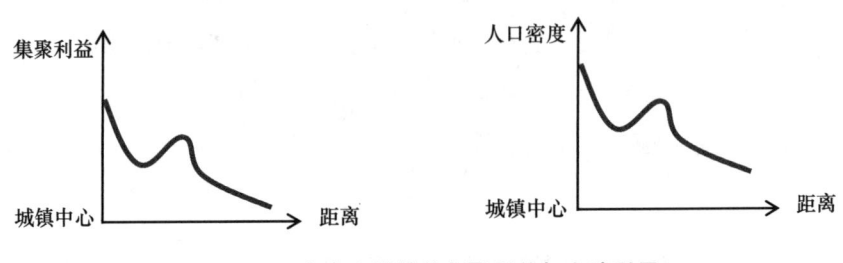

图3-11 多中心城镇的集聚利益与土地利用

综上所述,由于现实情况下,市场是不完全竞争的,市场主体的有限理性和信息不对称等原因,造成城镇发展混乱、转型无序等市场失灵现象,需要政府在充分获取信息的基础上制定出合理的城镇规划;同时,由于土地经营的外部性以及经济人的个体理性行为会造成城镇土地资源利用不合理,政府作为社会公共利益的化身,需从社会整体利益出发，着眼全局，通过法律手段、行政手段、经济手段等合理配置城镇土地在各种用途上的数量和比例。总之，城镇空间结构的演变与土地资源的合理配置均需要科学的政府调控来防治市场的失灵。

三 政府与市场有机结合

市场机制的完全有效只有在严格的假说条件下才成立，而政府干预的完美无缺同样也仅仅与"理想的政府"相联系。[①] 与市场体系一样，政府调控也有其自身的缺陷，同样存在着政府失灵的可能性。政府失灵的原因[②]包括：(1) 政府干预的目的不一定都是为公共利益，政府机构谋求内部私利的"内在效应"现象不能完全避免。(2) 政府某些干预行为的效率较低。政府不以直接盈利为目的的干预无法计量成本，缺乏降低成本提高效率的直接利益驱动；政府干预具有垄断性，没有竞争的垄断极易使政府丧失对效率、效益的追求；政府干预还需要具有高度的协调性，众多机构和职能部门间协调配合、职能划分、部门观点都影响着调控体系的运转效率。(3) 根据"公共活动递增的瓦格纳定律"[③]，政府干预易引发政府规模的膨胀。(4) 政府干预为寻租的产生提供了可能性。被称为"租之母腹"的政府干预，因政府官员具有垄断权力为寻租提供了可能性，又因对权力的监督和约束不到位而成为现实，导致"权力货币化"、"权力市场化"。(5) 政府决策的失误。正确的决策必须同时具备充分可靠的信息和英明的决策者两个条件，而现实是现代社会化市场经济活动复杂多变，充分掌握和分析信息的难度较大以及部分政府官员不具备做出英明决策的素质和能力。

---

① 金太军：《市场失灵、政府失灵与政府干预》，《中共福建省委党校学报》2002年第5期。

② 金太军：《市场失灵、政府失灵与政府干预》，《中共福建省委党校学报》2002年第5期。

③ 柏林大学教授阿道夫·瓦格纳在19世纪提出：政府就其本性而言，有一种天然的扩张倾向，特别是其干预社会经济活动的公共部门在数量上和重要性上都具有一种内在的扩大趋势，它被西方经济学界称为"公共活动递增的瓦格纳定律"。

政府失灵有两大表现：政府的无效干预[①]和政府的过度干预[②]。因此，政府失灵决定了政府干预必须适度、有效。而要掌握好政府干预经济的"度"，需要理顺政府与市场的关系[③]。在现实经济生活中，政府与市场的合理关系应是在保证市场对资源配置起决定性作用的基础上，以政府的调节之长弥补市场作用之短，同时又以市场作用之长来克服政府调节之短，从而实现市场和政府的"凸性组合"[④]。

土地资源的配置需要政府与市场良性互动，在实现最优配置的过程中需要做到市场调节与政府调控[⑤]的有机结合。[⑥] 土地市场中，政府干预与市场机制的并存并不等于二者可以等量齐观。[⑦] 政府干预必须侧重于修正市场的不充分以及市场自发调节的不公正后果，政府干预不能扰乱市场配置资源的基础性作用，政府干预应主要是经济手段和法律手段，而不能过多地直接运用行政手段。[⑧] 一般来说，市场运行的成本要比政府运行的成本低得多，市场运行效率也要比政府运行的效率高得多。因此，从经济学的角度来说，能够让市场干的事情，要尽量让市场干。[⑨] 一般的宏观调控是在市场失灵的情况下，在经济

[①] 无效干预是指政府宏观调控的范围和力度不足或方式选择失当，不能够弥补市场失灵和维持市场机制正常运行的合理需要。

[②] 过度干预是指政府变成一只"闲不住的手"，政府干预的范围和力度，超过了弥补市场失灵和维持市场机制正常运行的合理需要。

[③] 党的十八届三中全会通过的《中共中央关于全面深化改革若干重大问题的决定》明确指出，使市场在资源配置中起决定性作用和更好发挥政府作用。

[④] 凸性组合即最优组合。引自罗肇鸿、张仁德《世界市场经济模式综合与比较》，兰州大学出版社1994年版，第7页。

[⑤] 政府调控是指政府对城镇用地供应总量和土地利用基本结构的调节和控制。供应总量的控制是促进土地利用朝集约化方向发展的要求，是在土地利用总体规划的指导下，通过每年的用地计划来实现；而城镇用地基本结构的控制，主要是通过政府对城镇建设总体规划来执行，在总体规划中，通过功能分区、基础设施的布局，在空间上指导城镇用地的合理配置。市场调节则是在政府调控下，利用市场规律调节土地的供应关系，促进土地资源与社会需求的有机结合，提高土地配置的经济效益。

[⑥] 陈美球：《中国农村城镇化进程中的土地配置研究》，博士学位论文，浙江大学，2002年。

[⑦] 李兴江、唐志强：《论区域协调发展的评价标准及实现机制》，《甘肃社会科学》2007年第6期。

[⑧] 雷爱先：《市场配置与政府调控》，《中国土地》2003年第6期。

[⑨] 田国强：《和谐社会构建与现代市场体系完善》，《经济研究》2007年第3期。

运行中，为了促进市场发育、规范市场运行、实现资源的优化配置，国家依据市场经济的一系列规律，运用调节手段和调节机制，对社会经济总体的调节与控制，为微观经济运行提供良好的宏观环境，使市场经济正常运行和均衡发展的过程。①

因此，坚持市场在微观个体（包括企业和个人）资源配置中起决定性作用，同时发挥政府在城镇化发展过程中的导向作用，将市场有效性与政府有为性充分发挥出来，为推动城镇化的良性发展创造公平有利的环境，最终实现人口城镇化与土地城镇化的协调发展。②

---

① 张安录:《紧缩地根下政府的职能和行为规范——兼论土地政策在国民经济宏观调控中的运作》,《理论月刊》2007年第4期。
② 肖周燕:《政府调控、市场机制与城市发展》,《中国人口·资源与环境》2016年第4期。

第四章　中国人口城镇化与土地城镇化失调的表现及影响

第一节　中国人口城镇化与土地城镇化的发展及现状

1949—1978年中国的城镇化在计划经济体制下曲折发展。约30年的时间里，中国的城镇化率从10.64%上升到17.92%，年均增长0.24个百分点。1978年至今中国的城镇化处于加速发展阶段。根据诺瑟姆的S曲线理论，将该阶段分为两个时期：第一个时期是1978—1996年的缓慢发展时期，这一时期中国的城镇化率年均增长0.38个百分点；第二个时期是1996年至今的快速发展时期，中国城镇化率从1996年的30.48%上升至2016年的57.35%，年均增长1.34个百分点。

中国的城镇化速度快。英国的城市化快速发展时期（城镇化率在30%—70%）大约用了100年（1800—1900年），美国是80年（1890—1970年），日本是40年（1935—1975年），韩国是30年（1960—1990年）。中国从1996年开始步入快速发展的轨道，至今才20多年的时间，城镇化率就已超过50%，达到57.35%，根据"十三五"规划，到2020年，中国的常住人口城镇化率将达到60%，因此，中国的城镇化速度在世界范围内均是罕见的。

一　中国人口城镇化的发展及其现状
（一）城镇常住人口与常住人口城镇化率快速增长

对城镇常住人口与常住人口城镇化率的分析以改革开放为界分为两

第四章 中国人口城镇化与土地城镇化失调的表现及影响 67

段进行：1949—1978 年，二者的增长趋势缓慢；1978—2016 年二者的增长速度明显加快。1949 年，中国的总人口为 54167 万人，而城镇常住人口为 5765 万人，常住人口城镇化率非常低，仅为 10.64%，到 1978 年，总人口增长到 96259 万人，增加了 42092 万人，约增 1.78 倍；城镇常住人口增长到 17245 万人，增加了 11480 万人，约增 2.99 倍；常住人口城镇化率增长为 17.92%，增长了 7.28 个百分点，年均增长 0.25 个百分点，城镇化的发展步伐十分缓慢（具体数据见表 4 – 1，发展趋势见图 4 – 2）。

表 4 – 1 城镇常住人口及常住人口城镇化率 (1949—2016 年)

单位：万人、%

年份	年末总人口	城镇常住人口	常住人口城镇化率	年份	年末总人口	城镇常住人口	常住人口城镇化率
1949	54167	5765	10.64	1967	76368	13548	17.74
1950	55196	6169	11.18	1968	78534	13838	17.62
1951	56300	6632	11.78	1969	80671	14117	17.50
1952	57482	7163	12.46	1970	82992	14424	17.38
1953	58796	7826	13.31	1971	85229	14711	17.26
1954	60266	8249	13.69	1972	87177	14935	17.13
1955	61465	8285	13.48	1973	89211	15345	17.20
1956	62828	9185	14.62	1974	90859	15595	17.16
1957	64653	9949	15.39	1975	92420	16030	17.34
1958	65994	10721	16.25	1976	93717	16341	17.44
1959	67207	12371	18.41	1977	94974	16669	17.55
1960	66207	13073	19.75	1978	96259	17245	17.92
1961	65859	12707	19.29	1979	97542	18495	18.96
1962	67296	11659	17.32	1980	98705	19140	19.39
1963	69172	11646	16.84	1981	100072	20171	20.16
1964	70499	12950	18.37	1982	101654	21480	21.13
1965	72538	13045	17.98	1983	103008	22274	21.62
1966	74542	13313	17.86	1984	104357	24017	23.01

68　中国人口城镇化与土地城镇化协调发展研究

续表

年份	年末总人口	城镇常住人口	常住人口城镇化率	年份	年末总人口	城镇常住人口	常住人口城镇化率
1985	105851	25094	23.71	2001	127627	48064	37.66
1986	107507	26366	24.52	2002	128453	50212	39.09
1987	109300	27674	25.32	2003	129227	52376	40.53
1988	111026	28661	25.81	2004	129988	54283	41.76
1989	112704	29540	26.21	2005	130756	56212	42.99
1990	114333	30195	26.41	2006	131448	58288	44.34
1991	115823	31203	26.94	2007	132129	60633	45.89
1992	117171	32175	27.46	2008	132802	62403	46.99
1993	118517	33173	27.99	2009	133450	64512	48.34
1994	119850	34169	28.51	2010	134091	66978	49.95
1995	121121	35174	29.04	2011	134735	69079	51.27
1996	122389	37304	30.48	2012	135404	71182	52.57
1997	123626	39449	31.91	2013	136072	73111	53.73
1998	124761	41608	33.35	2014	136782	74916	54.77
1999	125786	43748	34.78	2015	137462	77116	56.10
2000	126743	45906	36.22	2016	138271	79298	57.35

数据来源：国家统计局。

改革开放以来，我国总人口从1978年的96259万人增长到1995年的121121万人，增加了24862万人，约增1.26倍；与此同时，城镇常住人口从17245万人增长到35174万人，18年时间城镇常住人口增加了17929万人，约增2.04倍；而常住人口城镇化率也从17.92%增长到29.04%，年均增长0.62个百分点，城镇化的发展速度略有加快（具体数据见表4-1，发展趋势见图4-2）。

1996年至今，中国城镇化进入快速发展阶段，步入了诺瑟姆曲线的加速阶段（见图4-1）。总人口从122389万人增长到2016年的138271万人，总人口净增15882万人，约增至1.13倍；城镇常住人口从37304万人增长到79298万人，净增41994万人，约增至2.13

倍；常住人口城镇化率从 30.48% 增长到 57.35%，增加了 26.87%，年均增长 1.28 个百分点。

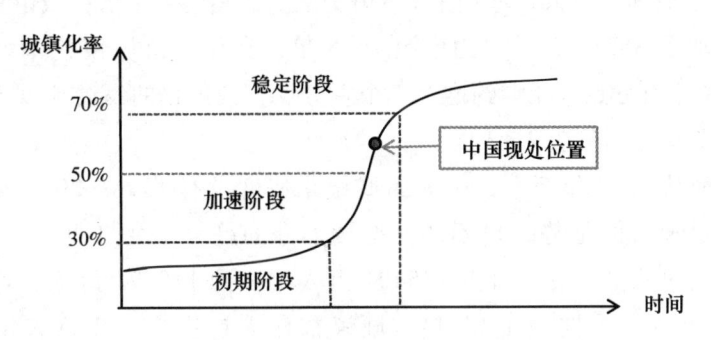

图 4-1 城镇化发展的 S 型曲线（诺瑟姆曲线）

其中，1996—2011 年城镇化的发展十分迅速（见图 4-2）。1996 年，总人口 122389 万人，城镇常住人口 37304 万人，城镇化率超过 30%，达到 30.48%；到 2011 年，总人口 134735 万人，城镇常住人口 69079 万人，常住人口城镇化率突破 50%，上升为 51.27%，中国

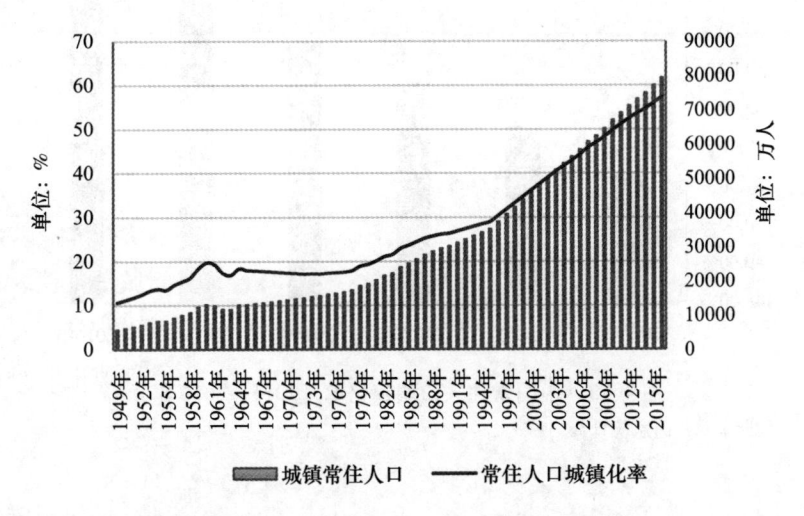

图 4-2 中国城镇常住人口与常住人口城镇化率变化趋势（1949—2016 年）
数据来源：国家统计局。

人口城镇化超过总人口的一半,实现了中国社会结构的历史性转变[①]。这一阶段,从开始步入加速阶段到人口城镇化率过半,中国花费了16年的时间,总人口增加了12346万人,约增至1.1倍;城镇常住人口增加了31775万人,约增至1.85倍;常住人口城镇化率增加了20.79个百分点,年均约增1.3个百分点,城镇化的发展速度十分迅速(具体数据见表4-1)。

而从2012年至今,中国的城镇化速度没有1996—2011年这一时期迅速,但是势头也不弱,持续上升的趋势不变(见图4-3)。五年的时间里,总人口由135404万人增长到138271万人,增加了2867万人,约增至1.02倍;城镇常住人口由71182万人增长到79298万人,增加了8116万人,约增至1.11倍;城镇化率由52.57%上升到57.35%,上升了4.78个百分点,年均增长0.96个百分点。

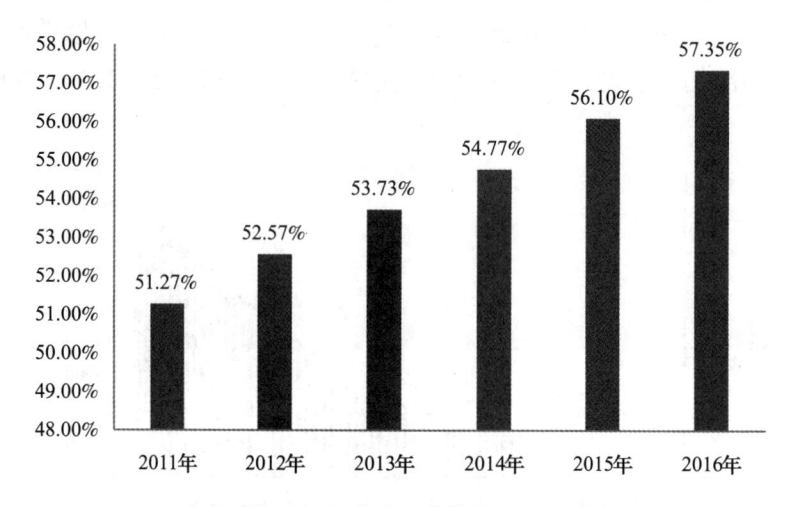

图4-3 中国常住人口城镇化率(2011—2016年)
数据来源:国家统计局。

[①] 辜胜阻、杨威:《反思当前城镇化发展中的五种偏向》,《中国人口科学》2012年第3期。

第四章　中国人口城镇化与土地城镇化失调的表现及影响　　71

（二）户籍人口城镇化率快速增长

2011年中国的户籍人口城镇化率为34.71%，2012年为35.00%，2013年为35.70%，2014年为37.10%，2015年为39.90%，2016年为41.20%，近六年来，户籍人口城镇化率增长了6.49个百分点，年均增长1.08个百分点，户籍人口城镇化增长迅速（见图4-4）。

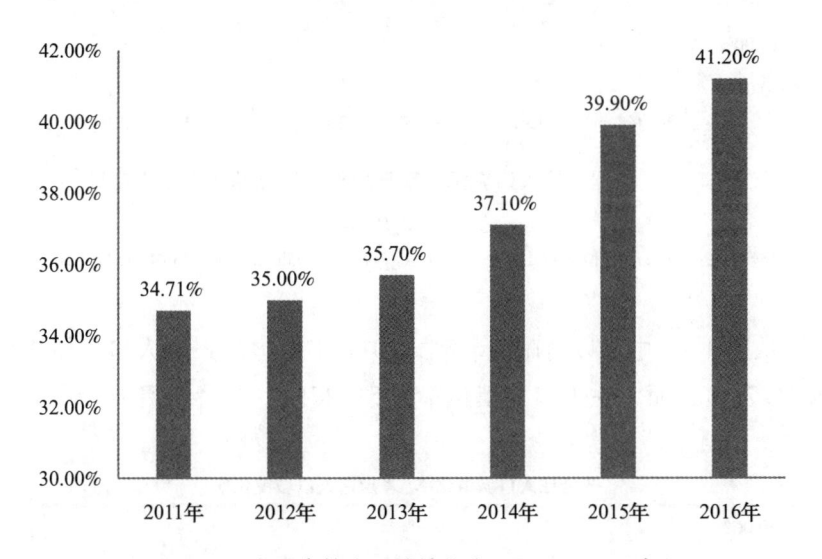

图4-4　中国户籍人口城镇化率（2011—2016年）

数据来源：中国产业信息网 http://www.chyxx.com/industry/201611/466191.html。

（三）户籍人口城镇化率与常住人口城镇化率差距巨大

户籍人口城镇化率是指户籍所在地在城镇地理单元上的人口占户籍总人口的比重，常住人口城镇化率是指居住在城镇范围内超过6个月（或在居住地不满6个月，但离开户籍地6个月以上）的人口占总人口的比重。[①] 尽管中国常住人口城镇化率与户籍人口城镇化率均呈快速增长趋势（见图4-5），但是二者存在较大差距。

---

① 袁艳:《关于户籍人口城镇化水平的探讨》，《科学经济社会》2015年第1期。

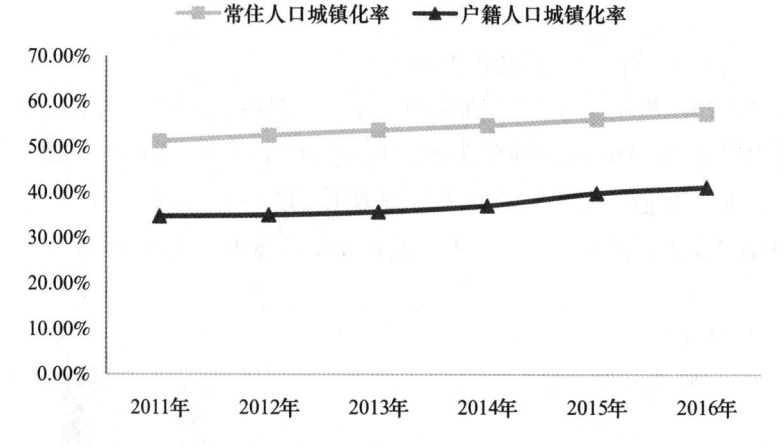

72   中国人口城镇化与土地城镇化协调发展研究

图 4-5　中国常住人口城镇化率与户籍人口城镇化率变化趋势
(2011—2016 年)

数据来源：中国产业信息网 http：//www.chyxx.com/industry/201611/466191.html。

从图 4-6 中可以清晰地看到，2011 年中国的户籍人口城镇化率为 34.71%，而常住人口城镇化率为 51.27%，二者相差 16.56 个百

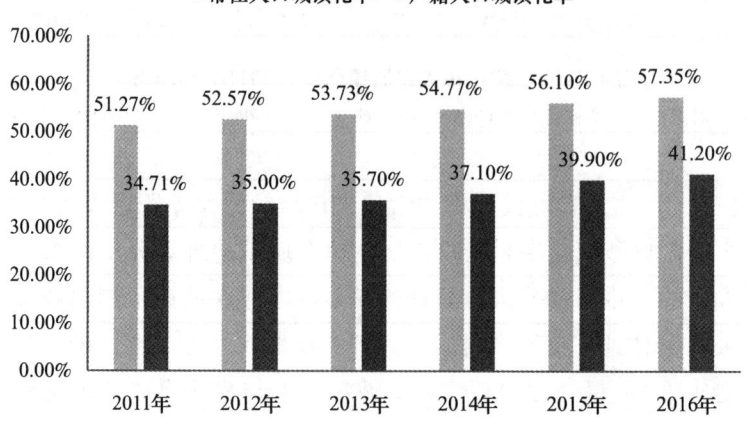

图 4-6　中国常住人口城镇化率与户籍人口城镇化率对比
(2011—2016 年)

数据来源：中国产业信息网 http：//www.chyxx.com/industry/201611/466191.html。

分点；2012年分别为35.00%和52.57%，相差17.57个百分点；2013年分别为35.70%和53.73%，相差18.03个百分点；2014年分别为37.10%和54.77%，相差17.67个百分点；2015年分别为39.90%和56.10%，相差16.20个百分点；2016年分别为41.20%和57.35%，相差16.15个百分点。差距基本上保持在16—18个百分点。

（四）中国城市人口密度增加

城市人口密度指生活在城市范围内的人口稀密程度，是城市人口与城市面积的比值，表示单位面积内的人口数，是各地人口密集程度的指标。

近十年来，中国的城市人口密度增长明显。2004—2005年，城市人口密度仅为870人/平方公里，2006年中国城市人口密度飙升到2238.15人/平方公里，2008—2014年中国的人口密度缓慢增长，从2080人/平方公里上升到2419人/平方公里，年均增长39人/平方公里。2015年的人口密度略有下降，与2014年相比，2015年城市人口密度下降了20人/平方公里（见图4-7）。

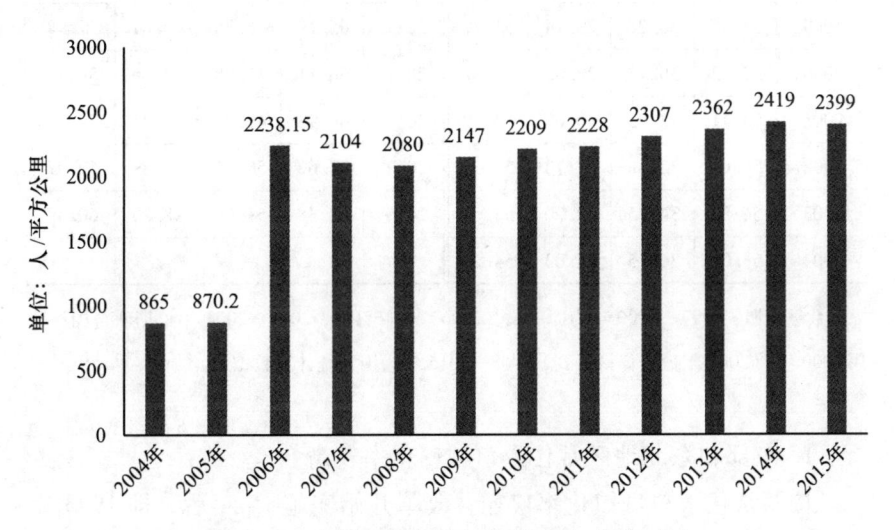

图4-7 中国城市人口密度（2004—2015年）

数据来源：国家统计局网站。

(五) 常住人口城镇化率地区差异较大

按照中国统计年鉴、国家统计局对我国四区的划分方式，东部地区包括北京、天津、河北、上海、江苏、浙江、福建、山东、广东和海南10个省（直辖市），中部地区包括山西、安徽、江西、河南、湖北和湖南6个省，西部地区包括内蒙古、广西、重庆、四川、贵州、云南、西藏、陕西、甘肃、青海、宁夏和新疆12个省（市、区），东北地区包括辽宁、吉林和黑龙江3个省。

表4-2　中国各地区常住人口城镇化率（1993—2015年）　　　单位：%

年份	东部	中部	西部	东北	年份	东部	中部	西部	东北
1993	45.48	25.70	25.40	50.12	2005	59.23	37.58	35.18	54.77
1994	47.04	26.94	26.38	50.83	2006	60.15	38.96	36.15	55.15
1995	47.95	27.91	27.04	51.12	2007	60.87	40.27	37.31	55.42
1996	49.31	28.76	27.68	51.38	2008	61.65	41.73	38.53	56.22
1997	50.17	29.42	28.27	51.45	2009	62.48	43.03	39.61	56.39
1998	50.71	29.80	28.67	51.72	2010	64.43	44.44	41.45	57.04
1999	51.65	30.26	29.14	51.77	2011	65.19	46.28	42.81	57.98
2000	53.22	30.75	29.63	51.92	2012	66.11	47.98	44.26	58.75
2001	54.41	32.05	30.69	52.49	2013	66.92	49.26	45.43	59.35
2002	55.61	33.38	31.78	53.07	2014	67.62	50.55	46.89	59.97
2003	56.82	34.75	32.90	53.64	2015	68.38	51.96	48.25	60.49
2004	58.02	36.15	34.03	54.21					

数据来源：1993—2000年为周一星（2006）的修订值，2001—2004年根据联合国法利用2000年和2005年数据修订得到，2005—2015年为国家统计局数据。

1. 东部和东北地区常住人口城镇化率较高

按照常住人口城镇化率口径，改革开始实施15年后，即1993年东北地区常住人口城镇化率就已经超过50%，达到50.12%，成为中国城镇化率最高的地区。但是这一趋势并未长久保持，六年后的

1999年，东部地区的常住人口城镇化率基本上与东北地区持平，分别为51.65%和51.77%，并于2000年超过东北，成为中国城镇化率最高的地区并一直持续至今。此外，东部和东北部地区常住人口城镇化率一直高于全国整体水平（见表4-2和图4-8）。

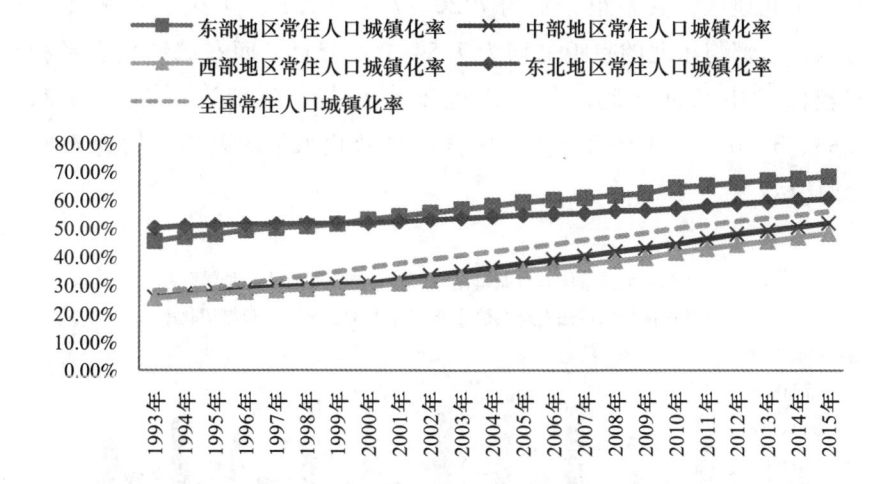

图4-8 全国及各地区常住人口城镇化率变化趋势（1993—2015年）

数据来源：1993—2000年为周一星（2006）的修订值，2001—2004年根据联合国法利用2000年和2005年数据修订得到，2005—2015年为国家统计局数据。

2. 中西部地区常住人口城镇化率较低

1993年，中部和西部地区常住人口城镇化率非常低，处于城镇化的初期阶段，且与全国水平十分接近，城镇化率分别为25.70%、25.40%和27.99%。经过22年的发展即到2015年，中部地区城镇化的发展趋势基本上与全国城镇化的趋势相一致，数值上略低于全国水平，为51.96%。而西部地区的城镇化发展较缓慢，并表现出与中部和全国城镇化水平差距拉大的趋势（见图4-8）。到2015年，城镇化率依然未超过50%，仅为48.25%（见表4-2）。

3. 人口城镇化地区差异较大

从图4-9近五年中国四区常住人口城镇化率的对比图可以清晰

地看到，东部地区城镇化率最高、东北地区排在第二，中部地区排在第三，排在最后的是西部地区。城镇化率最高的东部地区与城镇化率最低的西部相比，2011—2015年，常住人口城镇化率的差距分别是22.37、21.85、21.48、20.73、20.14个百分点，东西差距平均达到21.31个百分点。即使与东北地区相比，东部地区的城镇化率也远远高于东北地区，其差距分别为7.20、7.36、7.57、7.65、7.90个百分点，东部与东北的差距平均为7.54个百分点。而在城镇化水平相对较低的中西部之间，其差距也不容小觑，分别为3.47、3.72、3.83、3.66、3.71个百分点，中西部城镇化水平的差距平均为3.68个百分点。

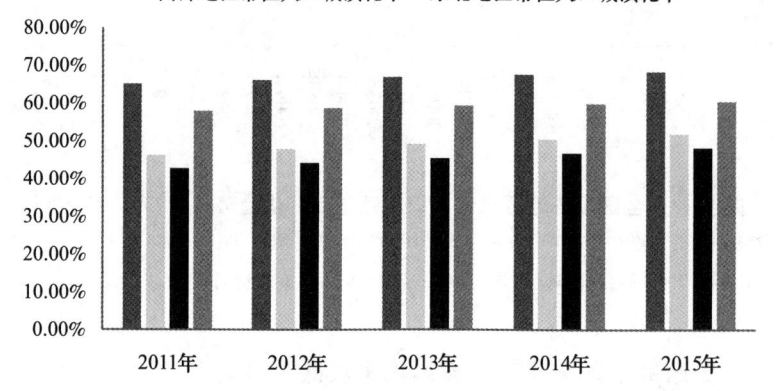

图4-9 中国四区常住人口城镇化率比较图（2011—2015年）

数据来源：国家统计局。

二 中国土地城镇化的发展及其现状

（一）城区面积波动增加

近几年城区面积整体上呈增长趋势。2008年，中国城区面积为178110.28平方公里，到2015年增长到191775.54平方公里，八年的时间，城区面积增加了13665.26平方公里，大约增加了1.08倍，年均增长1708.16平方公里。这期间，出现了两次波动，2008—2009

年，城区面积下降了 2646.67 平方公里，2011—2012 年城区面积下降了 578.60 平方公里（见图 4-10）。

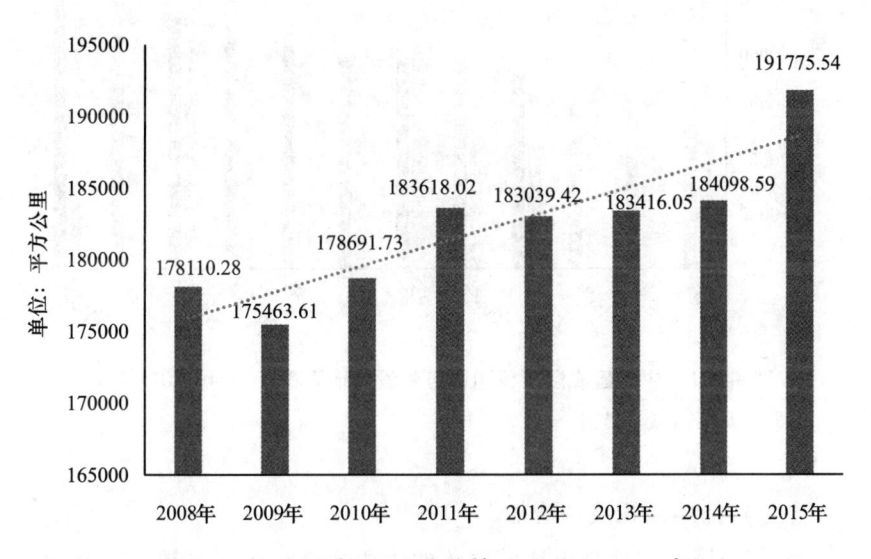

图 4-10　中国城区面积变化情况（2008—2015 年）

数据来源：国家统计局。

（二）建成区面积和城市建设用地面积缓慢平稳增加

近年来，中国建成区面积总量上呈缓慢平稳增长趋势。建成区面积 2004 年为 30406.19 平方公里，2015 年为 52102.31 平方公里，12 年间建成区面积扩张了 1.71 倍，增加了 21696.12 平方公里，年均扩张 1808.01 平方公里。城市建设用地面积 2004 年为 30781.28 平方公里，2015 年为 51584.10 平方公里，12 年间城市建设用地面积扩张了 1.68 倍，扩张了 20802.82 平方公里，年均扩张 1733.57 平方公里。因此，2004—2015 年中国建成区面积和城市建设用地面积均以逐年递增的趋势在扩张（见图 4-11），12 年间二者的面积均增长了近 1 倍。

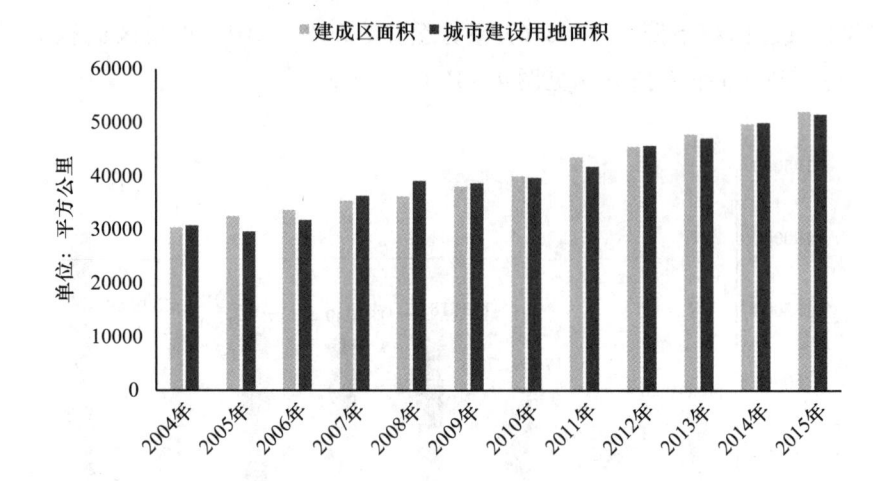

图 4-11 中国建成区面积和城市建设用地面积（2004—2015 年）
数据来源：国家统计局。

（三）征地面积波动增加

征用非城镇用地是土地城镇化的手段之一，土地城镇化空间面积的扩张主要靠征用农业用地，因此征地面积的大小可直接反映土地城镇化的速度。中国征地面积的变化以 2000 年为界可分为两个阶段：1994—2000 年征地面积相对较少，年均征地面积约为 538 平方公里，2000 年后年均征地 1676 平方公里，可谓是大肆"圈地"阶段，尤其是 2002 年，"圈地"面积高达 2879.86 平方公里（见表 4-3）。

表 4-3　　　　中国征用土地面积（1994—2015 年）　　单位：平方公里

年份	征用土地面积	年份	征用土地面积
1994	494.32	2001	1812.19
1995	430.92	2002	2879.86
1996	1018.05	2003	1605.60
1997	519.38	2004	1612.56
1998	515.54	2005	1263.50
1999	340.47	2006	1396.48
2000	447.25	2007	1216.03

续表

年份	征用土地面积	年份	征用土地面积
2008	1344.58	2012	2161.48
2009	1504.69	2013	1831.57
2010	1641.57	2014	1475.88
2011	1841.72	2015	1548.53

数据来源：国家统计局。

第二节　中国人口城镇化与土地城镇化失调的表现

1978年到2016年，中国的常住人口城镇化率增长了39.43个百分点，以每年平均1.01个百分点的速度在快速增长。中国城镇化经历了史无前例的高速发展过程，创造了历史上最大规模的人口乡城流动奇迹。一方面，乡城人口流动为中国城市人口增长做出了主要贡献[1]；另一方面，这种城镇化的"速成"模式导致城镇化不够彻底，在城镇化加速发展阶段问题层出不穷。陆大道等认为中国的城镇化进程正处在"大跃进"和空间扩张失控状态。[2]

一　城镇扩张方式粗放

中国的城镇扩张方式比较粗放。1996—2015年因城市扩张累计征用土地27976.93平方公里，累计新增建成区面积32838.31平方公里，征用土地面积与新增建成区面积之比平均值为97.07%（具体见表4-4）。

---

[1] Zhang K. H., Song S., "Rural-Urban Migration and Urbanization in China: Evidence from Time-Series and Cross-Section Analyses", *China Economic Review*, Vol. 14, No. 4, September 2003, pp. 386-400.

[2] 陆大道等：《关于遏制冒进式城镇化和空间失控的建议》，《中国科学院院士咨询报告》，2007年。

表4-4　　城市扩张征用土地面积情况（1996—2015年）

单位：平方公里、%

年份	征用土地面积 （1）	新增建成区面积 （2）	征用/新增建成区面积 （3）=（1）÷（2）×100
1996	1018.05	950.18	107.14
1997	519.38	577.12	90.00
1998	515.54	588.26	87.64
1999	340.47	144.98	234.84
2000	447.25	914.74	48.89
2001	1812.19	1587.35	114.16
2002	2879.86	1945.92	147.99
2003	1605.60	2335.45	68.75
2004	1612.56	2098.19	76.85
2005	1263.50	2114.53	59.75
2006	1396.48	1139.08	122.60
2007	1216.03	1809.85	67.19
2008	1344.58	825.65	162.85
2009	1504.69	1811.96	83.04
2010	1641.57	1950.75	84.15
2011	1841.72	3545.22	51.95
2012	2161.48	1962.53	110.14
2013	1831.57	2289.52	80.00
2014	1475.88	1917.35	76.97
2015	1548.53	2329.68	66.47

数据来源：2004—2015年数据来源于国家统计局网站，1996—2003年征用土地面积数据来源于刘琼《土地市场视角下我国城市土地潜力研究》，博士学位论文，南京农业大学，2007年。

1996—2015年这20年中，平均征地面积占到新增建成区面积的一半以上，最为重要的是，有的年份里征地面积与新增建成区面积的比值超过100%，分别是1996年、1999年、2001年、2002年、2006年、2008年、2012年这七年，征地面积与新增建成区面积的比值分别是

107.14%、234.84%、114.16%、147.99%、122.60%、162.85%、110.14%（见图4-13）。

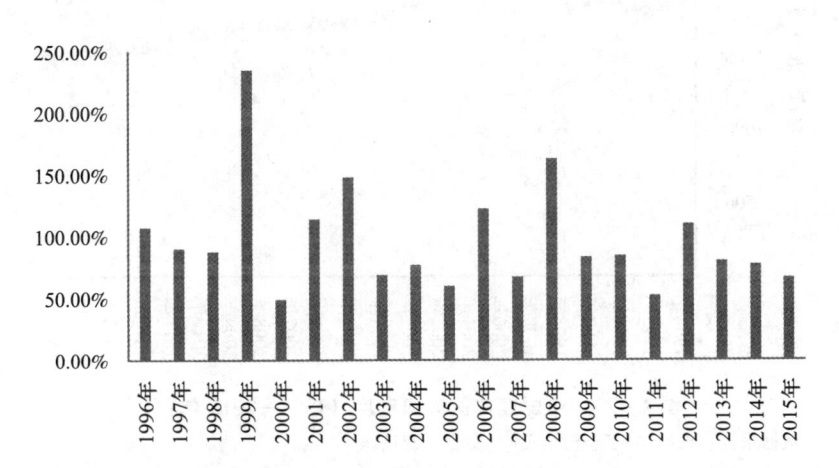

图4-12 中国征地面积与新增建成区面积比值（1996—2015年）
数据来源：国家统计局。

二 建成区人口密度下降

尽管城市人口密度有缓慢增加的趋势，但是建成区的人口密度却是在逐渐下降。尽管1995—2000年建成区人口密度有良好的上升趋势，但是2000年之后，该密度却逐年减少，呈现出逐渐下降的趋势（见图4-13）。

1994—2000年建成区人口密度略有增长，但是2000—2015年中国建成区内的人口密度基本上呈持续下降趋势。2000年该数值为20457.88人/平方公里，2015年该数值下降到14800.88人/平方公里，每平方公里的人口数量减少了5657.00人（详细见表4-5），说明我国土地城镇化后并未得到有效利用，重规模和数量，忽视质量，城镇用地低效使用，呈现"摊大饼"式的土地高消耗、人口低吸收的城镇化方式。

82 中国人口城镇化与土地城镇化协调发展研究

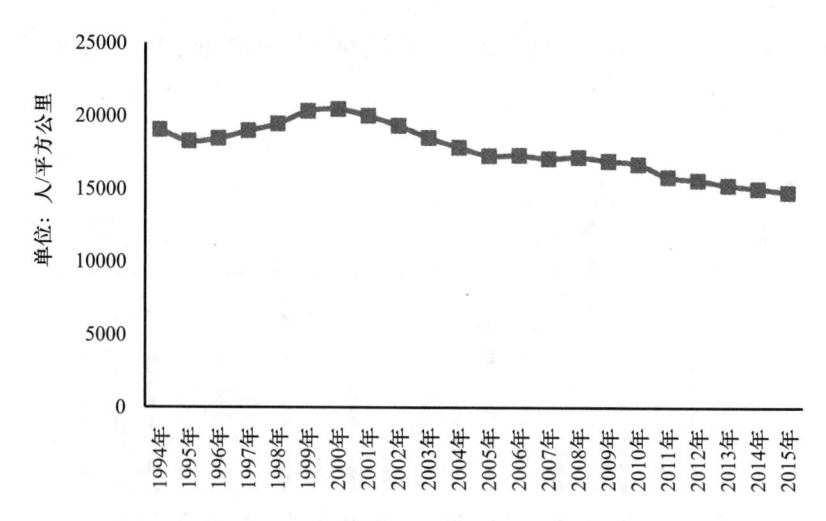

图 4-13 中国建成区人口密度（1994—2015 年）

数据来源：根据国家统计局网站的数据计算所得。

表 4-5   中国建成区人口密度（1994—2015 年）

单位：平方公里、万人、人/平方公里

年份	建成区面积 (1)	城镇常住人口 (2)	建成区人口密度 (3) = (1) ÷ (2) × 10000
1994	17939.50	34169	19046.80
1995	19264.00	35174	18258.93
1996	20214.18	37304	18454.37
1997	20791.30	39449	18973.80
1998	21379.56	41608	19461.58
1999	21524.54	43748	20324.71
2000	22439.28	45906	20457.88
2001	24026.63	48064	20004.47
2002	25972.55	50212	19332.72
2003	28308.00	52376	18502.19
2004	30406.19	54283	17852.61
2005	32520.72	56212	17284.98
2006	33659.80	58288	17316.80

续表

年份	建成区面积 （1）	城镇常住人口 （2）	建成区人口密度 （3）=（1）÷（2）×10000
2007	35469.65	60633	17094.33
2008	36295.30	62403	17193.14
2009	38107.26	64512	16929.06
2010	40058.01	66978	16720.25
2011	43603.23	69079	15842.63
2012	45565.76	71182	15621.82
2013	47855.28	73111	15277.52
2014	49772.63	74916	15051.65
2015	52102.31	77116	14800.88

数据来源：国家统计局。

三 城镇住房空置率高

我国城镇住房空置率高。空置率指空置的房屋面积和总房屋面积的比例。空置率越高，房屋使用率就越低。按照国际常见的标准，空置率10%以下为较合理区，房屋供求基本平衡；10%—20%为危险区间；20%以上为房屋库存严重积压。[①]

中国家庭金融调查与研究中心调查显示，2013年全国城镇家庭住房空置率高达22.4%，已经大大超过10%的合理区，处于房屋库存严重积压区间。从六大城市空置率来看，除了北京、上海处于危险区间外，其余的四个城市均处于房屋库存严重积压区间，六大城市的空置率分别为：重庆（楼盘）25.60%、成都24.70%、武汉（楼盘）23.50%、天津（楼盘）22.50%、北京19.50%、上海（楼盘）18.50%。从城市类别来看，三线城市住房空置率最高，为23.20%，其中商品房空置率也是最高的，为27.60%；其次是二线城市，住房空置率和商品房空置率分别为21.80%和27.60%；一线城市的住房空置率最低，为21.20%，其中商品房空置率为18.40%（见图4-14），

---

① 常丹丹：《全球大城市房屋空置率对比，北上广有多严重！》，2017年6月，和讯网（http://house.hexun.com/2017-06-16/189664346.html）。

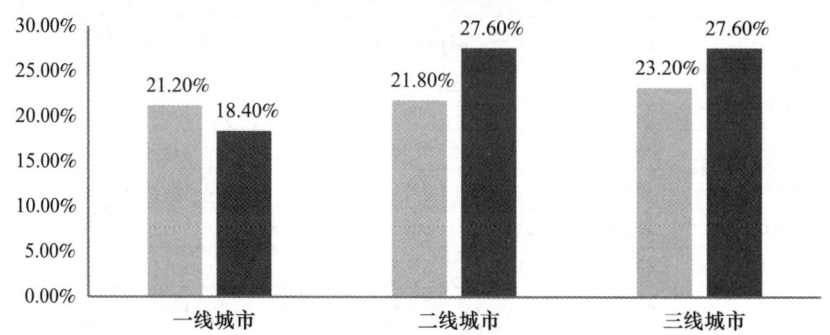

图 4-14　中国大陆住房空置率与商品房空置率的区域比较（2013 年）

数据来源：武帅：《美媒图揭中国城镇自有住房空置率高现状》，2014 年 6 月，环球网（http：//finance.huanqiu.com/pictures/2014-06/2737657_4.html）。

三大类别的城市基本上也处于住房库存严重积压区间。从住房类别来看，商品房和经济适用房的空置率较高，其中商品房的空置率为 26.30%，经济适用房的空置率为 23.30%，其他类别的住房空置率分别为：拆迁换房 18.20%、房改房 13.50%、单位集资房 9.50%、其他（包括城镇地区自建、继承或赠予等住房）18.40%（见图 4-15）。

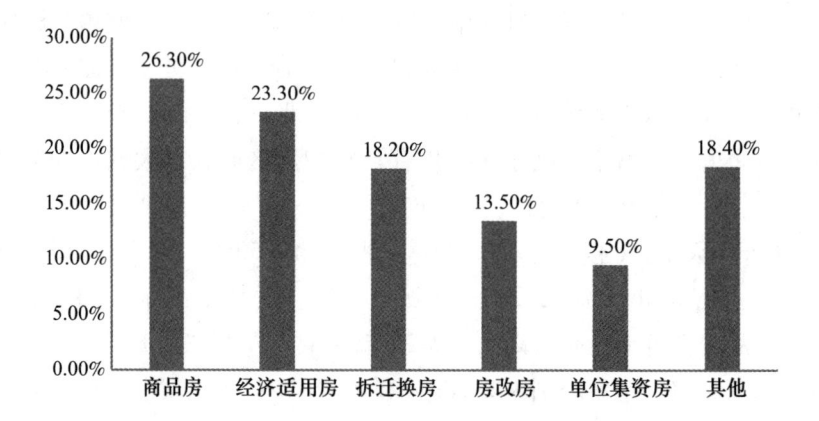

图 4-15　中国大陆 2013 年住房空置率的住房类别比较

数据来源：武帅：《美媒图揭中国城镇自有住房空置率高现状》，2014 年 6 月，环球网（http：//finance.huanqiu.com/pictures/2014-06/2737657_4.html）。

注：其他包括城镇地区自建、继承或赠予等住房。

与其他国家或地区相比,我国的城镇住房空置率较高(见图4-16)。澳大利亚 2017 年 5 月房屋空置率仅为 2.20%,美国 2011 年住房空置率为 2.50%,加拿大 2016 年住房空置率为 3.70%,新加坡 2017 年第一季度的房屋空置率为 8.10%,欧盟主要国家 2004 年住房空置率为 9.50%,日本 2008 年住房空置率为 13.10%,而中国大陆 2013 年住房空置率高达 22.40%。中国的城镇住房空置率大约是澳大利亚、美国的 10 倍,是加拿大的 6.1 倍,是新加坡的 2.8 倍,是欧盟主要国家的 2.4 倍,是日本的 1.7 倍。同时,中国大陆的住房空置率也高于中国香港和中国台湾两地,中国香港 2010 年为 4.70%,中国台湾 2001 年为 17.60%。2015 年春会期间,国际货币基金组织(IMF)副总裁朱民表示:"目前中国楼市的首要问题是空置率太高,空置面积达 10 亿平方米。"

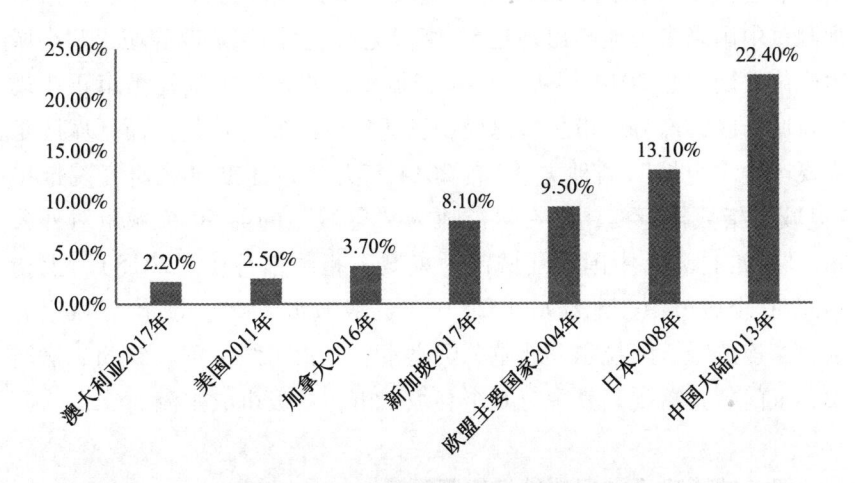

图 4 – 16 城镇住房空置率国际比较

数据来源:澳大利亚(2017 年 5 月)、加拿大、新加坡(2017 年第一季度)的数据来源于常丹丹《全球大城市房屋空置率对比,北上广有多严重!》,2017 年 6 月,和讯网(http://house.hexun.com/2017 – 06 – 16/189664346.html);美国数据来源于武帅《美媒图揭中国城镇自有住房空置率高现状》,2014 年 6 月,环球网(http://finance.huanqiu.com/pictures/2014 – 06/2737657_ 4.html);欧盟、日本、中国大陆数据来源于贾国强《解码中国鬼城:新城区大跃进导致住房空置率提升》,2014 年 10 月,中国广播网(http://finance.cnr.cn/txcj/201410/t20141029_ 516683976.shtml)。

中国频现"鬼城"现象。"鬼城"指的是城镇住房空置率过高。根据国家住建部规定的占地标准，每一平方公里建成区面积容纳1万人口，"鬼城"的衡量标准是"鬼城指数"（城区人口与建成区面积的比值），该指数低于或稍微高于0.5均可称其为"鬼城"。① 标准排名研究院认为，比值的红线为0.5，该比值小于0.5，越接近于0，成为"鬼城"的系数就越高；该比值大于0.5，越接近于1，则成为"鬼城"的可能性越小。2015年我国共有657个城市，城区人口为39440.54万人，建成区面积为52102.31平方公里，"鬼城指数"为0.7570，有接近比值红线的危险，与此同时，"鬼城"指数0.7570意味着每一平方公里建成区面积容纳人口数量为7570人，与国家住建部规定的占地标准（1万人/平方公里）仍有较大差距。

2014年10月13日人民网消息，由标准排名研究院与《投资时报》联合发布"中国大陆城市'鬼城'指数排行榜（2014）"，榜单预测，中国未来可能会出现近50座"鬼城"。国家发改委城市和小城镇改革发展中心2014年4月的调查显示，90%的中国地级市正在规划新城新区，部分城市新城总面积已达建成区的七八倍，而新城区是主要产生"鬼城"的地方。② 自2014年开始，标准排名研究院推出"鬼城"指数排行榜，将有可能成为"鬼城"的前50个城市对外公布。"标准排名·中国大陆城市'鬼城'指数排行榜（2015）"上榜的前50个城市中，地级城市26个，县级城市24个，前十名城市分别为二连浩特、阿拉尔、北屯、阿勒泰、张掖、绥芬河、钦州、嘉峪关、玉门、日喀则，其中有6个县级城市，县级市成主流。③

四 城镇建设占用耕地情况严重

1999—2015年减少耕地累计1353.09万公顷，建设占用耕地面积

---

① 贾国强：《解码中国鬼城：新城区大跃进导致住房空置率提升》，2014年10月，中国广播网（http://finance.cnr.cn/txcj/201410/t20141029_516683976.shtml）。

② 晟达者：《城市化不是建"空城"、"睡城"、"鬼城"》，2014年10月，人民网（http://cpc.people.com.cn/pinglun/n/2014/1014/c241220-25833203.html）。

③ 陈超：《2015年中国50大"鬼城"排行榜出炉县级城市成主流》，2015年11月，环球网（http://china.huanqiu.com/article/2015-11/8006492.html）。

合计 349.24 万公顷，建设占用耕地面积平均占年内减少耕地面积的 42.36%（见表 4-6），2009 年、2015 年建设占用耕地面积超过年内减少耕地面积的一半，2011—2013 年超过 60%，2007—2008 年甚至超过 70%。

表 4-6 中国建设占用耕地面积情况（1999—2015 年）

单位：万公顷、%

年份	年内减少耕地面积（1）	建设占用耕地面积（2）	建设占用耕地面积/年内减少耕地面积（3）=（2）÷（1）×100
1999	84.17	20.54	24.40
2000	156.60	16.33	10.43
2001	89.33	16.37	18.33
2002	202.74	19.66	9.70
2003	288.09	22.92	7.96
2004	114.60	29.29	25.56
2005	59.49	21.22	35.67
2006	58.28	25.87	44.38
2007	23.65	18.84	79.65
2008	24.89	19.17	77.00
2009	23.20	12.62	54.40
2010	42.90	21.19	49.39
2011	40.68	25.30	62.19
2012	40.20	25.94	64.53
2013	35.47	21.96	61.91
2014	38.80	16.08	41.44
2015	30.00	15.94	53.13
合计/均值	1353.09	349.24	42.36（均值）

数据来源：历年中国国土资源统计年鉴。

五　土地城镇化增速快于人口城镇化增速

中国城镇人口 1981 年为 20171 万人，2015 年为 77116 万人，增加了56945万人,约增长2.82倍,城镇人口增长率年均4.03%。建成区面积1981年为7438.00平方公里,2015年为52102.31平方公里,增加了44664.31平方公里,约增长6.01倍,建成区面积增长率年均5.93%。土地城镇化的增长速度约为人口城镇化的2倍(见表4-7)。

表4-7 中国城镇人口和建成区面积变化情况(1981—2015年)

单位:万人、平方公里、%

年份	城镇人口(1)	城镇人口增长率(2)	建成区面积(3)	建成区面积增长率(4)	城镇用地规模增长弹性系数(5)=(4)÷(2)
1981	20171	—	7438.00	—	—
1982	21480	6.49	7862.10	5.70	0.88
1983	22274	3.70	8156.30	3.74	1.01
1984	24017	7.83	9249.00	13.40	1.71
1985	25094	4.48	9386.20	1.48	0.33
1986	26366	5.07	10127.30	7.90	1.56
1987	27674	4.96	10816.50	6.81	1.37
1988	28661	3.57	12094.60	11.82	3.31
1989	29540	3.07	12462.20	3.04	0.99
1990	30195	2.22	12856.00	3.16	1.42
1991	31203	3.34	14011.10	8.98	2.69
1992	32175	3.12	14958.70	6.76	2.17
1993	33173	3.10	16588.30	10.89	3.51
1994	34169	3.00	17939.50	8.15	2.72
1995	35174	2.94	19264.00	7.38	2.51
1996	37304	6.06	20214.18	4.93	0.81
1997	39449	5.75	20791.30	2.86	0.50
1998	41608	5.47	21379.56	2.83	0.52
1999	43748	5.14	21524.54	0.68	0.13
2000	45906	4.93	22439.28	4.25	0.86
2001	48064	4.70	24026.63	7.07	1.50

续表

年份	城镇人口(1)	城镇人口增长率(2)	建成区面积(3)	建成区面积增长率(4)	城镇用地规模增长弹性系数(5) = (4) ÷ (2)
2002	50212	4.47	25972.55	8.10	1.81
2003	52376	4.31	28308.00	8.99	2.09
2004	54283	3.64	30406.19	7.41	2.04
2005	56212	3.55	32520.72	6.95	1.96
2006	58288	3.69	33659.80	3.50	0.95
2007	60633	4.02	35469.65	5.38	1.34
2008	62403	2.92	36295.30	2.33	0.80
2009	64512	3.38	38107.26	4.99	1.48
2010	66978	3.82	40058.01	5.12	1.34
2011	69079	3.14	43603.23	8.85	2.82
2012	71182	3.04	45565.76	4.50	1.48
2013	73111	2.71	47855.28	5.02	1.85
2014	74916	2.47	49772.63	4.01	1.62
2015	77116	2.94	52102.31	4.68	1.59

数据来源：国家统计局，中国城市建设统计年鉴。

从城镇用地规模增长弹性系数（建成区面积增长率与城镇人口增长率之比）基本上处于1以上可以清晰地看出，建成区面积的增长率快于城镇人口增长率的年份较多（见图4-17）。从1981年至2014年这33年间我国的城镇用地规模增长弹性系数均值为1.58可知，中国建成区面积增长速度几乎是城镇人口增长率的1.58倍。一般情况下，基于城镇环境保护的需要，系数应该大于1，中国城市规划设计院认为城镇用地规模弹性系数（也称城镇用地扩张合理性系数）为1.12比较合适。[1] 很显然，中国的城镇扩张用地不合理。

---

[1] 冯云廷：《城市经济学》，东北财经大学出版社2011年版，第200页。

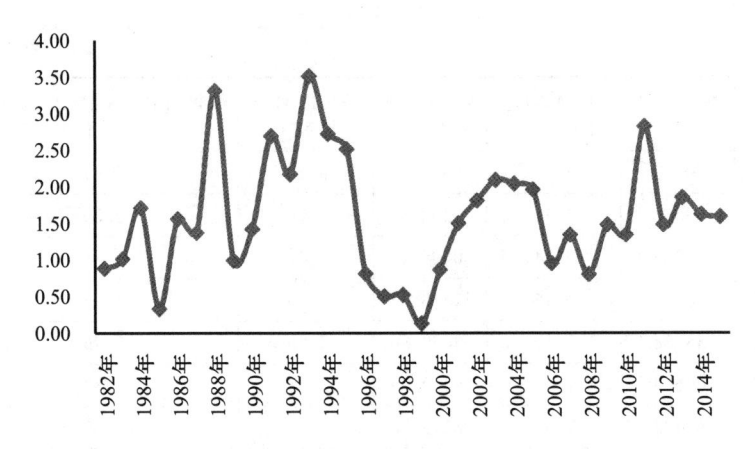

图4-17　中国城镇用地规模增长弹性系数（1982—2014年）

数据来源：国家统计局，中国城市建设统计年鉴。

第三节　中国土地城镇化快于人口城镇化的危害

过去，城镇化在拉动经济快速增长和推动经济社会转型发展中扮演了重要角色；未来，中国新型城镇化仍将在上述方面扮演重要的历史性角色。城镇化蕴含巨大的内需潜力，这个内需潜力的释放主要在于人口城镇化，在于人口集聚效应而带来的服务业等相关产业的发展。[①] 但问题是以往中国的城镇化比较突出的特点是注重土地城镇化而轻视人口城镇化，造成土地城镇化速度大大快于人口城镇化，土地城镇化过快而人口城镇化质量不足。集中表现为：建成区面积增长率超过城镇人口增长率、征地面积连年增加、城镇用地规模增长弹性系数居高不下等。这势必会导致：由于耕地面积的减少而威胁到国家的粮食安全；因盲目"圈地"而导致土地资源浪费、土地利用效率低下；因失地农民人数增多而导致社会矛盾突出，影响社会安定；因农用地过度非农化导致农地保护植被、涵养水源、净化空气等生态功能消退，破坏生态环境等一系列问题。

---

① 迟福林：《推进规模城镇化向人口城镇化的转型》，中国经济出版社2013年版，第3—4页。

一 威胁国家粮食安全

粮食安全包括确保生产足够数量的粮食、最大限度地稳定粮食供给和确保所有需要粮食的人们能够获得粮食三项具体内容。[①] 粮食生产是粮食安全的根本保证,衡量粮食生产状况的基本指标是粮食总产量。粮食总产量取决于播种面积和单产,农地过度非农化,造成耕地面积的人为减少和耕地质量的下降,最终通过作用于播种面积和单产水平对粮食总产量产生影响。[②] 土地过度非农化造成耕地面积减少和耕地质量下降,导致粮食总产量和单产量减少。粮食单产量减少或者增加缓慢,导致粮食的商品化率低;粮食总产量减少,为满足人们对粮食的需求,只能通过进口来填补供需缺口。我国粮食商品化率低以及粮食进口量不断增加,导致粮食供给的不稳定性增加,从而威胁到国家的粮食安全。

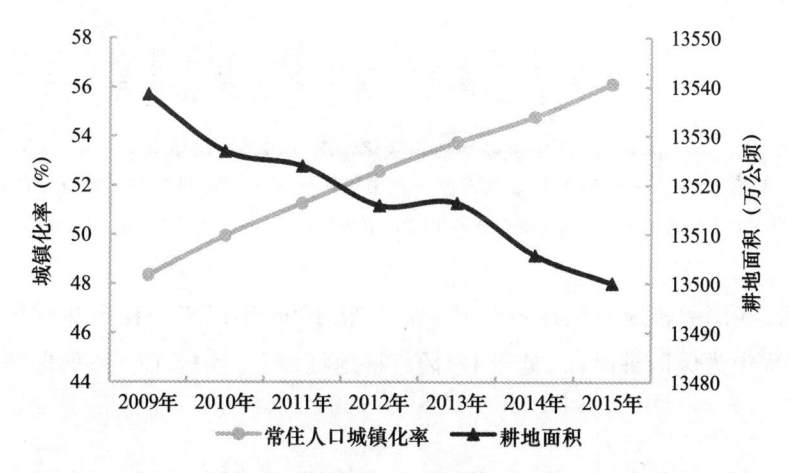

图 4-18 城镇化与耕地面积动态变化(2009—2015 年)
数据来源:国土资源公报。

[①] 张桂文:《中国二元经济结构转换的政治经济学分析》,经济科学出版社 2011 年版,第 157 页;张桂文:《二元经济转型视角下的中国粮食安全》,《经济学动态》2011 年第 6 期。

[②] 胡伟艳:《城乡转型与农地非农化的互动关系》,科学出版社 2012 年版,第 7 页。

首先,城镇化导致耕地面积减少严重。大量研究表明,城镇化是影响耕地变化的重要因素,二者之间存在显著的负相关关系。① 黄忠华等的研究表明城镇化与耕地面积存在长期均衡关系,城镇化率每增加1个百分点,耕地面积减少0.05个百分点。② 从图4-18中也可以清晰地看出,城镇化与耕地面积存在显著的负相关关系,随着城镇化率不断增高,耕地面积呈不断下降趋势。

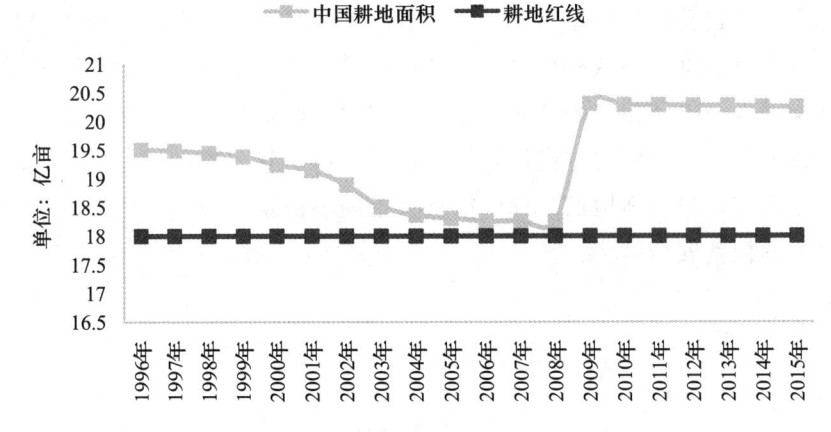

图4-19 中国耕地面积变化情况(1996—2015年)

数据来源:1996—2008年数据来源于新中国六十年统计资料汇编(1949—2008),2009—2015年数据来源于国土资源部各年国土资源公报。

我国的耕地面积在不断减少。尽管1996年以来,我国在城镇化进程中为保护耕地,"坚守18亿亩耕地红线",实施了一系列保护举

---

① 吴群、郭贯成:《城市化水平与耕地面积变化的相关研究——以江苏省为例》,《南京农业大学学报》2002年第3期;朱莉芬、黄季焜:《城镇化对耕地影响的研究》,《经济研究》2007年第2期;史常亮:《湖南省耕地数量变化与城市化进程相互关系探讨》,《湖南商学院学报》2010年第6期;高魏、闵捷、张安录:《农地城市流转与城市化、经济增长动态关系的计量经济分析——以湖北省1980年至2003年为例》,《资源科学》2010年第3期;黄忠华、吴次芳、杜雪君:《我国耕地变化与社会经济因素的实证分析》,《自然资源学报》2009年第2期。

② 黄忠华、吴次芳、杜雪君:《我国耕地变化与社会经济因素的实证分析》,《自然资源学报》2009年第2期。

措,如 2008 年 10 月中共十七届三中全会提出"划定永久基本农田";2009 年 3 月国土资源部开展"保经济增长、保耕地红线"的"双保"行动;2013 年 6 月提出的土地管理制度改革要坚持保障经济社会发展、保护耕地资源、保障土地权益"三保"原则等。然而,1996—2015 年近 20 年来,除了 2008—2009 年耕地面积增加以外,其余年间基本上呈净减趋势。尤其是 2002—2008 年这七年间一度逼近 18 亿亩耕地红线(见图 4-19)。

耕地面积减少严重具体体现在以下两个方面:其一,绝大多数年份耕地面积净减少。因为数据来源不同,根据数据的三个来源将耕地面积分为 1983—1995 年、1996—2008 年和 2009—2015 年三个时间段来分析。从这三个时间段来看,无论是哪一时段,耕地面积净减少都占据了绝大多数年份,特别是 1997—2008 年耕地面积每年都是净减少,32 年间只有 1990 年、1995 年、2009 年和 2013 年这四年是年内耕地面积净增加,而且其增加的幅度极低,分别为 1.69 万公顷、6.57 万公顷、8.18 万公顷和 0.49 万公顷,合计 16.93 万公顷,增加的面积极少。其二,耕地面积减少的总量惊人。32 年来,累积耕地面积净减少 1209.59 万公顷,剔除无法获取数据的 1996 年,年均净减少耕地面积 39.02 万公顷(具体数据见表 4-8)。

表 4-8　　　中国耕地面积变化情况(1983—2015 年)　　　单位:万公顷

年份	年末实有耕地面积(1)	年内新增耕地面积(2)	年内减少耕地面积(3)	年内净减耕地面积(4)=(3)-(2)
1983	9835.96	52.13	76.80	24.67
1984	9785.37	107.70	158.29	50.59
1985	9684.63	59.05	159.79	100.74
1986	9622.99	49.19	110.83	61.64
1987	9588.87	47.63	81.75	34.12
1988	9572.18	47.78	64.47	16.69
1989	9565.60	45.17	51.75	6.58
1990	9567.29	48.43	46.74	-1.69

续表

年份	年末实有耕地面积（1）	年内新增耕地面积（2）	年内减少耕地面积（3）	年内净减耕地面积（4）=（3）-（2）
1991	9565.36	46.87	48.80	1.93
1992	9542.58	51.09	73.87	22.78
1993	9510.14	40.80	73.24	32.44
1994	9490.67	51.39	70.86	19.47
1995	9497.39	68.67	62.10	-6.57
1996	13003.92	—	—	—
1997	12990.31			13.61
1998	12964.21	30.94	57.04	26.10
1999	12920.55	40.51	84.17	43.66
2000	12824.31	60.37	156.60	96.24
2001	12761.58	26.59	89.33	62.73
2002	12592.96	34.12	202.74	168.62
2003	12339.22	34.35	288.09	253.74
2004	12244.43	34.56	114.60	80.03
2005	12206.67	30.67	59.49	37.76
2006	12173.56	36.72	58.28	26.67
2007	12173.52	19.58	23.65	4.07
2008	12171.59	22.96	24.89	1.93
2009	13538.46	31.38	23.20	-8.18
2010	13526.83	31.49	42.90	11.41
2011	13523.86	37.73	40.68	2.95
2012	13515.85	32.18	40.20	8.02
2013	13516.34	35.96	35.47	-0.49
2014	13505.73	28.07	38.80	10.73
2015	13499.99	23.40	30.00	6.60
合计	—	1307.48	2489.42	1209.59

数据来源：1986—1995年数据来源于国家统计局年报，1996—2008年数据来源于新中国六十年统计资料汇编（1949—2008），2009—2015年数据来源于国土资源部各年国土资源公报。

注：因数据来源不同，1995年（含）之后年份的数据年内净减少面积不严格等于本年度耕地面积减去上一年度耕地面积，而是根据公报直接查找而得。

表4-9 建设占用耕地情况（1999—2015年） 单位：万公顷、%

年份	年内减少耕地面积 （1）	建设占用耕地面积 （2）	占比 （3）=（2）÷（1）
1999	84.17	20.54	24.40
2000	156.60	16.33	10.43
2001	89.33	16.37	18.33
2002	202.74	19.66	9.70
2003	288.09	22.92	7.96
2004	114.60	29.29	25.56
2005	59.49	21.22	35.67
2006	58.28	25.87	44.38
2007	23.65	18.84	79.65
2008	24.89	19.17	77.00
2009	23.20	12.62	54.40
2010	42.90	21.19	49.39
2011	40.68	25.30	62.19
2012	40.20	25.94	64.53
2013	35.47	21.96	61.91
2014	38.80	16.08	41.44
2015	30.00	15.94	53.13
合计	1353.09	349.24	42.36（均值）

数据来源：年内减少耕地面积数据来源于表4-8，建设占用耕地面积数据来源于国土资源公报。

城镇建设占用耕地严重。导致耕地面积减少的原因包括生态退耕（还林、还湖、还草）、建设占用、灾害损毁、农业结构调整等，其中，因土地城镇化导致的耕地面积减少量（即建设占用耕地面积）巨大，以及建设占用耕地面积占年内减少耕地面积的比重较大。1999—2015年因土地城镇化导致我国耕地面积减少349.24万公顷，建设占用耕地面积占年内减少耕地面积的比值平均为42.36%（具体见表4-9）。尤其是近十年来，城镇化占用耕地的情况就更加严重，减少的耕地40%以上被用于城镇扩张,2007—2008年建设占用耕地最严重,减少的耕地近80%被城镇化了(见图4-20)。

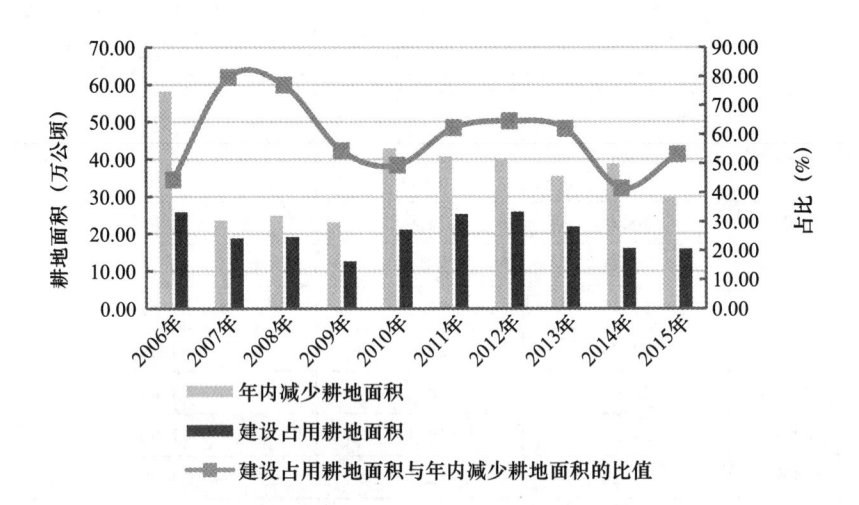

图4-20 城镇建设占用耕地情况(2006—2015年)

数据来源:年内减少耕地面积数据来源于表4-8,建设占用耕地面积数据来源于国土资源公报。

因耕地面积减少而导致粮食产量减少的量巨大。1983—2015年这32年间,因为耕地面积减少导致粮食产量累计净减少4636.61万吨(具体数据见表4-10)。其中,因为建设占用耕地致使粮食产量减少的量巨大。1999—2015年这17年间,因建设占用耕地致使平均每年减少82.95万吨的粮食产量,累计减少粮食产量1410.22万吨(具体见表4-11)。

表4-10　　　　耕地面积与粮食产量(1983—2015年)

单位:万公顷、万吨、吨/公顷

年份	年末实有耕地面积(1)	实有粮食年产量(2)	粮食单产(3)=(2)÷(1)	年内净减耕地面积(4)	粮食年减少量(5)=(3)×(4)	应有粮食年产量(6)=(2)+(5)
1983	9835.96	38727.50	3.94	24.67	97.13	38824.63

续表

年份	年末实有耕地面积(1)	实有粮食年产量(2)	粮食单产(3)=(2)÷(1)	年内净减耕地面积(4)	粮食年减少量(5)=(3)×(4)	应有粮食年产量(6)=(2)+(5)
1984	9785.37	40730.50	4.16	50.59	210.58	40941.08
1985	9684.63	37910.80	3.91	100.74	394.35	38305.15
1986	9622.99	39151.20	4.07	61.64	250.78	39401.98
1987	9588.87	40297.70	4.20	34.12	143.39	40441.09
1988	9572.18	39408.10	4.12	16.69	68.71	39476.81
1989	9565.60	40754.90	4.26	6.58	28.03	40782.93
1990	9567.29	44624.30	4.66	-1.69	-7.88	44616.42
1991	9565.36	43529.30	4.55	1.93	8.78	43538.08
1992	9542.58	44265.80	4.64	22.78	105.67	44371.47
1993	9510.14	45648.80	4.80	32.44	155.71	45804.51
1994	9490.67	44510.10	4.69	19.47	91.31	44601.41
1995	9497.39	46661.80	4.91	-6.57	-32.28	46629.52
1996	13003.92	50453.50	3.88	—	—	
1997	12990.31	49417.10	3.80	13.61	51.77	49468.87
1998	12964.21	51229.53	3.95	26.10	103.14	51332.67
1999	12920.55	50838.58	3.93	43.66	171.79	51010.37
2000	12824.31	46217.52	3.60	96.24	346.84	46564.36
2001	12761.58	45263.67	3.55	62.73	222.50	45486.17
2002	12592.96	45705.75	3.63	168.62	612.00	46317.75
2003	12339.22	43069.53	3.49	253.74	885.67	43955.20
2004	12244.43	46946.95	3.83	80.03	306.85	47253.80
2005	12206.67	48402.19	3.97	37.76	149.73	48551.92
2006	12173.56	49747.89	4.09	26.67	108.99	49856.88
2007	12173.52	50160.30	4.12	4.07	16.77	50177.07
2008	12171.59	52870.92	4.34	1.93	8.38	52879.30
2009	13538.46	53082.00	3.92	-8.18	-32.07	53049.93
2010	13526.83	54648.00	4.04	11.41	46.10	54694.10
2011	13523.86	57121.00	4.22	2.95	12.46	57133.46

98 中国人口城镇化与土地城镇化协调发展研究

续表

年份	年末实有耕地面积(1)	实有粮食年产量(2)	粮食单产(3) = (2) ÷ (1)	年内净减耕地面积(4)	粮食年减少量(5) = (3) × (4)	应有粮食年产量(6) = (2) + (5)
2012	13515.85	58958.00	4.36	8.02	34.98	58992.98
2013	13516.34	60194.00	4.45	-0.49	-2.18	60191.82
2014	13505.73	60703.00	4.49	10.73	48.23	60751.23
2015	13499.99	62144.00	4.60	6.60	30.38	62174.38
合计	—	—	—	1209.59	4636.61	—

数据来源：年末实有耕地面积和年内净减耕地面积数据来源于表4-8，实有粮食年产量数据来源于国家统计局。

表4-11 建设占用耕地面积与粮食减产量（1999—2015年）

单位：万公顷、%、吨/公顷、万吨

年份	年内减少耕地面积(1)	建设占用耕地面积(2)	占比(3) = (2) ÷ (1)	粮食单产(4)	建设占用耕地致粮食减产量(5) = (2) × (4)
1999	84.17	20.54	24.40	3.93	80.72
2000	156.60	16.33	10.43	3.60	58.79
2001	89.33	16.37	18.33	3.55	58.11
2002	202.74	19.66	9.70	3.63	71.37
2003	288.09	22.92	7.96	3.49	79.99
2004	114.60	29.29	25.56	3.83	112.18
2005	59.49	21.22	35.67	3.97	84.24
2006	58.28	25.87	44.38	4.09	105.81
2007	23.65	18.84	79.65	4.12	77.62
2008	24.89	19.17	77.00	4.34	83.20
2009	23.20	12.62	54.40	3.92	49.47
2010	42.90	21.19	49.39	4.04	85.61
2011	40.68	25.30	62.19	4.22	106.77
2012	40.20	25.94	64.53	4.36	113.10
2013	35.47	21.96	61.91	4.45	97.72

续表

年份	年内减少耕地面积（1）	建设占用耕地面积（2）	占比（3）=（2）÷（1）	粮食单产（4）	建设占用耕地致粮食减产量（5）=（2）×（4）
2014	38.80	16.08	41.44	4.49	72.20
2015	30.00	15.94	53.13	4.60	73.32
均值	79.59	20.54	42.36	4.04	82.95

数据来源：年内减少耕地面积数据来源于表4-8，粮食单产数据来源于表4-10，建设占用耕地面积数据来源于国土资源公报。

其次，城镇化导致耕地质量下降。具体体现在以下两个方面：（1）耕地变为建设用地后引起了周围耕地质量的下降。城市垃圾处置不当、水资源污染等造成生态环境恶化，使土地利用环境特别是耕地的利用环境恶化，导致耕地质量下降。[①]（2）"占优补劣"破坏耕地质量。城镇化进程中被占用的耕地，大多数是那些交通便利、土壤肥沃、区位条件较好的城市郊区或交通干线两侧的优质耕地，而补充的耕地却大多是位于土地后备资源相对丰富，而区位条件和产出水平等耕地质量明显不如占用耕地的偏远地区。[②]《2015年全国耕地质量等别更新评价主要数据成果》显示：2014年度内新增耕地质量等别[③]1—15等均有分布，以10—12等为主，其中10等耕地占新增耕地面积的11.6%，11等占13.9%，12等占15.2%，1等、2等、3等和4等面积比例均不足1.0%。减少耕地质量等别1—15等均有分布，以6—10等为主，其中6等耕地占减少耕地面积的11.9%，7等占13.7%，8等占14.2%，9等占15.4%，10等占12.8%，1等和2等

[①] 项英辉、李荣彬：《城镇化对我国耕地资源变化的影响分析》，《沈阳建筑大学学报》（社会科学版）2008年第3期。

[②] 赵玉领、王巍、陈桂坤：《以补定占等别约束——破解"占优补劣"难题的几点对策》，《中国土地》2014年第2期；熊冬洋：《保护我国耕地质量的财税政策研究》，《税务与经济》2015年第2期。

[③] 全国耕地评定为15个等别，1等耕地质量最好，15等最差，1—4等、5—8等、9—12等、13—15等分别为优等地、高等地、中等地和低等地。

面积比例均不足 1.0%。从以上数据可以看到，新增耕地质量等别主要由中等地构成，10—12 等地合计占了新增耕地面积的 40.7%；而减少的耕地质量等别主要是中高等地（6—10 等），合计占了减少耕地面积的 68%，其中高等地（6—8 等）合计占了减少耕地面积的 39.8%，中等地（9—10 等）合计占了减少耕地面积的 28.2%。从总体趋势上看，从 2009 年和 2015 年国土资源部发布的全国耕地质量等别调查与评定数据来看，我国耕地质量的总体趋势是优高等地在减少，而中低等地在增加。2009 年优等地占全国耕地评定总面积的 2.67%，高等地占全国耕地评定总面积的 29.98%；中等地占全国耕地评定总面积的 50.64%；低等地占全国耕地评定总面积的 16.71%。2015 年优等地占全国耕地评定总面积的 2.94%，高等地占全国耕地评定总面积的 26.53%；中等地占全国耕地评定总面积的 52.84%；低等地占全国耕地评定总面积的 17.69%。2009 年到 2015 年，优高等地减少了 3.18%，而中低等地增加了相应比例（具体见图 4-21）。

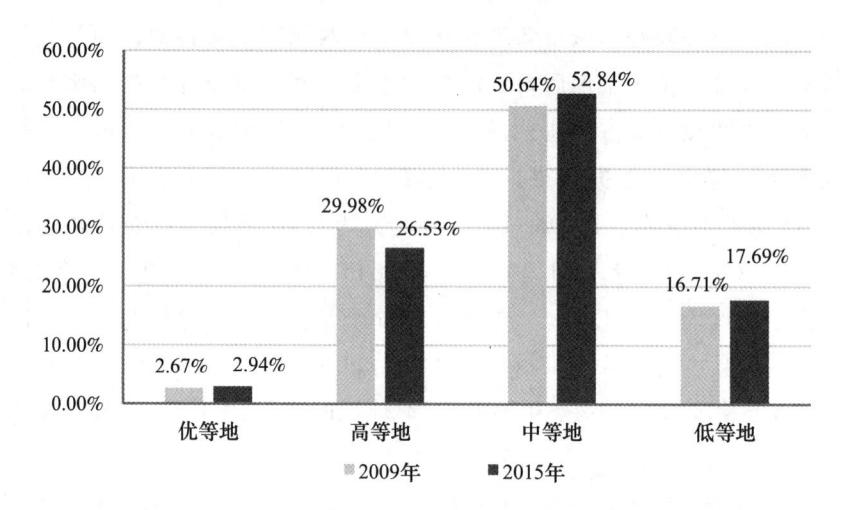

图 4-21　2009 年和 2015 年全国优高中低等地面积比例构成

数据来源：国土资源部 http：//www.mlr.gov.cn/xwdt/jrxw/200912/t20091225_130937.htm。

耕地质量的下滑导致粮食单产量增长缓慢。随着农业技术水平不断提高以及农业现代化经营,理论上粮食的单产量应该会有较大的提高,但是,由于城镇化过程中,城镇建设以及"占优补劣"使得耕地质量下滑,致使我国粮食单产量增长十分缓慢(见图4-22),1999年粮食单产为3.93吨/公顷,2015年为4.60吨/公顷,17年来粮食单产仅增加0.67吨/公顷。

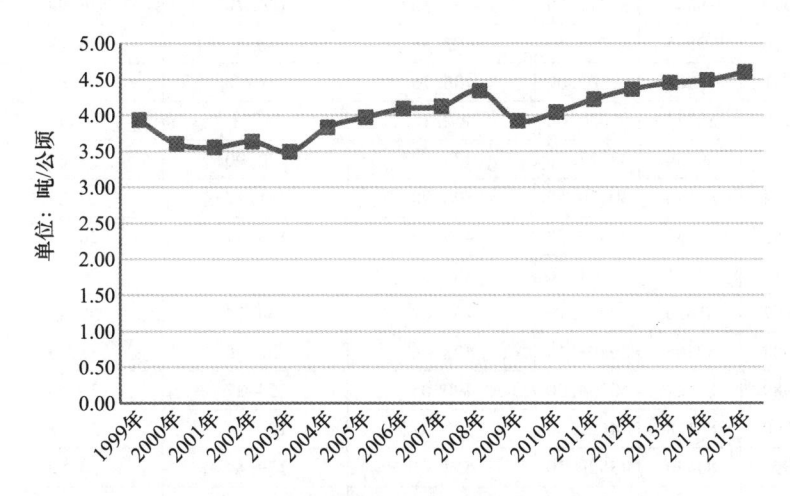

图4-22 我国粮食单产量(1999—2015年)
数据来源:表4-10。

粮食商品化率偏低。正是由于耕地质量下滑,粮食单产量不高,致使我国农村人均粮食产量低,从而导致我国粮食商品化率偏低(见表4-12),尽管我国粮食的商品化率整体上呈增加趋势,从1978年的38.06%上升到2012年的57.70%,显示了农村粮食生产与市场的联系更加紧密,但是即使在商品化率最高的2009年,粮食商品化率仅为62.72%,商品化率超过60%的也仅此一年,"这个水平从国际的视角看是偏低的"。[1]

---

[1] 张桂文:《中国二元经济结构转换的政治经济学分析》,经济科学出版社2011年版,第157页;张桂文:《二元经济转型视角下的中国粮食安全》,《经济学动态》2011年第6期,第48—51页。

表 4-12　　中国粮食商品化率（1978—2012 年）

单位：万人、万吨、千克/人、%

年份	乡村人口（1）	粮食产量（2）	农村人均粮食产量（3）=（2）÷（1）×1000	农村居民人均粮食出售量（4）	商品化率（5）=（4）÷（3）×100
1978	79014	30476.50	385.71	146.79	38.06
1979	79047	33211.50	420.15	146.79	34.94
1980	79565	32055.50	402.88	146.79	36.43
1981	79901	32502.00	406.78	20.62	5.07
1982	80174	35450.00	442.16	31.23	7.06
1983	80734	38727.50	479.69	122.90	25.62
1984	80340	40730.50	506.98	141.27	27.87
1985	80757	37910.80	469.44	123.49	26.31
1986	81141	39151.20	482.51	146.79	30.42
1987	81626	40297.70	493.69	148.72	30.12
1988	82365	39408.10	478.46	150.36	31.43
1989	83164	40754.90	490.05	154.27	31.48
1990	84138	44624.30	530.37	180.24	33.98
1991	84620	43529.30	514.41	179.44	34.88
1992	84996	44265.80	520.80	165.89	31.85
1993	85344	45648.80	534.88	159.35	29.79
1994	85681	44510.10	519.49	188.53	36.29
1995	85947	46661.80	542.91	179.20	33.01
1996	85085	50453.50	592.98	203.47	34.31
1997	84177	49417.10	587.06	228.01	38.84
1998	83153	51229.53	616.09	227.53	36.93
1999	82038	50838.58	619.70	243.34	39.27
2000	80837	46217.52	571.74	264.74	46.30
2001	79563	45263.67	568.90	268.04	47.12
2002	78241	45705.75	584.17	281.15	48.13
2003	76851	43069.53	560.43	294.35	52.52
2004	75705	46946.95	620.13	287.25	46.32
2005	74544	48402.19	649.31	375.79	57.88
2006	73160	49804.23	680.76	394.64	57.97

续表

年份	乡村人口（1）	粮食产量（2）	农村人均粮食产量（3）=（2）÷（1）×1000	农村居民人均粮食出售量（4）	商品化率（5）=（4）÷（3）×100
2007	71496	50160.28	701.58	394.06	56.17
2008	70399	52870.92	751.02	444.45	59.18
2009	68938	53082.08	770.00	482.93	62.72
2010	67113	54647.71	814.26	460.46	56.55
2011	65656	57120.85	870.00	481.45	55.34
2012	64222	58957.97	918.03	529.75	57.70

数据来源：国家统计局。

粮食进口量不断增加。为了保证国内居民对粮食的需求，供需缺口只能依靠进口来填补。因此，近年来，我国的粮食进口量在不断地增加（见图4-23）。1996—2015年这20年间，除了1997—1999年、2002年、2005—2007年以及2011年这八年我国粮食进口量稍有回落以外，其余年份粮食的进口量均是有增无减，尤其是2007年后，粮食的进口量巨大。

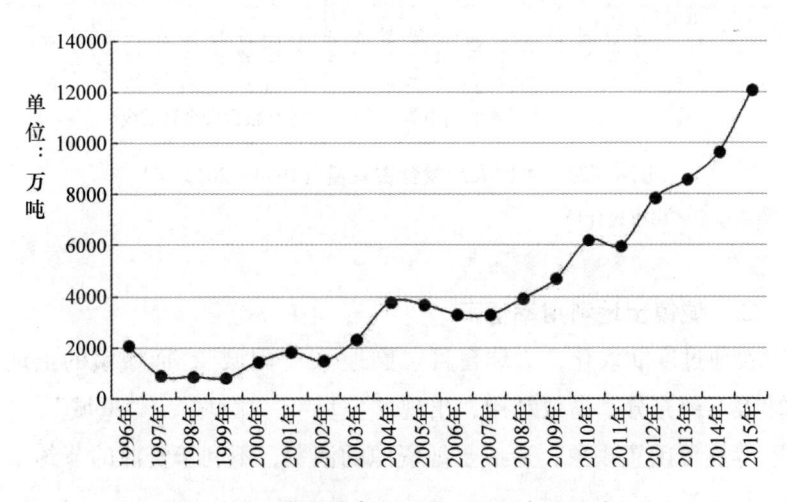

图4-23 我国粮食进口量（1996—2015年）

数据来源：粮食进口量包括小麦进口量、稻谷和大米进口量、大豆进口量、谷物及谷物粉进口量，数据来源于国家统计局。

人均粮食占有水平低。土地过度城镇化导致耕地面积减少和耕地质量下滑。在技术水平不变的条件下（即单产不变），耕地面积总量的减少会导致粮食产量减少。当其他条件不变，耕地质量的下滑将导致粮食单产下降，最终导致粮食总产量减少。随着人口总量的增加，人均粮食占有水平将减少。目前，我国的人均粮食占有水平基本上徘徊在国际公认的人均370公斤[①]粮食安全警戒线附近（见图4-24），而且2000—2004年，人均粮食占有量还一度低于370公斤的粮食安全警戒线，人均粮食占有水平分别为364.66公斤、354.66公斤、355.82公斤、333.29公斤、361.16公斤，这无疑对我国的粮食安全构成了威胁。

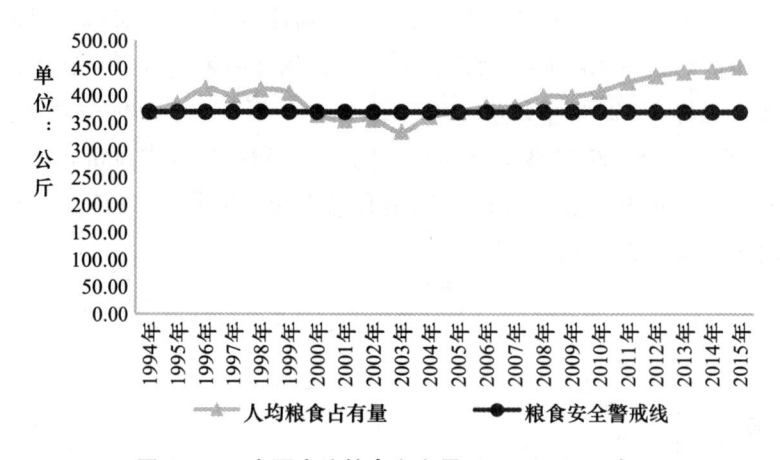

图4-24　中国人均粮食占有量（1994—2015年）

数据来源：国家统计局。

二　城镇土地利用率低下

农地过度非农化，大肆盲目"圈地"、"围城"，而城镇的土地资源却得不到充分、高效利用，出现"空城"、"睡城"、"鬼城"、"死城"等资源闲置现象、造成土地资源的浪费，不利于资源的节约集约

---

① 鲁德银：《论中国特色的土地城镇化道路》，《农村经济》2010年第8期，第30—32页。

利用。上一节提到的城镇人口密度低、城镇住房空置率高等可以充分地说明土地城镇化过快导致土地资源浪费。同时，还可以通过我国城市建设土地利用率这一指标充分地看出，我国城镇化了的土地并未得到充分利用，城镇用途的土地利用率低下（见表4-13）。

表4-13　中国城市建设土地利用率（1994—2015年）　　　单位:%

年份	城市建设土地利用率	年份	城市建设土地利用率
1994	1.88	2005	7.18
1995	1.88	2006	20.52
1996	1.93	2007	20.65
1997	2.33	2008	21.98
1998	2.52	2009	22.07
1999	2.57	2010	22.25
2000	2.52	2011	22.77
2001	3.98	2012	24.99
2002	5.74	2013	25.68
2003	7.26	2014	27.15
2004	7.80	2015	26.90

资料来源：城市建设土地利用率＝城市建设用地面积/城区面积，数据来源于中国城乡统计年鉴。

1994—2005年城市建设土地利用率基本上均低于7%，虽然2006年该比率增加幅度较大，从2005年的7.18%上升为20.52%，但是直到2015年，该比率一直也没有超过28%。这充分表明我国城市建设土地利用效率低下。

三　影响社会安定

（一）"三无游民"人数增多，提高了犯罪的概率，威胁社会和谐

农地过度非农化后大批农民失去土地，由此产生不少"种田无地、上班无岗、低保无份"的生活在城镇周围的"三无游民"。相关

研究结果显示：城镇化水平每提高 1% 就需占用耕地约 12.7 万公顷，征收每公顷耕地，就会有 22.5 个农民失去土地这个长久以来赖以生存的生产资料。① 按照 1996—2016 年的城镇化发展水平（1996 年常住人口城镇化率为 30.48%，2016 年为 57.35%，年均增加 1.28 个百分点），平均每年产生 365.76 万失地农民。谭峥嵘（2012）的调查结果显示有 60% 以上的农民因失地返贫，成为"工作无职业，经济无来源，生活无保障"的"三无人员"，而生活水平有所提高和基本无影响的失地农民不到 40%。② 据预测，到 2020 年我国失地农民总数将超过 1 亿人，其中将有 5000 万以上的农民处于既失地又失业的状态。③ 失业率与犯罪率之间具有正相关关系④，失业率和失业人数增加，犯罪率和犯罪人数增加，"三无人员"的增加使得犯罪率和犯罪人数升高，这将严重影响到我国社会的和谐与安定。

（二）三元社会结构凸显，社会矛盾更加突出和复杂

城镇化进程中，土地城镇化过快，农地过度非农化，大批失地农民被动城镇化，这种快速推进的土地城镇化短时间内彻底改变了部分农民原有的生活状态，打乱了长期以来的生产生活习惯和秩序；人口城镇化滞后，与人口城镇化相匹配的公共设施和社会保障不到位，致使出现中国特色的第三元主体——城市农民工。城市农民工是中国社会中一个庞大的流动群体，2016 年中国城镇农民工总量为 22330.77 万人，约占城镇户籍人口的 39.20%，全国总人口的 16.15%。⑤

---

① 陈琛：《被征地"农转城"人员可持续生计问题研究——以重庆两江新区龙兴工业园三个典型村为例》，硕士学位论文，西南大学，2012 年。
② 谭峥嵘：《征地矛盾的调处机制研究》，《行政与法》2012 年第 10 期。
③ 包永辉、陈先发：《乱征地引发无地无业之忧》，《瞭望新闻周刊》2003 年第 23 期；陈占锋：《我国城镇化进程中失地农民生活满意度研究》，《国家行政学院学报》2013 年第 1 期。
④ 范玉才：《城镇化进程中失地农民犯罪问题探析》，《法制博览旬刊》2014 年第 6 期。
⑤ 根据中华人民共和国 2016 年国民经济和社会发展统计公报的数据，2016 年年末中国大陆总人口为 138271 万人，常住人口城镇化率为 57.35%，户籍人口城镇化率为 41.2%，计算得 2016 年城镇常住人口为 79298.42 万人，城镇户籍人口为 56967.65 万人，因此城镇农民工数量（城镇常住人口－城镇户籍人口）为 22330.77 万人，是城镇户籍人口的 39.20%，是全国总人口的 16.15%。

城市农民工群体的出现及壮大，使得中国特有的二元社会结构问题逐渐演变成三元社会结构问题，社会问题变得更加复杂和激烈。原因有二：其一，城镇居民与城镇农民工矛盾增多。农民工普遍存在受教育水平和技能水平偏低现象，使得他们大都只能从事低技能要求的、城镇居民不愿从事的所谓"脏乱差"的劳动密集型工作，他们是"城市经济的主力军"，同时也是"城市建设发展的最低层打工族"。然而，城镇对他们是"经济吸纳，社会拒入"，城镇居民和城镇农民工同为城镇经济建设做贡献，但城镇农民工却享受不到与城镇居民同等的待遇。在城市生产和生活中，经常受到来自城市居民的歧视和排斥，甚至还被认为是"城市社会治安、卫生及交通状况恶化的制造者"[1]，与当地居民交往较少，两个群体之间"泾渭分明"。其二，失意农民工容易滋生反社会情绪。农民工的自身处境以及来自城镇居民的歧视、排外，导致其极容易产生"相对剥夺感"。[2] 农民工文化程度不高，在向城镇非农产业转移的过程中处于劣势。据调查，失地农民中初中及以下文化程度的占70%，高中文化程度的占29%，大专及以上文化程度的仅占1%。[3] 有些农民工因在城市谋生过程中屡屡受挫，内心的失意、来自城镇居民的歧视以及被城镇社会边缘化使得这部分农民工容易滋生出反城市社会的心态，并且这种心态的冲突对象不是仅仅针对其中的某一雇主，而是针对所有的城镇居民。因此，国外一些社会学者指出，发展中国家的阶级矛盾通常是农村居民阶层与城市居民阶层之间的矛盾，但对中国而言，这种矛盾的一方是已经进城的农民工，而不是农村居民。[4]

（三）征地矛盾突出，给社会带来不稳定因素

征地矛盾首先主要表现为征地方式粗暴，容易引起被征地农民与

---

[1] 甘满堂：《城市农民工与转型期中国社会的三元结构》，《福州大学学报》（哲学社会科学版）2001年第4期。

[2] 李强：《关于城市农民工的情绪倾向及社会冲突问题》，《社会学研究》1995年第4期。

[3] 陈嫚娣：《破解征地矛盾的建议》，《黑龙江国土资源》2014年第8期。

[4] 甘满堂：《城市农民工与转型期中国社会的三元结构》，《福州大学学报》（哲学社会科学版）2001年第4期。

其他利益主体之间的矛盾。征地存在巨大的利益，导致为了得到这巨大的利益而不择手段。暴力征地、拆迁，"拿地不给钱"、"要地不要人"的强征暴敛方式，这一方面造成农民难享土地增值收益，使得农民"活不好"、"安不下"；另一方面由于征地矛盾突出，增加农民群众与其他各方利益主体的矛盾和纠纷，增加社会动乱的可能性。其次主要表现为征地补偿不到位，农民难享土地增值收益，有失公平，容易滋生失地农民对社会的不满情绪。按照规定征地要按被征土地的原用途给予补偿，补偿费用包括土地补偿费、安置补助费、地上附着物和青苗的补偿费三项。征收耕地的补偿标准为：第一项补偿标准为该耕地被征收前三年平均年产值的6—10倍。第二项每一个需要安置的农业人口的安置补助费标准[①]，为该耕地被征收前三年平均年产值的4—6倍，每公顷被征收耕地的安置补助费，最高不得超过被征收前三年平均年产值的15倍。两项之和，低限是10倍，高限是16倍，特殊情况下最高不得超过30倍。第三项补偿标准，由省、自治区、直辖市规定。征收其他土地的土地补偿费和安置补助费，由省、自治区、直辖市参照征收耕地的标准规定。[②] 从征地补偿标准可清晰地看到，征地补偿标准低，农民没有参与土地增值收益的分配。这一方面表明征地补偿费的分配不公平，另一方面容易引起失地农民与城镇居民之间经济收益的"马太效应"。与此同时，征地过程中往往还存在截留、挪用、拖欠征地补偿安置费用的腐败现象。

四　破坏生态环境

古希腊哲学家亚里士多德在其名著《政治学》中写道："人们为了生活来到城市，为了生活得更好留在城市。"[③] 中国现在无限制的

[①] 安置补助费，按照需要安置的农业人口数计算。需要安置的农业人口数，按照被征收的耕地数量除以征地前被征收单位平均每人占有耕地的数量计算。

[②] 沈飞、朱道林、毕继业：《我国土地征用制度对农村集体经济福利的影响》，《农村经济》2004年第9期。

[③] 周元、孙新章：《中国城镇化道路的反思与对策》，《中国人口·资源与环境》2012年第4期。

第四章 中国人口城镇化与土地城镇化失调的表现及影响 109

外延式扩展、人口低密度和无规划的城市发展模式严重破坏了生态环境。[1] 农用地同时具有为国民经济发展提供产品、积累资本的经济功能和保护植被、涵养水源、改良土壤、净化空气、美化环境、保存物种基因等生态功能。[2] 农地过度非农化导致这些功能加速消退，对生态环境造成极大破坏，不利于人类的可持续发展。城镇化带来的生态破坏问题较为普遍，主要表现在以下几方面：第一，原有生态系统的生态功能逐渐退化。随着城镇化发展，高污染工业、机动车辆、人口密度、硬化路面不断增加，植被锐减，生态调节功能下降。[3] 第二，生物多样性降低。[4] 城镇中居住生活的密集人群是整个区域的生物主体，而植物种类大多是经过选择而保留或种植的，单一化趋向十分明显。第三，土地污染和退化。农村城镇化过程中，很多地方由于乡镇工业的迅速发展，土地资源受到污染，生态功能下降。第四，自然生态景观遭到破坏。城镇建设过程中，地基开挖、管道埋设、地面平整等，都要改变已处于平衡状态的原始地貌、水系和植被，使原有的自然生态景观遭到破坏。[5]

在快速的土地城镇化进程中，各级政府的绝大部分资金首先投向市政通信、交通、电力等优先发展的领域，环境基础设施的建设速度往往滞后于城镇建成区的扩张速度，致使城镇水污染、大气污染、噪声污染以及水土流失等加剧。[6]

水污染严重。城市建设的加快和急剧扩张，各种废污水排放量大大超过了水系自身的自净能力，导致污染越来越严重。许多流经城市

---

[1] Arku G., "Rapidly Growing African Cities Need to Adopt Smart Growth Policies to Solve Urban Development Concerns", *Urban Forum*, Vol. 20, No. 3, February 2009, pp. 253 – 270.
[2] 胡伟艳：《城乡转型与农地非农化的互动关系》，科学出版社 2012 年版，第 7 页。
[3] 王夏晖、张惠远、王波等：《快速城镇化进程中的环境安全研究》，《城市问题》2008 年第 5 期。
[4] 尹伟华：《我国城镇化进程中生态环境问题及对策》，《中国经贸导刊》（理论版）2017 年第 23 期。
[5] 王夏晖、张惠远、王波等：《快速城镇化进程中的环境安全研究》，《城市问题》2008 年第 5 期。
[6] 王夏晖、张惠远、王波等：《快速城镇化进程中的环境安全研究》，《城市问题》2008 年第 5 期。

的河流已成为排放工业、生活废水的污水沟,城市用水取水口不得不一迁再迁。2016年,全国地表水Ⅴ类和劣Ⅴ类水质断面分别占6.9%和8.6%,合计占15.5%,地下水水质监测为较差级和极差级的监测点分别占45.4%和14.7%,合计占60.1%。①

大气污染严重。城镇化使工业企业高度集中,加重了区域大气污染,二氧化硫、氮氧化物、烟尘等大气污染物排放量长期居高不下。2016年,全国338个地级及以上城市中,75.1%的城市环境空气质量超标②,平均超标天数比例为21.2%,重度污染2464天次、严重污染784天次。在开展降水监测的474个城市(区、县)中,酸雨城市比例为19.8%,酸雨频率平均为12.7%。③

噪声污染严重。城市工业噪声、市政噪声、建筑噪声和交通噪声等,随着城镇化加快也呈上升趋势。2006年,全国开展区域环境噪声监测的378个市(县)中,轻度和重度污染的城市达到31.2%。④

生活垃圾及二次污染严重。城市居民产生的数量巨大的生活垃圾大多运至近郊作填埋处理,而相当多的填埋仅仅是一倒了之,缺乏防渗、防臭等无害化处理,生活垃圾大部分露天堆放,不仅占用大片耕地,还会传播病毒、细菌,其渗透液还会污染地表水和地下水,导致水环境恶化等,二次污染严重。⑤

水土流失加剧。水土流失是当前重大生态环境问题,我国是世界上水土流失最严重的国家之一,大规模开发建设是导致人为水土流失的主要原因。在城镇化建设过程中,大量开山采石、砍伐森林,造成

---

① 环境保护部:《2016中国环境状况公报》,2017-06-05/2017-12-05,中华人民共和国环境保护部:http://www.zhb.gov.cn/gkml/hbb/qt/201706/t20170605_415442.htm。
② 空气质量指数(AQI)大于100的天数为超标天数。其中,101—150为轻度污染,151—200为中度污染,201—300为重度污染,大于300为严重污染。
③ 环境保护部:《2016中国环境状况公报》,2017-06-05/2017-12-05,中华人民共和国环境保护部:http://www.zhb.gov.cn/gkml/hbb/qt/201706/t20170605_415442.htm。
④ 王夏晖、张惠远、王波等:《快速城镇化进程中的环境安全研究》,《城市问题》2008年第5期。
⑤ 王夏晖、张惠远、王波等:《快速城镇化进程中的环境安全研究》,《城市问题》2008年第5期。

了严重的水土流失，城镇地形地貌受到破坏，地质灾害严重。早在2009年年初，中国每年因水土流失损失耕地约100万亩。"十五"期间，每年因生产建设活动新增的水土流失面积超过1.5万平方公里，增加的水土流失量超过3亿吨。① 第一次全国水利普查显示，我国水土流失面积294.91万平方公里，占国土总面积的30.72%。因水土流失，全国年均损失耕地100万亩，黄土高原严重区每年流失表土1厘米以上，东北黑土地变薄，一些地方的黑土层流失殆尽。其中，水利部2010年至2012年开展的第一次全国水利普查显示，东北黑土区侵蚀沟道已达295663条。② 按照水土流失强度来划分等级，截至2000年年底，轻度、中度、强度、极强度和剧烈等各级别水土流失的面积分别为163.84万、80.86万、42.23万、32.42万和37.57万平方公里，分别占水土流失总面积的45.9%、22.7%、11.8%、9.1%和10.5%。③

从我国人口城镇化与土地城镇化失调的种种表现（即征地面积快速增加、建成区人口密度下降、城镇住房空置率高、城镇建设占用耕地情况严重等）来看，我国属于人口城镇化滞后、土地城镇化超前型，而土地城镇化超前会带来很多的危害（威胁国家粮食安全、浪费稀缺的土地资源、影响社会安定、破坏生态环境）。那么，近年来我国究竟是不是处于人口城镇化滞后于土地城镇化的状态，表象还不足以说明，有必要对其进行定量分析。

---

① 李彪：《全国每年损失约百万亩耕地 新规划出台要求5年内年均减少土壤流失8亿吨》，2015年11月，每日经济新闻网（http://www.nbd.com.cn/articles/2015 - 11 - 02/958331.html）。

② 李彪：《全国每年损失约百万亩耕地 新规划出台要求5年内年均减少土壤流失8亿吨》，2015年11月，每日经济新闻网（http://www.nbd.com.cn/articles/2015 - 11 - 02/958331.html）。

③ 李智广、曹炜、刘秉正等：《中国水土流失现状与动态变化》，《中国水土保持》2008年第12期。

第五章 中国人口城镇化与土地城镇化协调性测度

人口城镇化与土地城镇化是城镇化的重要组成部分，土地城镇化是载体，人口城镇化是核心。二者协调发展是新型城镇化的必然要求。目前，中国城镇化处于加速发展阶段，最近几年城镇化率以每年平均一个百分点的趋势增长，但是在城镇化加速发展阶段也是问题层出的阶段。土地城镇化快于人口城镇化威胁国家的粮食安全，浪费稀缺的土地资源，影响社会安定和破坏生态环境等，人口城镇化与土地城镇化发展失调威胁着我国新型城镇化的实现。测度我国人口城镇化与土地城镇化协调发展的程度，并判定协调发展的类型，对国家从宏观上指导城镇化发展方向有着重要的作用。因此，接下来将从全国整体、区域和不同类别城市三个视角展开测度。本部分将从全国整体的视角，展开对人口城镇化与土地城镇化协调发展的测度分析。

第一节 研究对象与数据来源

国土资源部令第11号《招标拍卖挂牌出让国有土地使用权规定》于2002年7月1日实施，规定商业、旅游、娱乐和商品住宅等各类经营性用地，必须以招标、拍卖或者挂牌方式进行公开交易，而在这之前，国有建设用地大部分通过协议转让的方式出让。自国有土地使用权出让方式转变为"招拍挂"后，土地城镇化的速度明显增快，故下文将从我国开始实施"招拍挂"制度的2002年开始，从宏观视角测度2002—2015年我国人口城镇化与土地城镇化的协调发展程度。

数据主要来源于历年的《中国统计年鉴》和《中国城市统计年鉴》等。

第二节 测度方法

一 协调发展模型

协调发展模型是复合指标法之一，测算出来的结果是一个指数形式的相对数，具有可比性。同时还可以根据人口城镇化与土地城镇化的内涵尽可能全面地选取可以评价人口城镇化与土地城镇化的指标，更加准确地判断出二者的协调或者失调程度。

（一）数据标准化处理

由于单位不一致等原因，采用绝对数无法比较不同数据组之间的差异大小。为使数据具有可比性，该方法首先需要对原始数据进行无量纲处理。本书采用向量规范化法[1]消除量纲，用式（5.1）对原始数据进行标准化处理。

$$x_{ij}^* = \frac{x_{ij}}{\sqrt{\sum (x_{ij}^2)}} \quad (5.1)$$

式（5.1）中，x 为指标原始数据；x* 为经标准化处理后的值；i=1, 2, 3, …, n, 代表测算的年份；j=1, 2, 3, …, m, 代表指标数。

（二）熵值法确定指标权重

确定指标权重的方法主要有熵值法、主成分分析法、专家评分法以及层次分析法，而应用最多的是可以避免人为打分的客观赋权法——熵值法。由于熵值法"不需要加入任何主观信息，评价结果是唯一的，是一种完全意义上的客观赋权法"[2]，因此，熵值法反映的指标信息熵值效用价值深刻、可信度高。故本书采用熵值法确定各指标权重，其步骤如下。

---

[1] 童长江：《城乡经济协调发展评价与模式选择》，科学出版社 2013 年版，第 90 页。
[2] 段汉明：《城市学：理论·方法·实证》，科学出版社 2012 年版，第 378 页。

1. 确定信息熵值

计算第 j 个指标下第 i 年指标值的比重 p_{ij}，公式如下：

$$p_{ij} = \frac{x_{ij}^*}{\sum_{i=1}^{n} x_{ij}^*} \tag{5.2}$$

根据熵的定义，第 j 项指标的信息熵值 e 用式（5.3）进行计算。

$$e_j = -k \sum_{i=1}^{n} P_{ij} \ln P_{ij} \tag{5.3}$$

式（5.3）中，常数 $k = \frac{1}{\ln(n)}$，n 为评价年数，本书评价 1994—2015 年总共 22 年，故 n = 22，k = 0.3235。

2. 确定信息效用值

用式（5.4）计算信息效用值。信息效用值 d_j 取决于该指标的信息熵 e_j 与 1 的差值。

$$d_j = 1 - e_j \tag{5.4}$$

3. 确定指标权重

通过式（5.5）计算指标权重。

$$a_j = \frac{d_j}{\sum_{j=1}^{m} d_j} \tag{5.5}$$

（三）计算人口城镇化指数和土地城镇化指数

通过式（5.6）计算人口城镇化指数 f(x)，通过式（5.7）计算土地城镇化指数 g(y)。计算出来的人口城镇化指数 f(x) 值越大，表明人口城镇化水平越好，同理，计算出来的土地城镇化指数 g(y) 值越大，表明土地城镇化发展状况越高，反之亦然。

$$f(x) = \sum_{j=1}^{m} a_j x_j^* \tag{5.6}$$

$$g(y) = \sum_{j=1}^{m} b_j y_j^* \tag{5.7}$$

式（5.6）、式（5.7）中，j = 1，2，3，…，m 为指标个数；x_j^*、y_j^* 分别为人口城镇化与土地城镇化各指标经标准化处理后的标准值；a_j 是表征人口城镇化各指标的权重，$\sum a_j = 1$；b_j 是表征土地城镇化各指标的权重，$\sum b_j = 1$。

（四）计算协调度、发展度、协调发展度

1. 计算发展度

发展度（T）是用以衡量人口城镇化与土地城镇化发展的整体水平或效益的综合评价指标，通过式（5.8）计算：

$$T = \alpha f(x) + \beta g(y) \tag{5.8}$$

式（5.8）中，α、β 为待定权重。因为二者皆是新型城镇化的重要组成部分，二者是相辅相成的关系，所以在此视二者的地位相同，即 α = β = 0.5。

2. 计算协调度

协调度（C）是度量两者协调发展好坏程度的定量指标，用式（5.9）计算：

$$C = \left\{ f(x) \times g(y) \Big/ \left[\frac{f(x) + g(y)}{2} \right]^2 \right\}^\theta \tag{5.9}$$

式（5.9）中，θ 为调节系数，一般 2≤θ≤5[①]，在文中 θ=2，协调度 C 的取值范围为 [0,1]，C 值越大越接近于 1，两者越协调，反之亦然。

3. 计算协调发展度

协调发展度（D）是衡量人口城镇化与土地城镇化协调发展程度及发展层次的综合评价指标，用式（5.10）计算：

$$D = \sqrt{C \times T} \tag{5.10}$$

式中，D 的取值范围为 [0,1]，D 值越大越接近于 1，两者的协调发展状况越好，反之亦然。

二 指标选取

在指标选取上，由于关注的重点不同，到目前为止，评价人口城镇化与土地城镇化的指标选取混乱，除了人口规模和城镇规模这两个

[①] 段汉明：《城市学：理论·方法·实证》，科学出版社 2012 年版，第 269 页。

一级指标的具体评价指标选取基本一致外，其他一级指标的二级评价指标选取仍处在各执一词阶段。已有的研究[①]中，用人口构成、就业水平、人口素质、产业结构和生活水平五个一级指标来体现人口城镇化水平，反映这些一级指标的二级指标也较为充分，然已有研究中的指标构建也存在以下不足：第一，未考虑医疗水平对人口城镇化质量的影响，这样计算出来的人口城镇化指数不能够全面反映人口城镇化的真实水平，农村转移人口城镇化后与户籍城镇人口平等地享有公共服务和医疗服务水平是人口城镇化内涵的重要内容，不容忽视；第二，在评价城镇居民生活质量水平时，选用的指标过杂，有相互包含、相互体现的内容，这样测算出来的人口城镇化水平是虚高的、不符合实际的。

因此，在参照已有研究的基础上，根据人口城镇化的内涵，构建出评价人口城镇化水平的指标体系，总共包含五个一级指标，每个一级指标选取一个二级指标来表征。根据人口城镇化的内涵，最重要的特征是人口能否实现身份和职业的双重转变，所以在一级指标中，不仅要有反映身份转变的城镇人口规模，还要有反映职业转变的就业水平。评价城镇人口规模的指标选取常住人口城镇化率，评价就业水平的指标选取二、三产业就业人数占就业总人数的比重。与此同时，为了反映进城务工人员是否真正地融入城镇生活、适应城镇的生产生活方式，从而实现真正的城镇化，还在一级指标中增加了教育水平、医疗服务、生活水平三个因素。选取人均受教育年限指标来评价教育水平，用于反映居民对城镇生产生活方式的适应和接受程度。选取每万

---

① 曹文莉、张小林、潘义勇等：《发达地区人口、土地与经济城镇化协调发展度研究》，《中国人口·资源与环境》2012 年第 2 期；王丽艳、郑丹、游斌：《实现人口城镇化与土地城镇化良性互动发展问题研究》，《当代经济研究》2014 年第 12 期；秦佳、李建民：《中国人口城镇化的空间差异与影响因素》，《人口研究》2013 年第 2 期；林坚：《中国城乡建设用地增长研究》，商务印书馆 2009 年版；夏浩、张勇：《欠发达地区人口城镇化与土地城镇化协调发展研究——以安徽省为例》，《国土与自然资源研究》2015 年第 3 期；陈春：《健康城镇化发展研究》，《国土与自然资源研究》2008 年第 4 期；王丽艳、郑丹、王振坡：《我国人口城镇化与土地城镇化协调发展的区域差异测度——来自东中西部省际面板数据》，《学习与实践》2015 年第 4 期。

人拥有执业（助理）医师数来评价城镇居民享受到的医疗服务水平；选用城镇居民家庭恩格尔系数来评价农村居民进入城镇的生活水平，具体见表5-1。

表5-1　　　　　人口城镇化与土地城镇化协调发展指标

目标层	一级指标	二级指标	指标代码	指标权重
人口城镇化指数	人口规模	常住人口城镇化率（%）	x1	a1
	就业水平	二、三产业劳动者比重（%）	x2	a2
	教育水平	人均受教育年限（年）	x3	a3
	医疗服务	每万人拥有执业（助理）医师数（人）	x4	a4
	生活水平	城镇居民家庭恩格尔系数（%）	x5	a5
土地城镇化指数	城镇规模	建成区面积（平方公里）	y1	b1
	征地面积	征用土地面积（平方公里）	y2	b2

在土地城镇化的评价体系中，已有研究从城镇规模、土地结构、投入水平和产出水平四个方面选取指标。在这些评价指标中，城镇规模这一指标是无可争议的，但土地结构、土地的投入水平与土地的产出水平这三个指标不能参与评价土地城镇化水平。原因是：这三个指标是从不同的角度来体现城镇土地利用的效率，而城镇土地利用效率可以在不增加城镇土地面积的情况下，通过对土地利用类型进行结构调整等方式提高，这与本书界定的土地城镇化（是指土地由非城镇用地转变为城镇用地，城镇空间规模扩张的过程）内涵不相符。在这种情况下，继续加入这三个指标测度出来的土地城镇化水平不准确，会对人口城镇化与土地城镇化的失调程度和失调类型做出错误的判断，因此本书缩小了评价土地城镇化水平的指标范围，只包括城镇规模和征地面积两个一级指标，而剔除了土地结构、土地的投入水平与土地的产出水平三个指标。评价城镇规模的指标选用建成区面积，而评价征地面积的指标选用征用土地面积，具体见表5-1。

三 判断标准

参照已有研究①,将二者的协调发展类型划分为两大类十小类(见表5-2)。大类上,当协调发展度小于或等于0.6时,属于失调类;当协调发展度大于0.6时属于协调类。在失调大类下,由6个不同失调程度的小类构成。当协调发展度 D = [0.00, 0.10] 时,属于失调情况最严重的极度失调衰退类;当协调发展度 D = (0.10, 0.20] 时,属于失调情况次严重的严重失调衰退类;当协调发展度 D = (0.20, 0.30] 时,属于高度失调衰退类;当协调发展度 D = (0.30, 0.40] 时,属于中度失调衰退类;当协调发展度 D = (0.40, 0.50] 时,属于轻度失调衰退类;当协调发展度 D = (0.50, 0.60] 时,属于濒临失调衰退类。在协调大类下,由不同协调程度的四个小类构成。当协调发展度 D = (0.60, 0.70] 时,属于协调状况稍好的初级协调发展类;当协调发展度 D = (0.70, 0.80] 时,属于中度协调发展类;当协调发展度 D = (0.80, 0.90] 时,属于良好协调发展类;当协调发展度 D = (0.90, 1.00] 时,属于协调状况最好的优质协调发展类。

表5-2 人口城镇化与土地城镇化协调发展类型评价标准

序号	协调发展度	协调发展亚类	大类	发展指数	协调发展亚型
1	[0.00, 0.10]	极度失调衰退类	失调类	$f(x) > g(x)$ $f(x) = g(x)$ $f(x) < g(x)$	土地城镇化滞后型 人口-土地城镇化同步型 人口城镇化滞后型
2	(0.10, 0.20]	严重失调衰退类			
3	(0.20, 0.30]	高度失调衰退类			
4	(0.30, 0.40]	中度失调衰退类			
5	(0.40, 0.50]	轻度失调衰退类			
6	(0.50, 0.60]	濒临失调衰退类			

---

① 胡志九:《中国融资服务与经济发展的协调发展度研究》,《中央财经大学学报》2015年第3期;朱晓:《人口、资源、环境与经济协同发展研究:以新疆为例》,东北财经大学出版社2010年版,第167页;段汉明:《城市学:理论·方法·实证》,科学出版社2012年版,第380页。

续表

序号	协调发展度	协调发展亚类	大类	发展指数	协调发展亚型
7	(0.60, 0.70]	初级协调发展类	协调类	$f(x) > g(x)$	土地城镇化滞后型
8	(0.70, 0.80]	中度协调发展类		$f(x) = g(x)$	人口-土地城镇化同步型
9	(0.80, 0.90]	良好协调发展类		$f(x) < g(x)$	人口城镇化滞后型
10	(0.90, 1.00]	优质协调发展类			

根据人口城镇化指数与土地城镇化指数大小的比较，将人口城镇化与土地城镇化协调发展分为三种亚型，当人口城镇化指数 $f(x)$ 大于土地城镇化指数 $g(y)$ 时，属于土地城镇化滞后型；当人口城镇化指数 $f(x)$ 等于土地城镇化指数 $g(y)$ 时，属于人口-土地城镇化同步型；当人口城镇化指数 $f(x)$ 小于土地城镇化指数 $g(y)$ 时，属于人口城镇化滞后型。

第三节 测度结果与分析

一 测度结果

用向量规范化法的公式（5.1）将原始数据（见表5-3）进行标准化处理，得到可比较的无量纲化数据（见表5-4）。

表5-3 人口城镇化与土地城镇化评价指标原始数据（2002—2015年）

单位:%、年、人、平方公里

年份	常住人口城镇化率	二、三产业就业人员比重	人均受教育年限	每万人拥有执业（助理）医师数	城镇居民家庭恩格尔系数	建成区面积	征用土地面积
	x1	x2	x3	x4	x5	y1	y2
2002	39.09	50.00	7.73	15.00	37.70	25972.55	2879.86
2003	40.53	50.90	7.91	15.00	37.10	28308.00	1605.60
2004	41.76	53.10	8.01	16.00	37.70	30406.19	1612.56
2005	42.99	55.20	7.83	16.00	36.70	32520.72	1263.50

续表

年份	常住人口城镇化率	二、三产业就业人员比重	人均受教育年限	每万人拥有执业（助理）医师数	城镇居民家庭恩格尔系数	建成区面积	征用土地面积
2006	44.34	57.40	8.04	16.00	35.80	33659.80	1396.48
2007	45.89	59.20	8.19	16.00	36.30	35469.65	1216.03
2008	46.99	60.40	8.27	17.00	37.90	36295.30	1344.58
2009	48.34	61.90	8.38	18.00	36.50	38107.26	1504.69
2010	49.95	63.30	8.21	18.00	35.70	40058.01	1641.57
2011	51.27	65.20	8.85	18.00	36.30	43603.23	1841.72
2012	52.57	66.40	8.94	19.00	36.20	45565.76	2161.48
2013	53.73	68.60	9.05	21.00	35.00	47855.28	1831.57
2014	54.77	70.50	9.04	21.00	34.20	49772.63	1475.88
2015	56.10	71.70	9.04	22.00	34.80	52102.31	1548.53

数据来源：1. 常住人口城镇化率 = 城镇常住人口/年末总人口，数据来源于国家统计局；2. 二、三产业就业人员比重 = （第二产业就业人员 + 第三产业就业人员）/就业总人数，数据来源于国家统计局；3. 人均受教育年限 = 小学人口数 ×6 + 初中人口数 ×9 + 高中人口数 ×12 + 大专及以上人口数 ×16）/6 岁及 6 岁以上抽样总人口数，2002—2014 年数据来源于中国统计年鉴，2015 年为预测值；4. 城镇居民恩格尔系数 2002—2012 年的数据来源于国家统计局，2013—2015 年数据来自中国产业信息网：http://www.chyxx.com/industry/201609/445170.html；5. 征用土地面积 2002—2003 年数据来源于中经网，2004—2015 年数据来源于国家统计局；6. 其余未说明数据主要来源于《中国统计年鉴》和《中国城市统计年鉴》。

表 5 – 4   人口城镇化与土地城镇化评价指标原始数据标准化

年份	x1*	x2*	x3*	x4*	x5*	y1*	y2*
2002	0.1932	0.1863	0.2077	0.1836	0.2021	0.1636	0.4207
2003	0.2003	0.1896	0.2125	0.1836	0.1989	0.1783	0.2345
2004	0.2063	0.1978	0.2152	0.1958	0.2021	0.1915	0.2356
2005	0.2124	0.2056	0.2104	0.1958	0.1968	0.2048	0.1846
2006	0.2191	0.2138	0.2160	0.1958	0.1919	0.2120	0.2040

续表

年份	x1 *	x2 *	x3 *	x4 *	x5 *	y1 *	y2 *
2007	0.2268	0.2205	0.2200	0.1958	0.1946	0.2234	0.1776
2008	0.2322	0.2250	0.2222	0.2081	0.2032	0.2286	0.1964
2009	0.2389	0.2306	0.2251	0.2203	0.1957	0.2400	0.2198
2010	0.2468	0.2358	0.2206	0.2203	0.1914	0.2523	0.2398
2011	0.2533	0.2429	0.2378	0.2203	0.1946	0.2746	0.2690
2012	0.2598	0.2473	0.2402	0.2326	0.1941	0.2869	0.3158
2013	0.2655	0.2555	0.2431	0.2570	0.1877	0.3014	0.2676
2014	0.2706	0.2626	0.2429	0.2570	0.1834	0.3134	0.2156
2015	0.2772	0.2671	0.2429	0.2693	0.1866	0.3281	0.2262

通过熵值法，用公式（5.2）至公式（5.5）计算出各指标的权重大小，确定的各指标权重如表5-5所示。常住人口城镇化率的权重为0.4289，二、三产业劳动者比重的权重为0.1972，人均受教育年限的权重为0.0987，每万人拥有执业（助理）医师数的权重为0.1151，城镇居民家庭恩格尔系数的权重为0.1600，建成区面积的权重为0.2999，征用土地面积的权重为0.7001。

表5-5　　　　　　　熵值法确定的各指标权重

因素	指标	权重代码	权重
人口规模	常住人口城镇化率	a1	0.4289
就业水平	二、三产业劳动者比重	a2	0.1972
教育水平	人均受教育年限	a3	0.0987
医疗服务	每万人拥有执业（助理）医师数	a4	0.1151
生活水平	城镇居民家庭恩格尔系数	a5	0.1600
城镇规模	建成区面积	b1	0.2999
征地面积	征用土地面积	b2	0.7001

用熵值法确定的人口城镇化各指标权重中，人口规模所占比重最

大，权重为0.4289；其次是就业水平，占据0.1972的权重，居于第三的是生活水平，权重为0.1600，第四是医疗服务水平，权重为0.1151，最后是教育水平，其权重为0.0987（见图5-1）。

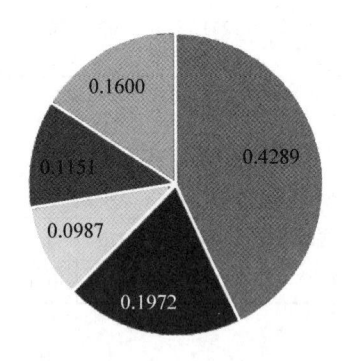

图5-1 熵值法确定的人口城镇化各指标所占权重

而用熵值法确定的土地城镇化各指标权重中，征地面积权重最大，占据了70%，具体权重为0.7001；城镇规模约占30%的权重，具体权重是0.2999（具体见图5-2）。

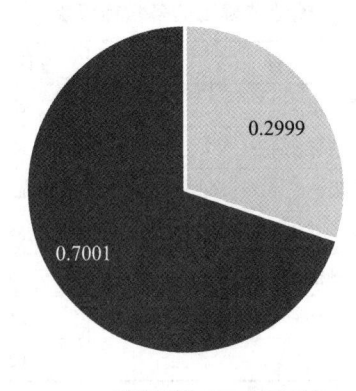

图5-2 熵值法确定的土地城镇化各指标所占权重

第五章　中国人口城镇化与土地城镇化协调性测度　123

在权重确定后，利用公式（5.6）和公式（5.7）计算出中国的人口城镇化指数 f（x）和土地城镇化指数 g（y）各一级指标的具体指数值，结果如表 5-6 所示。

表 5-6　人口城镇化指数与土地城镇化指数各指标的具体指数值

年份	人口规模	就业水平	教育水平	医疗服务	生活水平	城镇规模	征地面积
2002	0.0309	0.0214	0.0205	0.0211	0.0341	0.0491	0.2945
2003	0.0321	0.0218	0.0210	0.0211	0.0341	0.0535	0.1642
2004	0.0330	0.0228	0.0212	0.0225	0.0341	0.0574	0.1649
2005	0.0340	0.0237	0.0208	0.0225	0.0341	0.0614	0.1292
2006	0.0351	0.0246	0.0213	0.0225	0.0341	0.0636	0.1428
2007	0.0363	0.0254	0.0217	0.0225	0.0341	0.0670	0.1244
2008	0.0372	0.0259	0.0219	0.0240	0.0341	0.0685	0.1375
2009	0.0382	0.0266	0.0222	0.0254	0.0341	0.0720	0.1539
2010	0.0395	0.0272	0.0218	0.0254	0.0341	0.0757	0.1679
2011	0.0405	0.0280	0.0235	0.0254	0.0341	0.0824	0.1884
2012	0.0416	0.0285	0.0237	0.0268	0.0341	0.0861	0.2211
2013	0.0425	0.0294	0.0240	0.0296	0.0341	0.0904	0.1873
2014	0.0433	0.0302	0.0240	0.0296	0.0341	0.0940	0.1509
2015	0.0444	0.0308	0.0240	0.0310	0.0341	0.0984	0.1584

根据表 5-6 的人口城镇化指数、土地城镇化指数各指标的具体指数和协调发展模型的计算公式（5.6）至公式（5.10），就可计算出 2002—2015 年中国各年的人口城镇化指数、土地城镇化指数和协调发展度，并根据表 5-2 的评价标准对人口城镇化与土地城镇化的协调发展程度进行协调发展判断，具体评价结果如表 5-7 所示。

表 5-7　　人口城镇化与土地城镇化协调发展评价结果

指标	f(x)	g(y)	f(x)-g(y)	协调发展亚型	D	协调发展亚类
2002 年	0.1281	0.3436	-0.2155	人口城镇化滞后型	0.3843	中度失调衰退类
2003 年	0.1301	0.2177	-0.0875	人口城镇化滞后型	0.3906	中度失调衰退类
2004 年	0.1337	0.2223	-0.0886	人口城镇化滞后型	0.3958	中度失调衰退类
2005 年	0.1351	0.1906	-0.0555	人口城镇化滞后型	0.3918	中度失调衰退类
2006 年	0.1377	0.2064	-0.0687	人口城镇化滞后型	0.3982	中度失调衰退类
2007 年	0.1401	0.1914	-0.0513	人口城镇化滞后型	0.3973	中度失调衰退类
2008 年	0.1431	0.2061	-0.0630	人口城镇化滞后型	0.4042	轻度失调衰退类
2009 年	0.1465	0.2259	-0.0794	人口城镇化滞后型	0.4118	轻度失调衰退类
2010 年	0.1479	0.2435	-0.0957	人口城镇化滞后型	0.4160	轻度失调衰退类
2011 年	0.1514	0.2707	-0.1193	人口城镇化滞后型	0.4228	轻度失调衰退类
2012 年	0.1546	0.3071	-0.1525	人口城镇化滞后型	0.4281	轻度失调衰退类
2013 年	0.1596	0.2777	-0.1181	人口城镇化滞后型	0.4335	轻度失调衰退类
2014 年	0.1612	0.2449	-0.0837	人口城镇化滞后型	0.4315	轻度失调衰退类
2015 年	0.1642	0.2568	-0.0926	人口城镇化滞后型	0.4366	轻度失调衰退类
均值	0.1452	0.2432	-0.0980	人口城镇化滞后型	0.4102	轻度失调衰退类

测算结果显示，2002—2015 年这 14 年中，我国人口城镇化与土地城镇化均处于不同程度的失调状态。其中，2002—2007 年这六年处于中度失调衰退类，2008—2015 年这八年处于轻度失调衰退类。并且自实行"招拍挂"国有土地出让制度以来，我国的土地城镇化指数一直高于人口城镇化指数，属于人口城镇化滞后型。

二　测度结果分析

在对人口城镇化与土地城镇化内涵充分理解的基础上，本章采用复合指标法中的协调发展模型，对中国人口城镇化与土地城镇化协调发展的等级和失调的类型进行测度，可得出以下几点结论。

(一) 我国人口城镇化与土地城镇化失调严重

在所考察年份里，中国的人口城镇化与土地城镇化均处于不同程度的失调状态。从2002—2015年时间轴上来看，协调发展度集中在0.3—0.4，人口城镇化与土地城镇化处于不同程度的失调状态，一直未达到协调发展的临界值0.6，换句话说，在考察的14年里，我国的人口城镇化与土地城镇化从未处于协调发展状态。近五年来人口城镇化与土地城镇化的协调发展程度稍微好点，最好的年份是2015年，协调发展度D值等于0.4366，但依然处于轻度失调状态（见图5-3）。

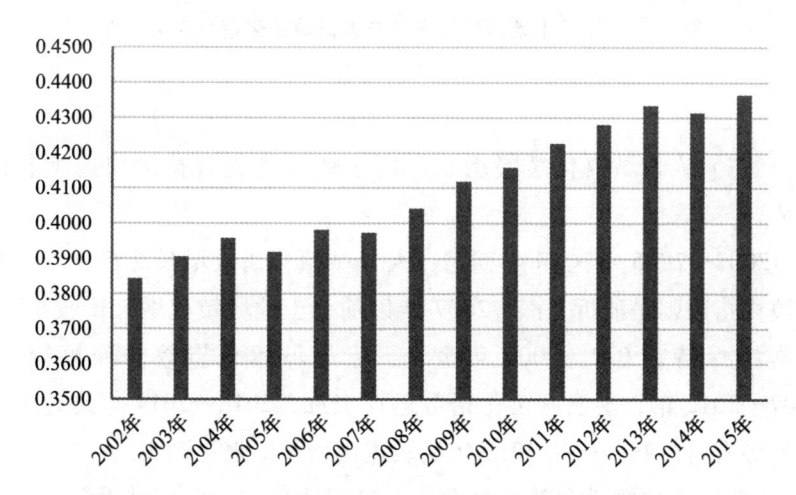

图5-3 中国人口城镇化与土地城镇化协调发展度变化情况
(2002—2015年)

(二) 属于人口城镇化滞后型

2002—2015年这14年期间f(x)-g(y)的平均值为-0.09796（见表5-7），我国属于人口城镇化滞后型。从人口城镇化指数与土地城镇化指数的整体变化趋势（见图5-4）来看，2002年以来我国一直处于人口城镇化滞后状态。

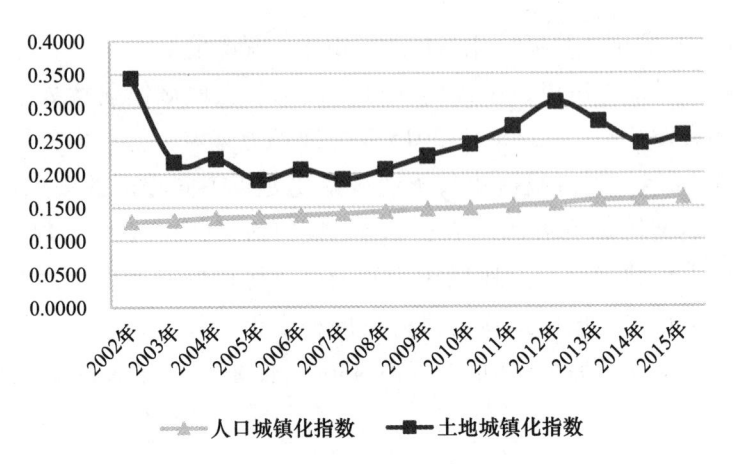

图 5-4 中国土地城镇化指数与人口城镇化指数变化曲线
(2002—2015 年)

（三）人口城镇化缓慢增长，而土地城镇化有持续快速增长的趋势

2002—2015 年这 14 年期间，人口城镇化指数增长缓慢，而土地城镇化指数则是波折上涨。2007 年以前，土地城镇化增长比较平稳，基本上保持在 0.2。2007 年至今，土地城镇化指数的涨幅较大。2007—2012 年，土地城镇化指数迅速上涨，2013—2014 年迅速上涨的趋势有所缓解，但是 2015 年又表现出增长的强势劲头。

（四）人口规模和就业水平是人口城镇化的主要贡献因素，征地面积是土地城镇化指数的主要贡献因素

由人口城镇化指数与土地城镇化指数的具体数值可知，2002—2015 年，中国人口城镇化指数与土地城镇化指数均呈现上升的趋势，然从内部结构来看，各因素的贡献程度不一。

人口城镇化方面（见图 5-5）：五个一级指标均呈现出不同程度的增长趋势，但就业水平、人口规模、医疗服务的增长幅度相对较大，说明未来这些因素对人口城镇化的贡献度较高，是推动人口城镇化发展的主攻方向。然生活水平的增长比较平缓，并不代表其在未来对人口城镇化的贡献度不会增高，相反，居民生活水平的提高是一个

非常有潜力的因素。城镇居民生活水平的提高会吸引更多的农村居民转移到城镇，推动人口城镇化快速发展。相对而言，教育水平对人口城镇化的贡献度是最低的。

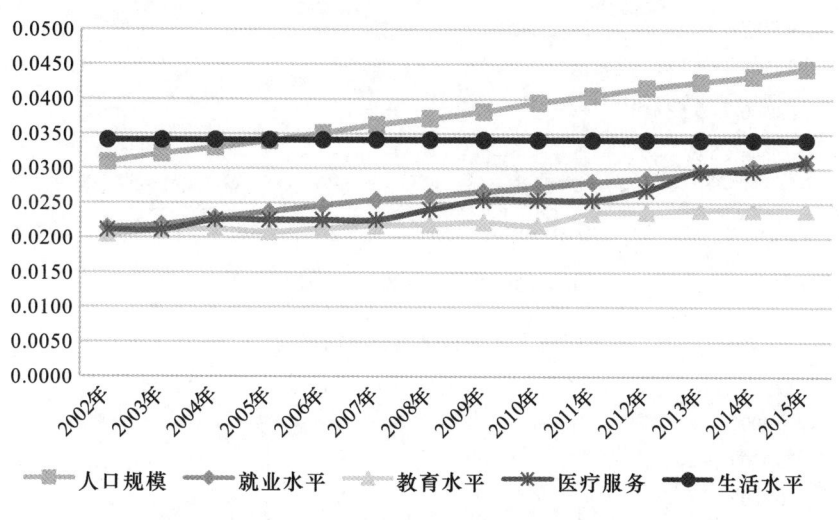

图 5-5 各指标对人口城镇化的贡献情况
(2002—2015 年)

土地城镇化方面（见图 5-6）：与城镇规模呈现出缓慢增长态势相比，征地面积波动幅度较大。2002—2007 年征地面积波折下降，2007—2015 年则波折上升。不管是下降期间还是上升期间，其对土地城镇化的贡献作用一直高于城镇规模的扩张，这说明我国征地规模巨大，征地速度惊人，属于粗放和低效的城镇空间面积扩张方式，征地面积的大小直接决定着土地城镇化的快慢。

土地城镇化指数曲线的变化趋势与征地面积这一指标的变化趋势高度一致，可以说明对中国土地城镇化与人口城镇化不协调发展起决定作用的是每一年新征土地面积，非农化土地面积的增减变化直接影响着土地城镇化（见图 5-7）。如果征地面积能够减缓速度，土地城镇化指数值将会更加平稳地增长。

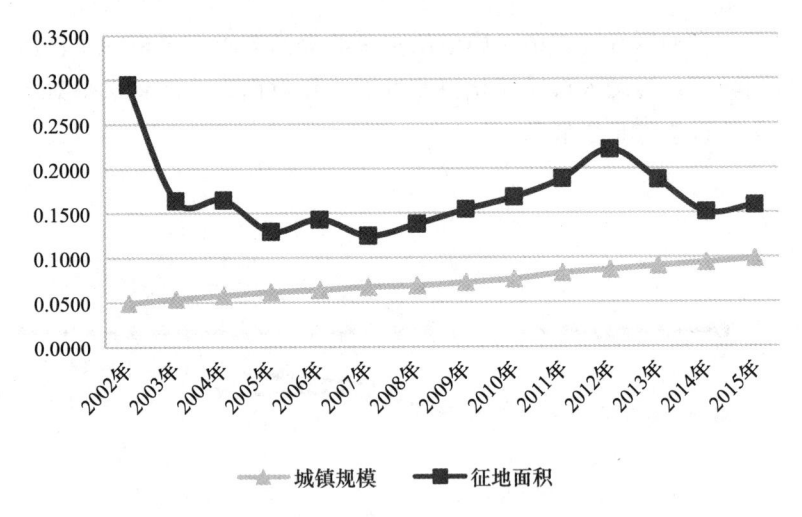

图 5-6　各指标对土地城镇化的贡献情况（2002—2015 年）

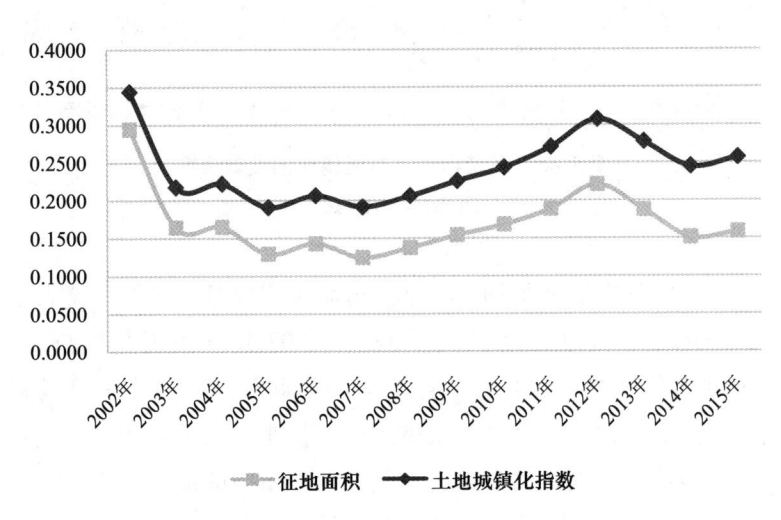

图 5-7　土地城镇化指数与征地面积变化曲线（2002—2015 年）

第六章　人口城镇化与土地城镇化协调性的区域比较

上一章已经从宏观视角对全国整体人口城镇化与土地城镇化的协调发展情况进行了测度和判断分析，结果是整体上中国人口城镇化与土地城镇化失调情况严重，属于人口城镇化滞后型。为了更好地了解我国人口城镇化与土地城镇化协调发展的状况，接下来有必要从中观和微观[①]视角，对人口城镇化与土地城镇化协调情况进行测度和判断。本章从中国大陆31个省（市、区）的中观视角，采用离差系数法对近十年来人口城镇化与土地城镇化的协调性展开测度，并将其进行可视化操作，从而进行东部、中部、西部、东北四大区域人口城镇化与土地城镇化协调情况的横向比较。

第一节　测度方法

从上一章的分析中可知，复合指标法由于可以较为全面地选取评价指标，能够更好地体现人口城镇化与土地城镇化的内涵，从而较为准确地判断出人口城镇化与土地城镇化的协调发展情况，但是由于接下来要测度的对象是中国大陆31个省（市、区），样本容量偏大，指标数据不易获取，故而采用单一指标法的离差系数法，选取体现人口城镇化与土地城镇化内涵的核心指标进行测度。

---

① 这里的微观特指城市，不再是经济主体中的企业和个人。

一 离差系数法

离差系数又名变差系数，是一个表示标准差相对于平均数大小的相对量。离差系数是一个比值形式的相对数，可以反映不同数据组的变异或者是离散程度[①]，可以清晰明了地反映 PU（Population Urbanization）、LU（Land Urbanization）系统之间的协调或失调状态。其计算公式为变差系数 $C_V = \dfrac{S}{|\bar{X}|}$（$S$ 为标准差，$\bar{X}$ 为平均值），$S = \sqrt{\dfrac{1}{n}\sum_{i=1}^{n}(X_i - \bar{X})^2}$，平均值 $\bar{X} = \dfrac{\sum X_i}{n}$，由于本次测度只涉及人口城镇化和土地城镇化两个系统，故 $n=2$，$i=1, 2$，于是可得离差系数的计算公式为 $C_V = \dfrac{S}{|\bar{X}|} = \dfrac{\sqrt{\dfrac{1}{2}\left[\left(X_1 - \dfrac{X_1+X_2}{2}\right)^2 + \left(X_2 - \dfrac{X_1+X_2}{2}\right)^2\right]}}{\left|\dfrac{X_1+X_2}{2}\right|} = \left|\dfrac{X_1 - X_2}{X_1 + X_2}\right|$，根据离差系数的计算公式可以推导出用离差系数法度量人口城镇化与土地城镇化协调程度的计算公式，如式（6.1）所示。

$$C_V = \dfrac{\sqrt{\dfrac{1}{2}\left[\left(PU - \dfrac{PU+LU}{2}\right)^2 + \left(LU - \dfrac{PU+LU}{2}\right)^2\right]}}{\left|\dfrac{PU+LU}{2}\right|} = \left|\dfrac{PU - LU}{PU + LU}\right|$$

(6.1)

式（6.1）中，C_V 表示离差系数，PU 表示城镇人口增长率，LU 表示建成区面积增长率，根据增长率的计算公式可得：

$PU =$（本年城镇人口数 − 上年城镇人口数）/上年城镇人口数
$LU =$（本年建成区面积 − 上年建成区面积）/上年建成区面积

(6.2)

---

① 胡志九：《中国融资服务与经济发展的协调发展度研究》，《中央财经大学学报》2015 年第 3 期。

二 指标选取与数据来源

离差系数法属于单一指标法，根据人口城镇化与土地城镇化的内涵以及数据的可得性来考虑，选用建成区面积增长率来表征土地城镇化，数据来源于中国城市建设统计年鉴；用城镇人口增长率表征人口城镇化，数据来源于国家统计局，测度 2006—2015 年中国大陆 31 个省（市、区）人口城镇化与土地城镇化协调发展的状况。

三 判断标准

PU 是用于表征人口城镇化的城镇人口增长率，LU 是用于表征土地城镇化的建成区面积增长率，当 Max（PU，LU）= PU 时，说明人口城镇化快于土地城镇化，属于土地城镇化滞后型；当 Max（PU，LU）= LU 时，说明土地城镇化快于人口城镇化，属于人口城镇化滞后型。当 $PU = LU$ 时，此时的离差系数 $C_V = 0$，说明人口城镇化与土地城镇化协调发展。

离差系数 C_V 的取值范围是 [0，+∞）。离差系数越小、越接近于零，说明人口城镇化与土地城镇化增长速度相当，二者的失调度越小，反之亦然。参照尹宏玲和徐腾（2013）[①] 用离差系数法判断人口城镇化与土地城镇化协调发展类型的标准，将二者失调情况划分为六个等级（见表 6-1）。当离差系数 $C_V \in$ [0.0，0.2）时属于协调发展，当离差系数 $C_V \in$ [0.2，0.4）时属于轻度失调，当离差系数 $C_V \in$ [0.4，0.6）时属于中度失调，当离差系数 $C_V \in$ [0.6，0.8）时属于高度失调，当离差系数 $C_V \in$ [0.8，1.0）时属于严重失调，当离差系数 $C_V \in$ [1.0，+∞）时说明二者失调非常严重，属于极度失调。

[①] 尹宏玲、徐腾：《我国城市人口城镇化与土地城镇化失调特征及差异研究》，《城市规划学刊》2013 年第 2 期。

表6-1　人口城镇化与土地城镇化失调等级划分标准

失调等级	极度失调	严重失调	高度失调	中度失调	轻度失调	协调发展
C_V	$[1.0, +\infty)$	$[0.8, 1.0)$	$[0.6, 0.8)$	$[0.4, 0.6)$	$[0.2, 0.4)$	$[0.0, 0.2)$

第二节　测度结果与分析

一　测度结果

首先，根据2005—2015年中国大陆31个省（市、区）城镇人口和建成区面积原始数据（见表6-2和表6-3），用增长率的计算公式（6.2）计算出城镇人口增长率 PU 值（见表6-4）和建成区面积增长率 LU 值（见表6-5）。

表6-2　中国大陆31个省（市、区）城镇人口原始数据（2005—2015年）

年份 省（市、区）	2005	2006	2007	2008	2009	2010	2011	2012	2013	2014	2015
北京	1286	1350	1416	1504	1581	1686	1740	1784	1825	1858	1877
天津	783	814	851	908	958	1034	1090	1152	1207	1248	1278
河北	2582	2674	2795	2928	3077	3201	3302	3411	3528	3642	3811
上海	1684	1742	1830	1897	1958	2056	2096	2126	2164	2173	2116
江苏	3832	3973	4109	4215	4343	4767	4889	4990	5090	5191	5306
浙江	2796	2866	2949	3002	3055	3356	3403	3461	3519	3573	3645
福建	1757	1807	1857	1929	2020	2109	2161	2234	2293	2352	2403
山东	4162	4291	4379	4483	4576	4765	4910	5078	5232	5385	5614
广东	5579	5949	6099	6269	6423	6910	6986	7140	7212	7292	7454
海南	374	385	399	410	425	433	443	457	472	486	502
山西	1413	1451	1494	1539	1576	1717	1785	1851	1908	1962	2016
安徽	2173	2267	2368	2485	2581	2562	2674	2784	2886	2990	3103
江西	1595	1678	1739	1820	1914	1966	2051	2140	2210	2281	2357
河南	2875	3050	3214	3397	3577	3621	3809	3991	4123	4265	4441

续表

年份 省（市、区）	2005	2006	2007	2008	2009	2010	2011	2012	2013	2014	2015
湖北	2467	2494	2525	2581	2631	2847	2984	3092	3161	3238	3327
湖南	2341	2455	2571	2689	2767	2845	2975	3097	3209	3320	3452
内蒙古	1134	1175	1218	1264	1313	1372	1405	1438	1466	1491	1514
广西	1567	1635	1728	1838	1904	1844	1942	2038	2115	2187	2257
重庆	1265	1311	1360	1419	1475	1529	1606	1678	1733	1783	1838
四川	2710	2802	2893	3044	3168	3232	3367	3516	3640	3769	3912
贵州	1002	1013	1026	1047	1057	1176	1213	1269	1325	1404	1483
云南	1313	1367	1426	1499	1554	1597	1704	1831	1897	1967	2055
西藏	58	60	62	64	66	68	69	70	74	82	90
陕西	1374	1447	1506	1565	1621	1709	1770	1877	1931	1985	2045
甘肃	764	792	822	856	891	925	953	999	1036	1080	1123
青海	213	215	221	226	234	252	263	272	280	290	296
宁夏	252	260	269	278	288	303	319	328	340	355	369
新疆	747	778	820	845	860	940	962	982	1007	1059	1115
辽宁	2478	2519	2544	2591	2620	2717	2807	2881	2917	2944	2952
吉林	1426	1442	1451	1455	1461	1465	1468	1477	1491	1509	1523
黑龙江	2028	2045	2061	2119	2123	2134	2166	2182	2201	2224	2241

数据来源：国家统计局。

表6-3　中国大陆31个省（市、区）建成区面积原始数据
（2005—2015年）

年份 省（市、区）	2005	2006	2007	2008	2009	2010	2011	2012	2013	2014	2015
北京	1200	1254	1289	1311	1350	1186	1231	1261	1306	1386	1401
天津	530	540	572	641	662	687	711	722	747	797	885
河北	1316	1417	1474	1528	1578	1620	1685	1739	1787	1833	1944
上海	820	860	886	886	886	999	999	999	999	999	999

续表

年份 省（市、区）	2005	2006	2007	2008	2009	2010	2011	2012	2013	2014	2015
江苏	2379	2583	2714	2904	3046	3271	3494	3655	3810	4020	4189
浙江	1680	1744	1851	1939	2033	2129	2221	2296	2399	2489	2591
福建	673	780	819	877	919	1059	1130	1203	1263	1326	1414
山东	2676	2895	3082	3261	3374	3566	3751	3927	4187	4400	4609
广东	3619	3706	4084	4133	4434	4618	4829	5026	5232	5398	5633
海南	194	197	204	205	215	221	238	266	296	303	338
山西	709	734	774	784	823	865	957	1014	1041	1097	1123
安徽	1260	1136	1202	1311	1378	1491	1598	1696	1777	1835	1926
江西	664	758	801	819	857	934	1020	1078	1151	1201	1296
河南	1572	1679	1775	1857	1913	2014	2098	2219	2289	2375	2503
湖北	1417	1298	1299	1565	1616	1701	1812	1890	2007	2078	2197
湖南	1033	1037	1112	1195	1239	1321	1408	1465	1505	1540	1573
内蒙古	824	830	887	885	975	1038	1077	1133	1206	1185	1225
广西	772	738	814	841	881	940	1014	1084	1154	1193	1275
重庆	583	631	667	708	783	870	1035	1052	1115	1231	1329
四川	1443	1273	1328	1392	1510	1630	1788	1902	2058	2217	2282
贵州	372	405	396	407	460	464	508	586	695	724	789
云南	472	542	578	624	667	751	804	860	936	977	1060
西藏	75	78	79	79	81	85	90	120	120	126	145
陕西	562	629	653	660	686	758	809	864	915	968	1073
甘肃	507	524	553	581	604	633	656	682	727	779	834
青海	106	109	111	111	112	114	122	122	157	166	194
宁夏	249	269	292	311	321	344	371	400	421	441	455
新疆	596	674	679	751	800	838	922	960	1065	1118	1185
辽宁	1780	1860	1918	1956	2031	2221	2277	2329	2386	2422	2462
吉林	943	1013	1051	1135	1193	1237	1271	1294	1344	1363	1399
黑龙江	1496	1467	1526	1524	1566	1638	1679	1725	1758	1785	1772

数据来源：中国城市建设统计年鉴。

表6-4　中国大陆31个省（市、区）PU值（2006—2015年）

省（市、区） \ 年份	2006	2007	2008	2009	2010	2011	2012	2013	2014	2015
北京	4.98	4.89	6.21	5.12	6.64	3.20	2.53	2.30	1.81	1.02
天津	3.96	4.55	6.70	5.51	7.93	5.42	5.69	4.77	3.40	2.40
河北	3.56	4.53	4.76	5.09	4.03	3.16	3.30	3.43	3.23	4.64
上海	3.44	5.05	3.66	3.22	5.01	1.95	1.43	1.79	0.42	-2.62
江苏	3.68	3.42	2.58	3.04	9.76	2.56	2.07	2.00	1.98	2.22
浙江	2.50	2.90	1.80	1.77	9.85	1.40	1.70	1.68	1.53	2.02
福建	2.85	2.77	3.88	4.72	4.41	2.47	3.38	2.64	2.57	2.17
山东	3.10	2.05	2.37	2.07	4.13	3.04	3.42	3.03	2.92	4.25
广东	6.63	2.52	2.79	2.46	7.58	1.10	2.20	1.01	1.11	2.22
海南	2.94	3.64	2.76	3.66	1.88	2.31	3.16	3.28	2.97	3.29
山西	2.69	2.96	3.01	2.40	8.95	3.96	3.70	3.08	2.83	2.75
安徽	4.33	4.46	4.94	3.86	-0.74	4.37	4.11	3.66	3.60	3.78
江西	5.20	3.64	4.66	5.16	2.72	4.32	4.34	3.27	3.21	3.33
河南	6.09	5.38	5.69	5.30	1.23	5.19	4.78	3.31	3.44	4.13
湖北	1.09	1.24	2.22	1.94	8.21	4.81	3.62	2.23	2.44	2.75
湖南	4.87	4.73	4.59	2.90	2.82	4.57	4.10	3.62	3.46	3.98
内蒙古	3.62	3.66	3.78	3.88	4.49	2.41	2.35	1.95	1.71	1.54
广西	4.34	5.69	6.37	3.59	-3.15	5.31	4.94	3.78	3.40	3.20
重庆	3.64	3.74	4.34	3.95	3.66	5.04	4.48	3.28	2.89	3.08
四川	3.39	3.25	5.22	4.07	2.02	4.18	4.43	3.53	3.54	3.79
贵州	1.10	1.28	2.05	0.96	11.26	3.15	4.62	4.41	5.96	5.63
云南	4.11	4.32	5.12	3.67	2.77	6.70	7.45	3.60	3.69	4.47
西藏	3.45	3.33	3.23	3.13	3.03	1.47	1.45	5.71	10.81	9.76
陕西	5.31	4.08	3.92	3.58	5.43	3.57	6.05	2.88	2.80	3.02
甘肃	3.66	3.79	4.14	4.09	3.82	3.03	4.83	3.70	4.25	3.98
青海	0.94	2.79	2.26	3.54	7.69	4.37	3.42	2.94	3.57	2.07
宁夏	3.17	3.46	3.35	3.60	5.21	5.28	2.82	3.66	4.41	3.94
新疆	4.15	5.40	3.05	1.78	9.30	2.34	2.08	2.55	5.16	5.29
辽宁	1.65	0.99	1.85	1.12	3.70	3.31	2.64	1.25	0.93	0.27

续表

年份 省（市、区）	2006	2007	2008	2009	2010	2011	2012	2013	2014	2015
吉林	1.12	0.62	0.28	0.41	0.27	0.20	0.61	0.95	1.21	0.93
黑龙江	0.84	0.78	2.81	0.19	0.52	1.50	0.74	0.87	1.04	0.76

表6-5　中国大陆31个省（市、区）LU值（2006—2015年）

年份 省（市、区）	2006	2007	2008	2009	2010	2011	2012	2013	2014	2015
北京	4.50	2.79	1.71	2.97	-12.15	3.79	2.44	3.57	6.13	1.08
天津	1.89	5.93	12.06	3.28	3.78	3.49	1.55	3.46	6.69	11.04
河北	7.67	4.02	3.66	3.27	2.66	4.01	3.20	2.76	2.57	6.06
上海	4.88	3.02	0.00	0.00	12.75	0.00	0.00	0.00	0.00	0.00
江苏	8.58	5.07	7.00	4.89	7.39	6.82	4.61	4.24	5.51	4.20
浙江	3.81	6.14	4.75	4.85	4.72	4.32	3.38	4.49	3.75	4.10
福建	15.90	5.00	7.08	4.79	15.23	6.70	6.46	4.99	4.99	6.64
山东	8.18	6.46	5.81	3.47	5.69	5.19	4.69	6.62	5.09	4.75
广东	2.40	10.20	1.20	7.28	4.15	4.57	4.08	4.10	3.17	4.35
海南	1.55	3.55	0.49	4.88	2.79	7.69	11.76	11.28	2.36	11.55
山西	3.53	5.45	1.29	4.97	5.10	10.64	5.96	2.66	5.38	2.37
安徽	-9.84	5.81	9.07	5.11	8.20	7.18	6.13	4.78	3.26	4.96
江西	14.16	5.67	2.25	4.64	8.98	9.21	5.69	6.77	4.34	7.91
河南	6.81	5.72	4.62	3.02	5.28	4.17	5.77	3.15	3.76	5.39
湖北	-8.40	0.08	20.48	3.26	5.26	6.53	4.30	6.19	3.54	5.73
湖南	0.39	7.23	7.46	3.68	6.62	6.59	4.05	2.73	2.33	2.14
内蒙古	0.73	6.87	-0.23	10.17	6.46	3.76	5.20	6.44	-1.74	3.38
广西	-4.40	10.30	3.32	4.76	6.70	7.87	6.90	6.46	3.38	6.87
重庆	8.23	5.71	6.15	10.59	11.11	18.97	1.64	5.99	10.40	7.96
四川	-11.78	4.32	4.82	8.48	7.95	9.69	6.38	8.20	7.73	2.93

续表

年份 省（市、区）	2006	2007	2008	2009	2010	2011	2012	2013	2014	2015
贵州	8.87	-2.22	2.78	13.02	0.87	9.48	15.35	18.60	4.17	8.98
云南	14.83	6.64	7.96	6.89	12.59	7.06	6.97	8.84	4.38	8.50
西藏	4.00	1.28	0.00	2.53	4.94	5.88	33.33	0.00	5.00	15.08
陕西	11.92	3.82	1.07	3.94	10.50	6.73	6.80	5.90	5.79	10.85
甘肃	3.35	5.53	5.06	3.96	4.80	3.63	3.96	6.60	7.15	7.06
青海	2.83	1.83	0.00	0.90	1.79	7.02	0.00	28.69	5.73	16.87
宁夏	8.03	8.55	6.51	3.22	7.17	7.85	7.82	5.25	4.75	3.17
新疆	13.09	0.74	10.60	6.52	4.75	10.02	4.12	10.94	4.98	5.99
辽宁	4.49	3.12	1.98	3.83	9.35	2.52	2.28	2.45	1.51	1.65
吉林	7.42	3.75	7.99	5.11	3.69	2.75	1.81	3.86	1.41	2.64
黑龙江	-1.94	4.02	-0.13	2.76	4.60	2.50	2.74	1.91	1.54	-0.73

其次，用离差系数法的计算公式（6.1）计算出反映我国大陆31个省（市、区）人口城镇化与土地城镇化协调程度的离差系数 C_V（见表6-6）。

表6-6　中国大陆31个省（市、区）C_V值（2006—2015年）

年份 省（市、区）	2006	2007	2008	2009	2010	2011	2012	2013	2014	2015
北京	0.05	0.27	0.57	0.27	3.41	0.08	0.02	0.22	0.54	0.03
天津	0.35	0.13	0.29	0.25	0.36	0.22	0.57	0.16	0.33	0.64
河北	0.37	0.06	0.13	0.22	0.20	0.12	0.01	0.11	0.11	0.13
上海	0.17	0.25	1.00	1.00	0.44	1.00	1.00	1.00	1.00	1.00
江苏	0.40	0.19	0.46	0.23	0.14	0.45	0.38	0.36	0.47	0.31
浙江	0.21	0.36	0.45	0.47	0.35	0.51	0.33	0.46	0.42	0.34

续表

年份 省（市、区）	2006	2007	2008	2009	2010	2011	2012	2013	2014	2015
福建	0.70	0.29	0.29	0.01	0.55	0.46	0.31	0.31	0.32	0.51
山东	0.45	0.52	0.42	0.25	0.16	0.26	0.16	0.37	0.27	0.06
广东	0.47	0.60	0.40	0.50	0.29	0.61	0.30	0.61	0.48	0.32
海南	0.31	0.01	0.70	0.14	0.19	0.54	0.58	0.55	0.11	0.56
山西	0.13	0.30	0.40	0.35	0.27	0.46	0.23	0.07	0.31	0.07
安徽	2.57	0.13	0.29	0.14	1.20	0.24	0.20	0.13	0.05	0.14
江西	0.46	0.22	0.35	0.05	0.54	0.36	0.13	0.35	0.15	0.41
河南	0.06	0.03	0.10	0.27	0.62	0.11	0.09	0.02	0.04	0.13
湖北	1.30	0.88	0.80	0.25	0.22	0.15	0.09	0.47	0.18	0.35
湖南	0.85	0.21	0.24	0.12	0.40	0.18	0.01	0.14	0.20	0.30
内蒙古	0.66	0.30	1.13	0.45	0.18	0.22	0.38	0.54	95.81	0.37
广西	135.26	0.29	0.31	0.14	2.78	0.19	0.17	0.26	0.00	0.36
重庆	0.39	0.21	0.17	0.46	0.50	0.58	0.46	0.29	0.57	0.44
四川	1.81	0.14	0.04	0.35	0.59	0.40	0.18	0.40	0.37	0.13
贵州	0.78	3.73	0.15	0.86	0.86	0.50	0.54	0.62	0.18	0.23
云南	0.57	0.21	0.22	0.31	0.64	0.03	0.03	0.42	0.09	0.31
西藏	0.07	0.44	1.00	0.10	0.24	0.60	0.92	1.00	0.37	0.21
陕西	0.38	0.03	0.57	0.05	0.32	0.31	0.06	0.34	0.35	0.56
甘肃	0.04	0.19	0.10	0.02	0.11	0.09	0.10	0.28	0.25	0.28
青海	0.50	0.21	1.00	0.59	0.62	0.23	1.00	0.81	0.23	0.78
宁夏	0.43	0.42	0.32	0.06	0.16	0.20	0.47	0.18	0.04	0.11
新疆	0.52	0.76	0.55	0.57	0.32	0.62	0.33	0.62	0.02	0.06
辽宁	0.46	0.52	0.03	0.55	0.43	0.14	0.07	0.32	0.24	0.72
吉林	0.74	0.71	0.93	0.85	0.86	0.86	0.49	0.61	0.08	0.48
黑龙江	2.52	0.67	1.10	0.87	0.80	0.25	0.58	0.37	0.19	41.35

二 测度结果分析

（一）失调程度的判断与分析

从时间演变来看，2006—2015年中国人口城镇化与土地城镇化失调的程度稍有减缓,中度失调及以上省、市、区的数量从2006年的19个(包括处于中度失调的江苏省、山东省、广东省、江西省、云南省、青海省、宁夏回族自治区、新疆维吾尔自治区、辽宁省9个省、区,处于高度失调的福建省、内蒙古自治区、贵州省、吉林省4个省、区,处于严重失调的是湖南省,处于失调情况最严重的极度失调状态的安徽省、湖北省、广西壮族自治区、四川省和黑龙江省5个省、区)减少到2015年的11个(包括处于中度失调的福建省、海南省、江西省、重庆市、陕西省、吉林省6个省、市,处于高度失调的天津市、青海省、辽宁省3个省、市,处于失调情况最严重的极度失调状态的上海市、黑龙江省2个省、市),相对应的是轻度失调及以下的省、市、区数量由2006年的12个(包括处于协调发展状态的北京市、上海市、山西省、河南省、西藏自治区、甘肃省6个省、市、区,处于轻度失调的天津市、河北省、浙江省、海南省、重庆市、陕西省6个省、市)增加到2015年的20个(包括处于协调发展状态的北京市、河北省、山东省、山西省、安徽省、河南省、四川省、宁夏回族自治区、新疆维吾尔自治区9个省、市、区,处于轻度失调的江苏省、浙江省、广东省、湖北省、湖南省、内蒙古自治区、广西壮族自治区、贵州省、云南省、西藏自治区、甘肃省11个省、区)。其中,失调较为严重的年份是2006年和2008年,2006年安徽省、湖北省、广西壮族自治区、四川省和黑龙江省5个省、区处于失调情况最严重的极度失调状态(离差系数为1.0—+∞),2008年处于失调情况最严重的极度失调状态的有5个省、市、区,分别是上海市、内蒙古自治区、西藏自治区、青海省、黑龙江省;失调程度较轻的年份为2007年、2009年和2011年,这三年只有一个省(市)处于极度失调状态,2007年是贵州省,2009年和2011年是上海市。

从总体上看,近十年来31个省(市、区)的人口城镇化与土地城镇化协调状态如下:河北省、河南省和甘肃省3省整体上处于协调发展状态(离差系数为0.0—0.2);天津市、江苏省、浙江省、福建省、山东省、海南省、山西省、江西省、湖南省、云南省、陕西省、宁夏回族自治区、辽宁省这13个省、市、区处于轻度失调层次(离差系数为0.2—0.4);北京市、广东省、安徽省、湖北省、重庆市、四川省、西藏自治区、新疆维吾尔自治区这8个省、市、区处于中度失调层次(离差系数为0.4—0.6);上海市、青海省、吉林省这3个省、市处于高度失调层次(离差系数为0.6—0.8);贵州省处于严重失调层次(离差系数为0.8—1.0);而内蒙古自治区、广西壮族自治区、黑龙江省这3个省、区处于失调情况最严重的极度失调层次(离差系数为1.0—+∞)。

东北和西南失调情况比较严重,内蒙古、黑龙江、吉林、广西、贵州、青海均处于严重失调以上的等级,中部地区的协调性稍微好些。从我国的四区来看,整体上近十年来中部地区属于轻度失调,东部地区的失调程度要更加严重些,属于中度失调,西部和东北属于失调情况最严重的极度失调(见表6-7)。

表6-7　　中国四区离差系数均值(2006—2015年)

年份	东部	东部类型	中部	中部类型	西部	西部类型	东北	东北类型
2006	0.35	轻度失调	0.90	严重失调	11.78	极度失调	1.24	极度失调
2007	0.27	轻度失调	0.30	轻度失调	0.58	中度失调	0.63	高度失调
2008	0.47	中度失调	0.36	轻度失调	0.46	中度失调	0.69	高度失调
2009	0.33	轻度失调	0.20	轻度失调	0.33	轻度失调	0.76	高度失调
2010	0.61	高度失调	0.54	中度失调	0.61	高度失调	0.70	高度失调
2011	0.43	中度失调	0.25	轻度失调	0.33	轻度失调	0.42	中度失调
2012	0.37	轻度失调	0.13	协调发展	0.39	轻度失调	0.38	轻度失调
2013	0.41	中度失调	0.20	轻度失调	0.48	中度失调	0.43	中度失调
2014	0.41	中度失调	0.16	协调发展	8.19	极度失调	0.17	轻度失调
2015	0.39	轻度失调	0.23	轻度失调	0.32	轻度失调	14.18	极度失调
均值	0.40	中度失调	0.33	轻度失调	2.35	极度失调	1.96	极度失调

从离差系数均值的大小来看,失调程度最低的是中部地区,离差系数为0.33,其次是东部地区,离差系数为0.40,东北和西部地区都属于失调情况最严重的类型,但从数值的大小可以看出,西部地区

(离差系数为 2.35) 的失调程度远超过东北地区 (离差系数为 1.96),在四区中,人口城镇化与土地城镇化失调程度最高的是西部地区,其次是东北地区 (见图 6-1)。

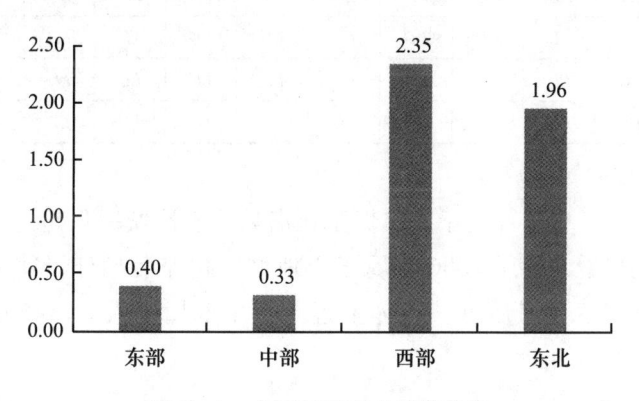

图 6-1　中国四区离差系数均值

(二) 失调类型的判断与分析

东部 10 个省、市中,除北京市和上海市属于人口城镇化超前、土地城镇化滞后型外,其余 8 个省均为人口城镇化滞后、土地城镇化超前型;而从时间序列来看,除了 2010 年属于土地城镇化滞后型外,其余年份均属于人口城镇化滞后型;整体上近十年东部属于人口城镇化滞后型 (具体见表 6-8)。

表 6-8　东部 10 个省、市 Max (PU, LU) 类型 (2006—2015 年)

年份	北京市	天津市	河北省	上海市	江苏省	浙江省	福建省	山东省	广东省	海南省	东部
2006	PU	PU	LU	LU	LU	LU	LU	LU	PU	PU	LU
2007	PU	LU	PU	PU	LU	LU	LU	LU	PU	PU	LU
2008	PU	LU	PU	PU	LU	LU	LU	LU	PU	PU	LU
2009	PU	LU	PU	PU	LU	LU	LU	LU	PU	PU	LU
2010	PU	LU	PU	LU	PU	PU	LU	LU	LU	LU	PU
2011	LU	LU	PU	LU	LU	LU	LU	LU	LU	LU	LU

续表

年份	北京市	天津市	河北省	上海市	江苏省	浙江省	福建省	山东省	广东省	海南省	东部
2012	PU	PU	PU	PU	LU	LU	LU	LU	LU	LU	LU
2013	LU	PU	PU	PU	LU	LU	LU	LU	LU	LU	LU
2014	LU	LU	PU	PU	LU	LU	LU	LU	LU	PU	LU
2015	LU	LU	LU	LU	LU	LU	LU	LU	LU	LU	LU
均值	PU	LU	LU	PU	LU	LU	LU	LU	LU	LU	LU

中部 6 个省全部属于人口城镇化滞后、土地城镇化超前型；而从时间序列来看，除了 2006 年属于土地城镇化滞后型外，其余年份均属于人口城镇化滞后型；整体上近十年中部属于人口城镇化滞后型（具体见表 6-9）。

表 6-9　中部 6 个省 Max（PU，LU）类型（2006—2015 年）

年份	山西省	安徽省	江西省	河南省	湖北省	湖南省	中部
2006	LU	PU	LU	LU	PU	PU	PU
2007	LU	LU	LU	LU	PU	LU	LU
2008	PU	LU	PU	PU	LU	LU	LU
2009	LU	LU	PU	PU	LU	LU	LU
2010	PU	LU	LU	LU	LU	PU	LU
2011	LU	LU	LU	LU	LU	LU	LU
2012	LU	LU	LU	LU	LU	PU	LU
2013	PU	LU	LU	LU	PU	PU	LU
2014	LU	PU	LU	LU	LU	LU	LU
2015	PU	LU	LU	LU	LU	PU	LU
均值	LU	LU	LU	LU	LU	LU	LU

西部 12 个省、市、区中，无论是从地域范围还是从时间演变来看，2006—2015 年这十年总体上均属于人口城镇化滞后型（具体见表 6-10）。

表6-10　西部12个省、市、区 Max（*PU*，*LU*）类型（2006—2015年）

年份	内蒙古	广西	重庆	四川	贵州	云南	西藏	陕西	甘肃	青海	宁夏	新疆	西部
2006	*PU*	*PU*	*LU*	*PU*	*LU*	*LU*	*LU*	*LU*	*PU*	*LU*	*LU*	*LU*	*LU*
2007	*LU*	*LU*	*LU*	*LU*	*PU*	*LU*	*PU*	*PU*	*LU*	*PU*	*LU*	*PU*	*LU*
2008	*PU*	*PU*	*LU*	*LU*	*LU*	*LU*	*PU*	*LU*	*LU*	*LU*	*LU*	*LU*	*LU*
2009	*LU*	*LU*	*LU*	*LU*	*LU*	*PU*	*LU*	*PU*	*PU*	*PU*	*LU*	*LU*	*LU*
2010	*LU*	*LU*	*LU*	*LU*	*LU*	*LU*	*LU*	*LU*	*LU*	*LU*	*PU*	*LU*	*LU*
2011	*LU*	*LU*	*LU*	*LU*	*LU*	*LU*	*LU*	*LU*	*LU*	*LU*	*LU*	*LU*	*LU*
2012	*LU*	*LU*	*PU*	*LU*	*LU*	*PU*	*LU*	*LU*	*LU*	*LU*	*LU*	*LU*	*LU*
2013	*LU*	*LU*	*LU*	*LU*	*LU*	*LU*	*PU*	*LU*	*LU*	*LU*	*LU*	*LU*	*LU*
2014	*PU*	*PU*	*LU*	*LU*	*LU*	*LU*	*LU*	*LU*	*LU*	*LU*	*PU*	*LU*	*LU*
2015	*LU*	*LU*	*LU*	*PU*	*LU*	*LU*	*LU*	*LU*	*LU*	*PU*	*LU*	*LU*	*LU*
均值	*LU*	*LU*	*LU*	*LU*	*LU*	*LU*	*LU*	*LU*	*LU*	*LU*	*LU*	*LU*	*LU*

东北3个省与西部的情况类似，3个省整体上均属于人口城镇化滞后型，从时间序列上来看，2006—2015年这十年东北总体上均属于人口城镇化滞后型（具体见表6-11）。

表6-11　东北3个省 Max（*PU*，*LU*）类型（2006—2015年）

年份	辽宁省	吉林省	黑龙江省	东北
2006	*LU*	*LU*	*PU*	*LU*
2007	*LU*	*LU*	*LU*	*LU*
2008	*LU*	*LU*	*PU*	*LU*
2009	*LU*	*LU*	*LU*	*LU*
2010	*LU*	*LU*	*LU*	*LU*
2011	*PU*	*LU*	*LU*	*LU*
2012	*PU*	*LU*	*LU*	*LU*
2013	*LU*	*LU*	*LU*	*LU*
2014	*LU*	*LU*	*LU*	*LU*
2015	*LU*	*LU*	*PU*	*LU*
均值	*LU*	*LU*	*LU*	*LU*

综上所述，从中观视角测度分析我国大陆31个省（市、区）近十年来人口城镇化与土地城镇化的协调情况，结果不仅印证了第五章的结论，即我国整体上人口城镇化与土地城镇化失调状况严重，属于人口城镇化滞后型，同时还得出这样一条结论：从区域视角看，失调程度从中部、东部、东北到西部依次递增；而从失调的类型上看，除了东部的北京和上海属于土地城镇化滞后型以外，其余的29个省、市、区总体上属于人口城镇化滞后型；而从时间纵向来看，除了2006年的中部和2010年的东部属于土地城镇化滞后型外，其余年份均属于人口城镇化滞后型。

第七章 不同类别城市人口城镇化与土地城镇化协调性比较

以上两章已经从宏观和中观视角，对我国整体的人口城镇化与土地城镇化协调发展状况进行了测度和分析，并进行了协调性的区域比较，得出整体上人口城镇化与土地城镇化失调严重，失调程度呈现出从中部、东部、东北到西部依次递增的规律，除东部的北京市和上海市两个超大城市外，其余的29个省（市、区）均属于人口城镇化滞后型。那么，不同类别城市的协调情况会是怎样的呢？城市规模变动后人口城镇化与土地城镇化的协调性又如何呢？本章将以中国大陆654个城市为研究对象，构建人口城镇化与土地城镇化协调关系模型，测度并判断出近十年我国不同类别城市以及城市规模变动下人口城镇化与土地城镇化的协调情况，并对其进行可视化操作。

第一节 研究对象与数据来源

一 研究对象选取与处理

按照中国设市城市行政区划，2006年地级及以上城市286个，县级市369个，总共655个设市城市。经过合并、撤销、设区、县改市等行政区划调整以及名称变更，到2015年地级及以上城市有295个（其中，直辖市4个，副省级市15个，地级市276个），县级市362个，总共657个设市城市。2006—2015年这十年绝大部分城市人口和城市用地数据统计是连续的，少部分城市的数据存在缺失，根据研究的时效性和数据的可获得性，选取2015年657个城市中的654

个城市(可克达拉市、霍尔果斯市和林芝市这3个城市的数据仅有2015年的,无法计算增长率,故排除)作为研究对象。在这654个城市中,有18个新增城市,其中,蒙自市、弥勒市、文山市、腾冲市、香格里拉市、玉树市、靖西市这7个新增城市的相关数据可通过所属地年鉴或文献进行补充,定量分析近十年中国人口城镇化与土地城镇化之间的协调关系;而北屯市、铁门关市、阿拉山口市等11个新增城市由于设市前的数据缺失,故而对其进行特殊处理,定量分析至可查找到数据的年份,详细情况见表7-1。

表7-1　　　　　　　　数据缺失城市

城市数量	数据缺失城市	设市时间	数据可查找到的最早年份
1	北屯(县级)	2011年12月	2011年
2	铁门关(县级)	2012年12月	2013年
3	阿拉山口(县级)	2012年12月	2013年
4	海东(地级)	2013年2月	2013年
5	杨陵区(县级)	1997年7月	2014年
6	昌都(地级)	2014年10月	2014年
7	扶余(县级)	2013年1月	2013年
8	共青城(县级)	2010年9月	2011年
9	三沙(地级)	2012年6月	2013年
10	马尔康(县级)	2015年12月	2012年
11	康定(县级)	2015年2月	2012年

二　数据来源

由于中国城市建成区面积接近于城市的实体区域[①],因此采用城市建成区面积表征土地城镇化;采用城区人口数据表征人口城镇化。所需数据主要来源于中国城市建设统计年鉴,部分新增城市2006年的数据来源于该市所属地年鉴或文献,详细情况见表7-2。

---

① 周一星、史育龙:《建立中国城市的实体地域概念》,《地理学报》1995年第4期。

表7-2　　　　　　　　新增城市2006年数据来源

城市数量	城市名称	设市时间	2006年数据来源
1	蒙自（县级）	2010年9月	蒙自年鉴
2	弥勒（县级）	2013年1月	红河统计年鉴
3	文山（县级）	2010年12月	文山州年鉴
4	腾冲（县级）	2015年10月	保山年鉴
5	香格里拉（县级）	2014年12月	唐春梅（2011）[①]
6	玉树（县级）	2013年7月	青海年鉴2006
7	靖西（县级）	2015年8月	中国城市建设统计年鉴

三　中国城市发展概况

2006年共有655个城市，城区人口为33288.68万人，建成区面积为33659.76平方公里；2015年共有657个城市，城区人口为39440.54万人，建成区面积为52102.31平方公里；城区人口和建成区面积分别增长18.48%和54.79%。具体变化情况见表7-3。

表7-3　　　　　　2006年和2015年城市基本情况

年份	城市类别	城市数量（个）	城区人口（万人）	比重（%）	建成区面积（平方公里）	比重（%）	人均建成区面积（平方米/人）
2006	小城市	206	3367.77	10.12	4249.3	12.62	126.18
	中等城市	259	7683.14	23.08	8420.92	25.02	109.60
	大城市	179	14353.21	43.12	14466.27	42.98	100.79
	特大城市	8	3989.46	11.98	3777.48	11.22	94.69
	超大城市	3	3895.1	11.70	2745.79	8.16	70.49
	合计	655	33288.68	100.00	33659.76	100.00	100.35

[①] 唐春梅：《香格里拉县城市绿化现状与树种选择》，《林业调查规划》2011年第6期。

续表

年份	城市类别	城市数量（个）	城区人口（万人）	比重（%）	建成区面积（平方公里）	比重（%）	人均建成区面积（平方米/人）
2015	小城市	179	2668.24	6.77	4666.86	8.42	174.90
	中等城市	257	8021.29	20.34	14402.59	25.98	179.55
	大城市	207	17601.34	44.63	25518.72	46.03	144.98
	特大城市	10	4686.18	11.88	6222.67	11.22	132.79
	超大城市	4	6463.49	16.39	4629.21	8.35	71.62
	合计	657	39440.54	100.00	52102.31	100.00	140.77

根据2014年10月国务院关于调整城市规模划分标准的通知国发〔2014〕51号文件①对城市规模的划分标准，将城市划分为五个类别，即小城市、中等城市、大城市、特大城市、超大城市，具体的分类标准见表7-4。

表7-4　　　　　　　　　城市规模划分标准

五类	城市类别	城区常住人口
1	小城市	50万人以下
2	中等城市	50万人及以上100万人以下
3	大城市	100万人及以上500万人以下
4	特大城市	500万人及以上1000万人以下
5	超大城市	1000万人及以上

资料来源：中华人民共和国中央人民政府政府信息公开专栏（http://www.gov.cn/zhengce/content/2014-11/20/content_9225.htm）。

从城市数量上看，变化最大的是大城市和小城市，大城市增加，小城市减少，说明人们偏好大城市。2006—2015年这十年来，小城市减少了27个，从2006年的206个减少到2015年的179个；大城

---

① 中华人民共和国中央人民政府政府信息公开专栏（http://www.gov.cn/zhengce/content/2014-11/20/content_9225.htm）。

市增加了 28 个,从 2006 年的 179 个增加到 2015 年的 207 个;中等城市、特大城市和超大城市数量基本稳定,中等城市减少了 2 个,特大城市和超大城市分别增加了 2 个和 1 个。

从各类别城市占城镇城区人口和建成区面积的比重来看,各类别城市占城镇城区人口的比重最大的是大城市,最小的是小城市;各类别城市占城镇建成区面积的比重最大的是大城市,最小的是超大城市,说明超大城市的人口密集程度在增加。近十年来,大城市所占比重最大且有所增加,无论是大城市所占城镇城区人口还是大城市所占城镇建成区面积的比重,均超过 40%,2006 年比重分别为 43.12% 和 42.98%,2015 年比重分别为 44.63% 和 46.03%;中等城市所占城镇城区人口比重下降了 2.74 个百分点,但所占建成区面积的比重却增长了 0.96 个百分点;特大城市占城区人口比重减少 0.10 个百分点,但所占建成区面积的比重却增加 0.72 个百分点;超大城市占城区人口比重增加 4.69 个百分点,但所占建成区面积的比重只增加 0.72 个百分点;小城市占城镇城区人口和建成区面积的比重都有所减少,2006 年两个比重均在 10% 以上,分别为 10.12% 和 12.62%,到 2015 年,两个比重均下降至 9% 以下,分别为 6.77% 和 8.96%。

人均建成区面积增加,印证了第三章理论分析部分,随着社会发展和物质财富的丰富,人们偏好更大的空间。2006—2015 年人均建成区面积从 100.35 平方米增加到 140.77 平方米,平均每人增加了 40.42 平方米,增幅达 40.28%。其中,中等城市增长最多,从人均 109.60 平方米增长到人均 179.55 平方米,增长了 69.95 平方米/人;其次是小城市,从 2006 年的人均 126.18 平方米增加到 2015 年人均 174.90 平方米,增加了 48.72 平方米/人;紧随其后的是大城市、特大城市、超大城市,增加值分别是 44.19 平方米/人、38.10 平方米/人、1.13 平方米/人。大城市从 2006 年人均 100.79 平方米/人,增长为 2015 年的 144.98 平方米/人;特大城市从 2006 年的 94.69 平方米/人增长为 2015 年的 132.79 平方米/人,超大城市从 2006 年的 70.49 平方米/人增长为 2015 年的 71.62 平方米/人。

从城市规模类别来看,有 109 个城市规模类别发生了变化。城市规模由大变小的有 20 个城市,而由小变大的有 89 个城市,其中,乐昌市、三门峡市、葫芦岛市等 43 个小城市变成中等城市,雷州市、廉江市、安康市等 8 个小城市变成大城市,德州市、秦皇岛市、连云港市等 32 个中等城市变成大城市,郑州市、杭州市、汕头市、成都市、沈阳市这 5 个大城市变成特大城市,而深圳则由特大城市变成超大城市(具体情况见表 7 – 5)。

表 7 – 5　　　　　　　2006—2015 年城市规模变化情况

城市规模	变化类型	变化数量
由大变小	特大城市变大城市	2
	大城市变中等城市	8
	中等城市变小城市	10
由小变大	小城市变中等城市	43
	小城市变大城市	8
	中等城市变大城市	32
	大城市变特大城市	5
	特大城市变超大城市	1

第二节　测度方法

由于本章的样本量较大,不宜采用复合指标法来测度人口城镇化与土地城镇化的协调性,而在单一指标法中,协调性评价模型即改进后的城镇用地增长弹性系数是十分理想的方法,不仅可以从城镇用地和城镇人口增长速度上判断出人口城镇化与土地城镇化的协调情况,在加入人均城镇用地约束系数后,还能反映节约用地的理念。第六章之所以没采用该方法,主要是因为无法获取省(直辖市、自治区)层面的理想人均建成区面积数据。本章测度的对象是不同类别城市的人口城镇化与土地城镇协调性,可以根据《城市用地分类与规划建设用地标准》确定不同类别城市的理想人均建成区面积。

一 协调性评价模型

国际上广泛采用城镇用地增长弹性系数（城市用地增长率/城市人口增长率）来衡量人口城镇化与土地城镇化之间的协调关系，扬·盖尔在《交往与空间》一书中提出该系数的合理值为1.12[①]，该方法已获得国内许多学者的认可[②]。但是仅仅考虑城镇用地增长率和城镇人口增长率之间的比值关系，很难反映出一个城市的人均指标。如果在城镇人均建成区面积已经很大的时候，仍然按照城镇用地增长弹性系数1.12的合理水平来衡量，则有违紧凑型城镇发展等节约用地理念，也不能客观反映人口城镇化与土地城镇化之间的协调关系。故本研究借鉴杨艳昭等（2013）[③]、方瑞博等（2015）[④]、张勇等（2015）[⑤]使用的研究方法，对国际上采用的传统城镇用地增长弹性系数模型加以修正和改进，加入人均城镇用地约束系数，构建出改进后的人口城镇化与土地城镇化协调性评价模型。该评价模型用城镇人口增长与城镇用地扩张协调度（PLCD）来反映人口城镇化与土地城镇化之间的协调关系。该模型具体计算公式为：

$$PLCD = \frac{LR}{PR} \times \theta \tag{7.1}$$

$$\theta = \frac{PB_t}{PBI_t} \bigg/ \frac{PB_0}{PBI_0} \tag{7.2}$$

式中，PLCD 为人口城镇化与土地城镇化协调度，LR 为建成区面积年均增长率，PR 为城区人口年均增长率，θ 为人均城镇用地约束系数，PB_t 和 PB_0 分别为目标年和基年的人均建成区面积，PBI_t 和

[①] ［丹麦］扬·盖尔：《交往与空间》，何人可译，中国建筑工业出版社2002年版。
[②] 戴中亮：《城市化与失地农民》，《城市问题》2010年第1期。
[③] 杨艳昭、封志明、赵延德等：《中国城市土地扩张与人口增长协调性研究》，《地理研究》2013年第9期。
[④] 方瑞博、周炳中：《上海大都市人地关系演变特征分析》，《经济研究导刊》2015年第23期。
[⑤] 张勇：《城镇土地扩张与人口增长协调性分析——以安徽省为例》，《城市问题》2015年第2期。

PBI_0 分别为目标年和基年的理想人均建成区面积。关于理想人均建成区面积的取值问题，参考《城市用地分类与规划建设用地标准》（GBJ 137—90）同类别城市的用地指标，将基年（2006）的理想人均建成区面积按超大城市、特大城市、大城市、中等城市、小城市依次取值为 75 平方米/人、90 平方米/人、100 平方米/人、105 平方米/人、120 平方米/人；参考相关文献和《城市用地分类与规划建设用地标准》（GB 50137—2011）同类别城市的用地指标，将目标年（2015）的理想人均建成区面积按超大城市、特大城市、大城市、中等城市、小城市依次取值为 75 平方米/人、95 平方米/人、100 平方米/人、105 平方米/人、110 平方米/人。

二 评价标准

参考相关研究[①]，以 $PLCD$ 值为 1.1 为基点，将人口城镇化与土地城镇化的协调性分为以下四种类型：土地快速扩张、人地基本协调、人口快速增长和人地有所收缩，其中土地快速扩张细分为土地显著扩张和土地明显扩张，人口快速增长细分为人口明显增长和人口显著增长，具体协调度分级标准及特征见表 7-6。

表 7-6　　人口城镇化与土地城镇化协调性评价标准

类型	级别	标准	特征
土地快速扩张	土地显著扩张	$PLCD > 1.70$	建成区土地面积扩张远远高于城区人口增长速度，人均建成区面积有显著增加趋势
	土地明显扩张	$1.30 < PLCD \leqslant 1.70$	建成区土地面积扩张高于城区人口增长速度，人均建成区面积有明显增加趋势

---

① Marshall J. D., "Urban Land Area and Population Growth: A New Scaling Relationship for Metropolitan Expansion", Urban Studies, Vol. 44, No. 10, September 2007, pp. 1889 – 1904；刘彦随、邓旭升、甘红：《我国城市土地利用态势及优化对策》，《土木建筑与环境工程》2005 年第 3 期；司成兰、周寅康：《南京市建设用地变化及其驱动力分析》，《南京社会科学》2008 年第 11 期。

续表

类型	级别	标准	特征
人地基本协调	人地基本协调	$0.90 < PLCD \leq 1.30$	建成区土地面积扩张与城区人口增长基本同速，人均建成区面积变化幅度不大，二者基本协调
人口快速增长	人口明显增长	$0.50 < PLCD \leq 0.90$	建成区土地面积扩张低于城区人口增长速度，人均建成区面积有明显减少趋势
	人口显著增长	$0.00 \leq PLCD \leq 0.50$	建成区土地面积扩张远远低于城区人口增长速度，人均建成区面积有显著减少趋势
人地有所收缩	人地有所收缩	$PLCD < 0$ 或 $PLCD > 0$ 但 $LR < 0$ 且 $PL < 0$	建成区面积与城区人口同时减少或其中一个减少，城区人口迁出大于迁入，建成区用地规模或人口规模有所减少

资料来源：杨艳昭、封志明、赵延德等：《中国城市土地扩张与人口增长协调性研究》，《地理研究》2013年第9期。

第三节 结果分析

一 人口城镇化与土地城镇化协调性分析

利用2006年和2015年城区人口和建成区面积数据，基于人口城镇化与土地城镇化协调性评价模型和评价标准，对中国大陆654个城市的人口和土地城镇化协调性进行评价，结果见表7-7和图7-1。研究结果表明，中国城市的人口城镇化与土地城镇化协调性较弱，整体上呈现出以土地快速扩张为主、人口快速增长为辅的发展趋势（见图7-1）。在所考察的654个样本城市中，有396个城市属于土地快速扩张型，占样本城市的60.55%；有121个城市属于人口快速增长型，占样本城市的18.50%；有92个城市属于人地有所收缩型，占样本城市的14.07%；只有45个城市属于人地基本协调型，占样本城市的6.88%。具体而言：

（1）人口快速增长型：包括121个城市，8891.57万城区人口和11014.05平方公里的建成区面积，在总样本中占比分别为18.50%、22.55%和19.92%。其中，人口显著增长的有72个城市，占建成区面积的16.95%，占城区人口的19.14%；人口明显增长的有49个城市，城区人口1342.33万人，占3.40%，建成区面积1641.72平方公里，占2.97%。就人口快速增长型的城市空间分布来说，绝大部分

表7-7　　　　　人口城镇化与土地城镇化协调情况

协调性		城市	人口		建成区	
类型	级别	数量（个）	数量（万人）	比例（%）	面积（平方公里）	比例（%）
人口快速增长	人口显著增长	72	7549.24	19.14	9372.33	16.95
	人口明显增长	49	1342.33	3.40	1641.72	2.97
小计		121	8891.57	22.55	11014.05	19.92
土地快速扩张	土地明显扩张	43	2385.43	6.05	3419.35	6.18
	土地显著扩张	353	21800.29	55.28	31509.14	56.99
小计		396	24185.72	61.33	34928.49	63.18
人地有所收缩	人地有所收缩	92	3887.35	9.86	6355.59	11.50
人地基本协调	人地基本协调	45	2468.20	6.26	2989.37	5.41
合计		654	39432.84	100.00	55287.30	100.00

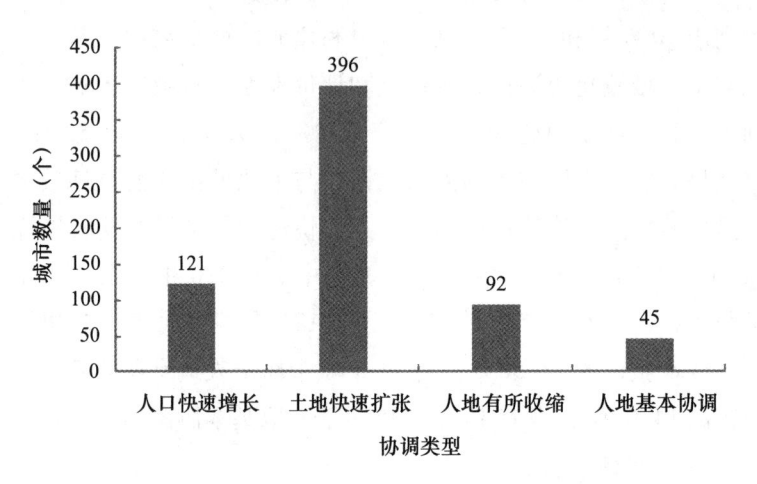

图7-1　中国人口城镇化与土地城镇化协调情况

位于胡焕庸线[①]以东、中原城市群以南地区,还有一小部分分布于宁夏沿黄城市群、辽中南城市群。

(2)土地快速增长型:包括396个城市,城区人口24185.72万人,建成区面积34928.49平方公里,在样本中所占比重分别为60.55%、61.33%和63.18%。其中,土地明显扩张的城市有43个,占6.05%的城区人口和6.18%的建成区面积;土地显著扩张的城市有353个,占55.28%的城区人口和56.99%的建成区面积,是六个类别中所占比重最大的一类。其空间分布十分广泛,主要集中于天山北坡城市群、呼包鄂榆城市群、兰西城市群、哈长城市群、辽中南城市群、京津冀城市群、山东半岛城市群、北部湾城市群、成渝城市群、长江中游城市群、长江三角洲城市群、海峡两岸城市群。

(3)人地有所收缩型:包括92个城市,3887.35万城区人口和6355.59平方公里建成区面积,所占比重分别为14.07%、9.86%和11.50%。主要分布在胡焕庸线以东的黑龙江、吉林、甘肃、贵州、广东,这些城市多是县级资源型城市,因资源枯竭、产业更替不及时导致经济发展缓慢、就业机会减少进而导致城市规模变小。

(4)人地基本协调型:包括45个城市,2468.20万城区人口和2989.17平方公里的建成区面积,占比分别为6.88%、6.26%和5.41%。该类型的空间分布比较零星,主要分布在三个地区,即天山北坡城市群以北地区,胡焕庸线以东、哈长城市群以北地区和成渝城市群以东、黔中城市群以北、关中平原城市群以南地区。

二 不同规模城市人口与土地城镇化协调性分析

以2015年城市人口规模为标准,对中国大陆不同规模城市的人

---

① 胡焕庸线(Hu Line),由中国地理学家胡焕庸于1935年提出的,是一条划分中国人口密度在不同地区分布的对比线,这条线从黑龙江省瑷珲(1956年改称爱辉,1983年改称黑河市),经四川省雅安、盐源,到云南省腾冲,大致为倾斜45度的直线。在该线的东南方,人口密度极高,36%的国土面积上居住着96%的人口,以平原、水网、丘陵、喀斯特和丹霞地貌为主要地理结构,自古以农耕为经济基础;在该线的西北方,人口密度极低,是草原、沙漠和雪域高原的世界,自古是游牧民族的天下。

口城镇化与土地城镇化协调性进行评价（见表7-8），小、中、大、特大城市以土地快速扩张形式推进城镇化，其中以土地显著扩张为主，超大城市以人口快速增长形式推进城镇化，其中以人口显著增长为主。

表7-8　　不同规模城市人口城镇化与土地城镇化协调情况

城市类别	协调性类型	级别	城市数量（个）	城区人口数量（万人）	城区人口比例（%）	建成区面积（平方公里）	建成区比例（%）
小城市	人地有所收缩	人地有所收缩	34	475.71	17.88	755.40	16.73
	人口快速增长	人口显著增长	32	326.95	12.29	520.25	11.52
		人口明显增长	14	224.86	8.45	298.24	6.61
	人地基本协调	人地基本协调	7	109.33	4.11	115.95	2.57
	土地快速扩张	土地明显扩张	5	79.50	2.99	164.10	3.64
		土地显著扩张	84	1444.19	54.28	2660.17	58.93
	合计		176	2660.54	100.00	4514.11	100.00
中等城市	人地有所收缩	人地有所收缩	39	1417.23	17.67	1890.35	13.13
	人口快速增长	人口显著增长	26	657.01	8.19	4130.41	28.68
		人口明显增长	19	488.69	6.09	608.16	4.22
	人地基本协调	人地基本协调	22	731.67	9.12	915.27	6.35
	土地快速扩张	土地明显扩张	19	716.70	8.93	939.24	6.52
		土地显著扩张	132	4009.99	49.99	5919.16	41.10
	合计		257	8021.29	100.00	14402.59	100.00
大城市	人地有所收缩	人地有所收缩	19	1994.41	11.33	3709.84	14.54
	人口快速增长	人口显著增长	10	552.77	3.14	666.64	2.61
		人口明显增长	16	628.78	3.57	735.32	2.88
	人地基本协调	人地基本协调	15	1244.92	7.07	1520.35	5.96
	土地快速扩张	土地明显扩张	18	1257.14	7.14	1809.92	7.09
		土地显著扩张	129	11923.32	67.74	17076.65	66.92
	合计		207	17601.34	100.00	25518.72	100.00

第七章　不同类别城市人口城镇化与土地城镇化协调性比较　　157

续表

城市类别	协调性		城市数量（个）	城区人口		建成区	
	类型	级别		数量（万人）	比例（%）	面积（平方公里）	比例（%）
特大城市	人口快速增长	人口显著增长	1	581.65	12.41	755.27	12.14
	人地基本协调	人地基本协调	1	382.28	8.16	437.60	7.03
	土地快速扩张	土地明显扩张	1	332.09	7.09	506.09	8.13
		土地显著扩张	7	3390.16	72.34	4523.71	72.70
	合计		10	4686.18	100.00	6222.67	100.00
超大城市	人口快速增长	人口显著增长	3	5430.86	84.02	3299.76	71.28
	土地快速扩张	土地显著扩张	1	1032.63	15.98	1329.45	28.72
	合计		4	6463.49	100.00	4629.21	100.00

（1）小城市以土地显著扩张为主，以人口快速增长和人地有所收缩为辅。小城市土地快速扩张的城市有89个，拥有57.27%的城区人口和62.57%的建成区面积。其中，土地显著扩张所占比例最高，有84个城市和过半的城区人口和建成区面积。其次是人口快速增长，占有46个城市和接近20%的城区人口和建成区面积。人地有所收缩所占比例也不小，占有19.37%的城市数量，17.88%的城区人口和16.73%的建成区面积。

（2）中等城市以土地显著扩张为主，以人口快速增长和人地有所收缩为辅。中等城市土地显著扩张的有132个城市，占有49.99%的城区人口和41.10%的建成区面积。人口快速增长和人地有所收缩在城市数量上相差无几，但在城区人口上，人地有所收缩占有优势，人地有所收缩和人口快速增长分别占17.67%、14.28%，而在建成区面积上，人口快速增长占有优势，人地有所收缩和人口快速增长分别占13.13%、32.90%。

（3）大城市以土地快速扩张为主，以人地有所收缩和人口快速增长为辅。其中土地显著扩张在城市数量、城区人口和建成区面积上均超过六成，占有129个城市、67.74%的城区人口和66.92%的建成区面积。其次是人口快速增长，包括27个城市。尽管在城市数量上，人口快速增长超过人地有所收缩，但在城区人口和建成区面积上，人地有所收缩占有优势。

（4）特大城市以土地快速扩张为主，其中以土地显著扩张所占比例最为显著。其中，土地显著扩张包括了70%的城市、72.34%的城区人口和72.70%的建成区面积。人口快速增长和人地基本协调所占城市数量相同，但在城区人口和建成区面积上，人口显著增长占有优势。另外，特大城市无人地有所收缩这一类型。

（5）超大城市以人口快速增长为主，其中人口显著增长所占比例最为显著，这印证了第六章的结论，即只有东部的北京市和上海市这两个超大城市属于人口城镇化超前、土地城镇化滞后型的判断。超大城市只有两种类型，即人口快速增长和土地快速扩张，其中，人口显著增长在城市数量、城区人口和建成区面积上均占有绝对优势，占有3/4的超大城市数量，84.02%的城区人口和71.28%的建成区面积。

三　城市规模变动下人口与土地城镇化协调性分析

2006—2015年这十年间，中国大陆共有109个城市规模类别发生了变化。城市规模由大变小的有20个城市，而由小变大的有89个城市。对这109个规模变动城市的协调性进行研究表明，这一类城市的协调性较差，呈现出以土地快速扩张为主，人口快速增长为辅的特点（见图7-2）。近70%的城市属于土地快速扩张型，近15%的城市属于人口快速增长型。

在城市规模由大变小的20个城市中（见表7-9），以土地显著扩张为主，一半以上的该类型城市属于土地快速扩张型，其次表现为人地有所收缩型，占了三成的城市。

第七章 不同类别城市人口城镇化与土地城镇化协调性比较　　159

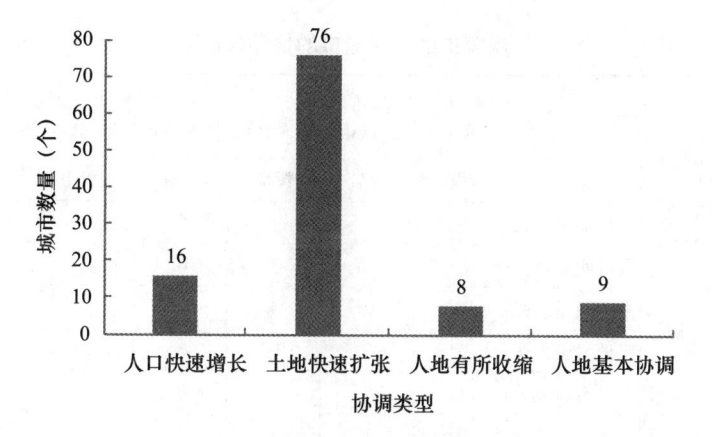

图7-2 规模变动城市协调情况

表7-9　　　　　规模由大变小城市的协调情况　　　　　单位：个

协调性		特大城市变大城市	大城市变中等城市	中等城市变小城市	城市规模由大变小
类型	级别	数量	数量	数量	数量
人口快速增长	人口显著增长	0	1	0	1
	人口明显增长	0	0	0	0
土地快速扩张	土地明显扩张	0	0	0	0
	土地显著扩张	1	2	8	11
人地有所收缩	人地有所收缩	1	3	2	6
人地基本协调	人地基本协调	0	2	0	2
合计		2	8	10	20

而城市规模由小变大的有89个城市，则以土地快速扩张为主，以人口快速增长为辅。其中，以土地显著扩张所占城市数量最多，达34个，其次是土地明显扩张，有31个城市；人口显著增长和人口明显增长所占城市数量相差不大，分别占7个和8个（具体见表7-10）。

表 7–10　　　　　　　规模由小变大城市的协调情况　　　　　　单位：个

协调性		小城市变中等城市	小城市变大城市	中等城市变大城市	大城市变特大城市	特大城市变超大城市	城市规模由小变大
类型	级别	数量	数量	数量	数量	数量	数量
人口快速增长	人口显著增长	5	0	1	0	1	7
	人口明显增长	3	2	3	0	0	8
土地快速扩张	土地明显扩张	26	0	4	1	0	31
	土地显著扩张	5	5	21	3	0	34
人地有所收缩	人地有所收缩	1	0	1	0	0	2
人地基本协调	人地基本协调	3	1	2	1	0	7
合计		43	8	32	5	1	89

综上，规模变动城市多以土地快速扩张形式推进城镇化进程。接近70%的规模变动城市以土地快速扩张形式推进城镇化进程，接近15%的规模变动城市以人口快速增长形式推进城镇化，约7%的规模变动城市属于人地有所收缩型，只有约8%的规模变动城市属于人地基本协调型。

本章以全国654个城市作为研究对象，基于2006—2015年统计数据，建立人口城镇化与土地城镇化协调关系模型，从总体、不同规模和规模变动城市的人口城镇化与土地城镇化协调性三个侧面对中国人口城镇化与土地城镇化之间的协调关系进行定量分析，结果表明：不同类别城市人口城镇化与土地城镇化之间的协调性较差，主要表现为土地快速扩张，其次是人口快速增长，两极分化明显。空间分布上，人地基本协调分布较为零星，人地有所收缩和人口快速增长基本上分布于胡焕庸线以东地区，土地快速扩张的分布较为广泛。小、中、大和特大城市以土地快速扩张，超大城市以人口快速增长，规模变动城市多以土地快速扩张形式推进城镇化进程。

通过第五、第六、第七三章的定量分析，不难发现，我国人口城镇化与土地城镇化失调情况严重，从全国整体、不同区域、不同类别

第七章　不同类别城市人口城镇化与土地城镇化协调性比较　　161

城市三个视角展开定量分析，结果均表现出除少数城市和特殊年份属于土地城镇化滞后于人口城镇化外，绝大多数城市和年份均属于人口城镇化滞后于土地城镇化。对于中国城镇化目前表现出这样的现状是由什么原因导致的，以及有何措施来促进二者协调发展，从而促进城镇化健康可持续地发展，将在后面章节展开详细阐述。

第八章　中国人口城镇化滞后于土地城镇化的原因

从第四章人口城镇化与土地城镇化失调的具体表现以及第五、第六、第七三章的定量分析中，得出这样一条清晰的结论，即除了少数城市和个别特殊年份出现人口城镇化快于土地城镇化以外，我国整体上属于人口城镇化滞后型。所以，接下来只剖析人口城镇化滞后于土地城镇化的原因，分析提高人口城镇化和合理控制土地城镇化的措施，而对特殊的极少数情况不做讨论。

人口城镇化滞后于土地城镇化与我国的产业结构、经济开放程度等经济因素[1]相关，也与计划经济时期我国优先发展重工业的历史因素[2]有关，但是最重要的、起决定作用的还是制度因素。与户籍捆绑的社会保障制度、教育制度、住房保障制度制约人口城镇化；土地相关制度（包括土地征用制度、农村土地承包经营制度和农村宅基地制度）、财权与事权不匹配的分税制以及政绩考核与官员晋升机制一方面制约人口城镇化，另一方面推动土地城镇化快速发展。在这些制度的共同作用下，人口城镇化严重滞后于土地城镇化（见图8-1）。

---

[1] 李子联：《人口城镇化滞后于土地城镇化之谜——来自中国省际面板数据的解释》，《中国人口·资源与环境》2013年第11期；李光勤：《土地城镇化与人口城镇化协调性及影响因素研究——基于省级面板数据的分析》，《地方财政研究》2014年第6期。

[2] 林毅夫：《中国的城市发展与农村现代化》，《北京大学学报》（哲学社会科学版）2002年第4期。

第八章 中国人口城镇化滞后于土地城镇化的原因

```
         中国人口城镇化滞后于土地城镇化的影响因素
                    │
        ┌───────────┴───────────┐
推动土地城镇化快速发展的因素      制约人口城镇化的因素
        │                          │
    ┌───┴───┐                  ┌───┴───┐
财权与事权不匹  政绩考核与官    土地制度   与户籍制度关
配的分税制      员晋升机制                 联的制度
```

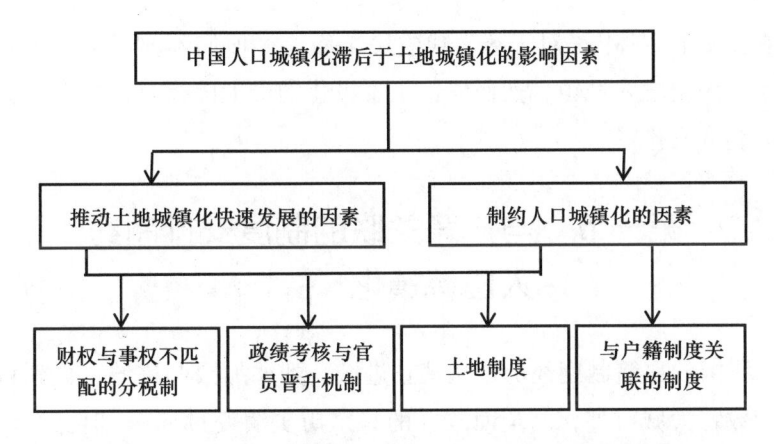

图 8-1　中国人口城镇化滞后于土地城镇化的影响因素

中国特色的人口城镇化分为两个阶段，第一阶段是农民进城务工，户籍所在地仍为农村，即所谓的"离土不离乡"的"人户分离"，身份由农民变为农民工；第二阶段是农民工市民化，即"离土又离乡"的"人户随行"，身份实现由农民工向城镇居民转变。人口城镇化尤其是农民工市民化进程缓慢有经济发展水平所导致的产业结构等经济因素的影响，但主要原因是制度性安排，包括由二元户籍制度导致的带有城乡二元痕迹的社会保障制度、教育制度、住房保障制度、土地制度、财权与事权不匹配的分税制以及地方政府官员绩效考核体系等。

城镇农民工是一个特殊的群体，有别于农村居民和城镇居民，他们既不是传统意义上的城镇居民，也不是传统意义上的农村居民。首先，与中国传统农业劳动者不同，他们离开土地甚至居住地到城镇务工，在获得高于传统农业收入的同时，加深了与传统农民群体的隔阂；其次，与中国传统城镇劳动者不同，其农村居民的身份阻碍其融入城镇社会，无法享有面向城镇居民的社会保障制度、教育制度、住房保障制度等。[1] 目前，1980年及以后出生的新生代农民工已逐渐成

---

[1] 郑功成：《农民工的权益与社会保障》，《中国党政干部论坛》2002年第8期。

为农民工的主体[①]，对于新生代农民工而言，他们不愿回也回不去农村了，渴望融入城镇，然而农民工市民化的最大障碍是我国与户籍关联的制度安排。

第一节 与户籍关联的制度安排制约人口城镇化

我国的户籍制度经历了从禁止进城，到严加限制进城，再到目前除少数特大城市外，已全面放开的一个历史演变过程[②]。但已有制度改革只是完成了人口的城乡禁锢到自由迁移，并未全面调整户籍背后所黏附的经济利益，与二元户籍关联的制度并未取消与户籍的捆绑，非城镇户籍人口仍然难以享受所在城镇的基本公共服务[③]，这极大地制约了人口城镇化的发展。

一 城乡二元社会保障制度延缓人口城镇化

中国的社会保障体系包括社会保险、社会福利、优抚安置、社会

[①] 国家统计局2016年农民工监测调查报告的数据显示：1980年及以后出生的新生代农民工已逐渐成为农民工的主体，占全国农民工总量的49.7%；老一代农民工占全国农民工总量的50.3%。

[②] 1958年1月，全国人大常委会通过《中华人民共和国户口登记条例》，首次明确将城乡居民区分为"农业户口"和"非农业户口"两种户籍，确定了城乡分割的二元户籍制度。1984年10月，国务院颁布实施《关于农民进入集镇落户问题的通知》后，严格控制的户籍制度开始松动，规定农民可自理口粮进集镇落户。在1959—1978年、1979—1999年、2000—2013年，中国的户籍制度经历了三次重大变革，出台了一系列的管理条例，如1997年6月《国务院批转公安部小城镇户籍管理制度改革试点方案和关于完善农村户籍管理制度意见的通知》，1998年7月《国务院批转公安部关于解决当前户口管理工作中几个突出问题意见的通知》，2001年3月《国务院批转公安部关于推进小城镇户籍管理制度改革意见的通知》，2012年2月《国务院办公厅关于积极稳妥推进户籍管理制度改革的通知》，2013年11月《中共中央关于全面深化改革若干重大问题的决定》，以及2014年7月30日正式发布的《国务院关于进一步推进户籍制度改革的意见》等逐步放宽了农民工进城和落户的条件。

[③] 张国胜、陈明明：《我国新一轮户籍制度改革的价值取向、政策评估与顶层设计》，《经济学家》2016年第7期。

救助和住房保障等。社会保障制度的核心内容是社会保险①。根据我国《劳动法》的规定，社会保险包括"五险"（即养老保险、失业保险、医疗保险、工伤保险和生育保险），保障对象是全体劳动者，资金来源主要包括两部分：一部分来源于用人单位和劳动者个人，一部分来源于政府资助，劳动者有依法享受社会保险的基本权利。在城乡二元社会保障制度下，我国农民工社会保障存在以下问题，导致农民工市民化进程缓慢。

（一）社会保障便携性差

我国采用统账结合的社会保障制度，流动人口异地转续时只能转移个人账户资产，不能"携带"单位缴纳的统筹部分，造成"便携性"损失，损害流动人口的权益。

（二）社会保障制度"碎片化"趋势明显

目前我国覆盖流动人口的社会保障制度主要包括三种模式：第一，"城保"模式，即将流动人口纳入流入地城镇居民的社会保障体系；第二，"农保"模式，即将流动人口纳入农村居民社会保障体系；第三，"综保"模式，即建立独立的农民工社会保障制度。这三种模式的社会保障制度由于统账设计、缴费来源、行政管理、待遇水平等方面均不一致，缺乏跨区域、跨模式之间的有效衔接。②

农民工就业流动性强，跨省、跨地区、跨城乡流动就业已是常态。由于社会保障制度的缺陷使得社会保险的缴费、接续、转移不能"保随人行"③，无法实现跨区域跨模式间的无缝对接，导致退保、断保和失保情况严重，即便是参保，流动人口的保障水平相对较低。

首先，农民工的社保参保率低。尽管近年来农民工总体的参保率有所上升，但参保率仍然很低是不争的事实。2014年全国农民工监

---

① 社会保险是指国家通过法律强制实施，为工薪劳动者在年老、疾病、生育、失业以及遭受职业伤害的情况下，提供必要的物质帮助的制度。

② 郑秉文：《改革开放30年中国流动人口社会保障的发展与挑战》，《中国人口科学》2008年第5期。

③ 程雅丽：《浅谈农民工社会保障的现状及对策》，2012年9月，人民网（http://theory.people.com.cn/n/2012/0907/c40537-18946676.html）。

测调查报告的相关数据显示，各保险项目中参保率最高的工伤保险的参保率也只有26.2%，而工伤风险最大的建筑业农民工的工伤保险参保率仅为14.9%。此外，尽管农民工总量中女性农民工比重呈上升趋势，但生育保险参保率却仅有7.8%。还有，农民工工作缺乏稳定性，70%的农民工有换工经历，平均换工次数达3次以上，但农民工失业保险参保率仅为10.5%。我国农民工群体老龄化趋势明显，但养老保险参保率仅为16.7%。医疗保险制度建立得比较早，但农民工医疗保险参保率却只有17.6%，82.4%的农民工看病需要完全自费，这与工作收入低、强度大、危险性高的工作性质所导致的农民工对医疗保险的强烈需求存在极大反差。[①]

其次，与城镇居民相比较，农民工社保水平低。我国的社保制度是在县级统筹的基础上开展的，以企业职工为主要参保对象。在现行二元社会保障制度下，城镇的社会保障很难惠及农民工，农民工的社会保障权益普遍缺失。目前除了地方试点外，全国大部分地区采取的是将农民工纳入户籍所在地的农村社会保障体系，但农村社会保障实施标准偏低，与城镇社会保障水平差距大，这对于同为城镇经济发展和社会进步做出巨大贡献的农民工群体来说，是极不公平的。并且，农民工社会保障诉求得不到满足，将减弱农民工外出务工的意愿。

而建立在户籍制度基础上的社会保障制度有"碎片"合法化的嫌疑。总之，由于农民工就业流动性大而采取农民工社会保障的"碎片化"管理，以及由于农民工工资收入较少，要将付出自己心血和汗水赚取的得来不易的薪酬拿出一部分来支付保险金，不容易接受，使得很大一部分农民工处于无社保的状态。即便是参与社保，也不能享受与城镇居民同等的待遇，而在城镇的高生活成本以及社保水平偏低甚至是缺失的情况下，农民工在城镇"活不好"也"安不下"，没能解决农民工的后顾之忧，导致市民化意愿低。

---

① 《2014年全国农民工监测调查报告》，2015年4月，国家统计局（http://www.stats.gov.cn/tjsj/zxfb/201504/t20150429_797821.html）。

二 城乡二元教育制度阻碍人口城镇化

人口迁移要实现家庭式永久性迁移，必须要解决随迁子女①的教育问题。但受制于我国城乡二元教育体制，我国农民工随迁子女接受义务教育存在以下问题。

（一）就学难

目前，农民工随迁子女在城镇的就学渠道大概有五种：公立学校、简易民工子弟学校、民办贵族子弟学校、流入地政府专门为流动人口子女举办的学校、流出地政府在流入地所办学校。对于城镇公立学校，《关于进一步做好进城务工就业农民子女义务教育工作的意见》仅提出流入地政府要做到随迁子女与城市学生一视同仁，但缺少细致的操作办法。目前，各地对随迁子女仍设置了如积分制模式、优惠政策模式和材料准入模式等就学门槛②，即通过一定标准计算积分，依据积分的多少和申请人按政策要求所准备的证明材料的完备情况，来决定随迁子女是否具有异地公办学校就学资格。③ 民办贵族子弟学校只有少数经济条件较好的农民工才支付得起高昂的费用，最后两种类型并不多见，所以，对于大部分农民工子女来说，要么在户籍所在地接受义务教育，成为留守儿童，要么进入简易民工子弟学校就学，难以享受到"与城市学生一视同仁"的就学机会。

（二）就学但教育质量差

根据前面分析，大部分农民工随迁子女只得进入简易民工子弟学校，这类学校中大部分没有经过教育主管部门的批准，师资条件和教学设施落后，难以保障教育质量和缩小与城市儿童的教育差距，因而

---

① 随迁子女是指户籍不在县级以上城市，而随进城务工就业的父母或监护人在县城及以上城市合法居住的，应依法接受九年义务教育的适龄儿童少年。

② 雷万鹏、汪传艳：《农民工随迁子女"入学门槛"的合理性研究》，《教育发展研究》2012年第24期。

③ 和学新、李平平：《流动人口随迁子女教育政策：变迁、反思与改进》，《当代教育与文化》2014年第6期。

无法在城镇化中实现真正的社会融合。①

(三) 流动适龄儿童入学率低、辍学率高

据2000年的全国第五次人口普查数据,流动儿童不能适龄入学问题突出,有46%的6周岁儿童未入学接受教育;不能完整地接受义务教育的流动儿童少年的比例较高,有15.4%的流动儿童少年离开了学校。② 2003年国务院妇女儿童工作委员会和中国儿童中心对北京、深圳、武汉、成都等9个大城市流动儿童教育情况开展了调查,发现流动儿童失学率达到9.3%,近半数的流动适龄儿童不能及时入学。③

(四) 异地升学困难

受户籍和学籍双重限制的高考制度,使得农民工随迁子女异地入学和升学困难④。因上学与升学考试在不同地方,往返于城乡之间,接受教育的成本较大,加上很多农民工的"折腾系数"小等原因,使得农民工举家迁移的意愿降低。

因此,农民工子女的义务教育主要以在户籍所在地接受教育和在随迁流入地简易民工子弟学校接受教育为主。第一种方式由于子女留守农村,农民工在流入地与流出地之间往返,形成非永久性的"钟摆式"迁移模式。第二种方式由于在简易民工子弟学校的教学质量不高以及户籍加学籍的高考制度,增加了农民工随迁子女接受教育的成本,加重了农民工市民化的成本,减缓了农民工市民化的进程。

三 城乡二元住房保障制度影响人口城镇化

与户籍制度相关联,我国住房保障制度也具有突出的城乡二元特点。目前经济适用房、廉租房的保障对象均为"城镇中低收入群

---

① 蒋国河、孙萍:《农民工子女教育问题的政策反思》,《江西财经大学学报》2005年第6期。
② 段成荣、梁宏:《我国流动儿童状况》,《人口研究》2004年第1期。
③ 蒋国河、孙萍:《农民工子女教育问题的政策反思》,《江西财经大学学报》2005年第6期。
④ 和学新、李平平:《流动人口随迁子女教育政策:变迁、反思与改进》,《当代教育与文化》2014年第6期。

体",农民工由于没有城镇户口,被排斥在外。① 住房公积金制度虽也针对农民工,但由于住房公积金贷款对户籍的限制,使得农民工难以享受住房公积金。

房价高、收入低以及没有被充分纳入城镇住房保障体系的进城农民工在城镇"安不下",主要表现为进城农民工自购商品房率低、居住方式以租房为主。2016年进城农民工中,租房居住的农民工占62.4%,购房的农民工占17.8%,单位或雇主提供住房的农民工占13.4%,以其他方式解决居住问题的农民工占6.4%,购买保障性住房和租赁公租房的农民工不足3%。

而且,进城农民工居住环境差、人均居住面积少,使得农民工在城镇"居不好"。主要表现在:(1)人均居住面积少、居住困难的农民工比重高。2016年进城农民工人均住房面积为19.4平方米,人均住房面积在5平方米及以下居住困难的农民工户占6%。② 而同期全国居民人均住房建筑面积为40.8平方米,城镇居民人均住房建筑面积为36.6平方米,农村居民人均住房建筑面积为45.8平方米③。相较而言,农民工群体的人均住房面积约为城镇居民的1/2。(2)居住环境差、住房配套设施不完善。农民工聚居区合住人数多、居住拥挤、市政基础设施匮乏,住房性质以城郊和城中村为主,住房配套设施不完善。2016年农民工户住房没有配备电冰箱和洗衣机的比重分别为42.8%和44.6%;13.5%的农民工户住房没有自来水;22.1%的农民工户住房没有洗澡设施;30.4%的农民工户住房没有独用厕所;14.5%的农民工户不能上网。④

"宅者,人之本,人以宅为家",住房是人们生存的基本条件之

---

① 张志胜:《新生代农民工住房保障的阙如与重构》,《城市问题》2011年第2期。
② 《2016年农民工监测调查报告》,2017年4月,国家统计局(http://www.stats.gov.cn/tjsj/zxfb/201704/t20170428_1489334.html)。
③ 《国家统计局:2016年全国人均住房面积40.8m²你达标没?》,2017年7月,凤凰网(http://news.ifeng.com/a/20170711/51413867_0.shtml)。
④ 《2016年农民工监测调查报告》,2017年4月,国家统计局(http://www.stats.gov.cn/tjsj/zxfb/201704/t20170428_1489334.html)。

一[1],是农民工融入城市社会、完成农民向市民转化的关键一环,是农民工市民化的基础。[2] 目前,大多数农民工在城市中"居无定所",成为新型的城市"游击队"。[3] 城市高昂的房价正无情地粉碎着他们的市民化梦想,不少人由于居无定所而自感"徘徊在城市边缘"[4]。

第二节　二元土地制度影响人口与土地城镇化协调发展

一　土地征用制度影响人口与土地城镇化协调发展

我国实行的是集体所有和国家所有的二元土地所有制,即城市土地归国家所有,农村和城市郊区的土地,除由法律规定外归集体所有。[5] 出于公共利益需要占用集体所有土地的,须经政府审批征收,将集体所有土地的使用权和所有权均收归国有,再通过招标、拍卖、挂牌方式出让国有土地使用权(见图8-2)。

这样的制度设计逻辑上是合理的,但仍存在许多缺陷,在实际执行过程中侵害失地农民权益,导致土地快速城镇化、制约人口城镇化,影响人口城镇化与土地城镇化的协调发展。具体而言:

(一)征地目的不明确推动土地城镇化

相关法律规定,出于公共利益需要占用集体所有土地的,由政府审批征收,但是没有对公共利益的范围进行明确界定。实际上,地方政府享有征地的决定权,垄断土地一级市场的供给,拥有补偿标准的决定权,这给地方政府低价征地、高价出让提供了制度解释的空间。

---

[1] 张志胜:《新生代农民工住房保障的阙如与重构》,《城市问题》2011年第2期。

[2] 陈春、冯长春:《农民工住房状况与留城意愿研究》,《经济体制改革》2011年第1期。

[3] 吕萍、周滔:《农民工住房保障问题认识与对策研究——基于成本-效益分析》,《城市发展研究》2008年第3期。

[4] 张传玉:《徘徊在城市边缘的底层农民工群体》,《重庆科技学院学报》(社会科学版)2006年第4期。

[5] 蔡书凯:《地方政府在房地产发展中的角色》,载倪鹏飞《中国住房发展报告》(2012—2013),社会科学文献出版社2012年版,第175—177页。

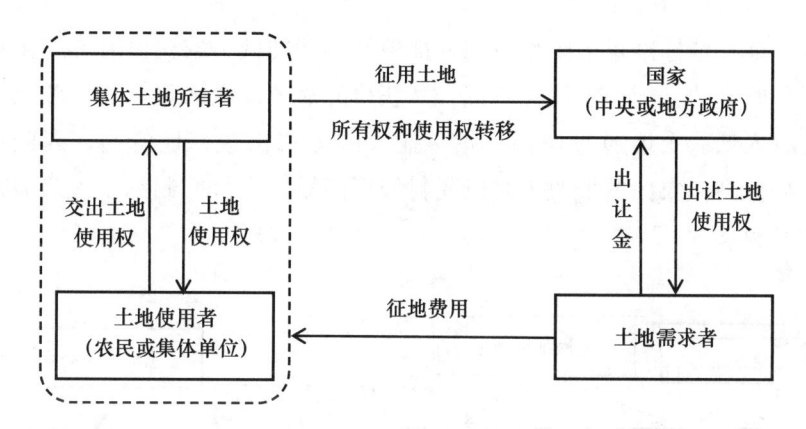

图 8-2　土地征用—出让的过程

资料来源：沈飞、朱道林、毕继业：《我国土地征用制度对农村集体经济福利的影响》，《农村经济》2004 年第 9 期，第 23—25 页。

在征收与出让之间巨额差价（即土地出让金）的激励下，理性的地方政府产生了征地冲动，推动了土地快速城镇化（见图 8-3）。

（二）征地补偿标准低，农民难享土地增值收益，制约了人口城镇化

征地要按被征土地的原用途给予补偿，补偿费用包括土地补偿费、安置补助费、地上附着物和青苗的补偿费三项。征收耕地的补偿标准为：第一项补偿标准为该耕地被征收前三年平均年产值的 6—10 倍。第二项每一个需要安置的农业人口的安置补助费标准①，为该耕地被征收前三年平均年产值的 4—6 倍，每公顷被征收耕地的安置补助费，最高不得超过被征收前三年平均年产值的 15 倍。两项之和，低限是 10 倍，高限是 16 倍，特殊情况下最高不得超过 30 倍。第三项补偿标准，由省、自治区、直辖市规定。征收其他土地的土地补偿费和安置补助费，由省、自治区、直辖市参照征收耕地的标准规定。②

---

① 安置补助费，按照需要安置的农业人口数计算。需要安置的农业人口数，按照被征收的耕地数量除以征地前被征收单位平均每人占有耕地的数量计算。

② 沈飞、朱道林、毕继业：《我国土地征用制度对农村集体经济福利的影响》，《农村经济》2004 年第 9 期。

从征地补偿标准可清晰地看到，征地补偿标准低，农民没有参与土地增值收益的分配。农民工资低，所获得的财产性收入也低，导致农民的收入低。土地通过"招、拍、挂"的方式出让，地价高，因此城镇房价高。农民的低收入难以支付城镇高昂的房价，制约了人口城镇化（见图8-3）。

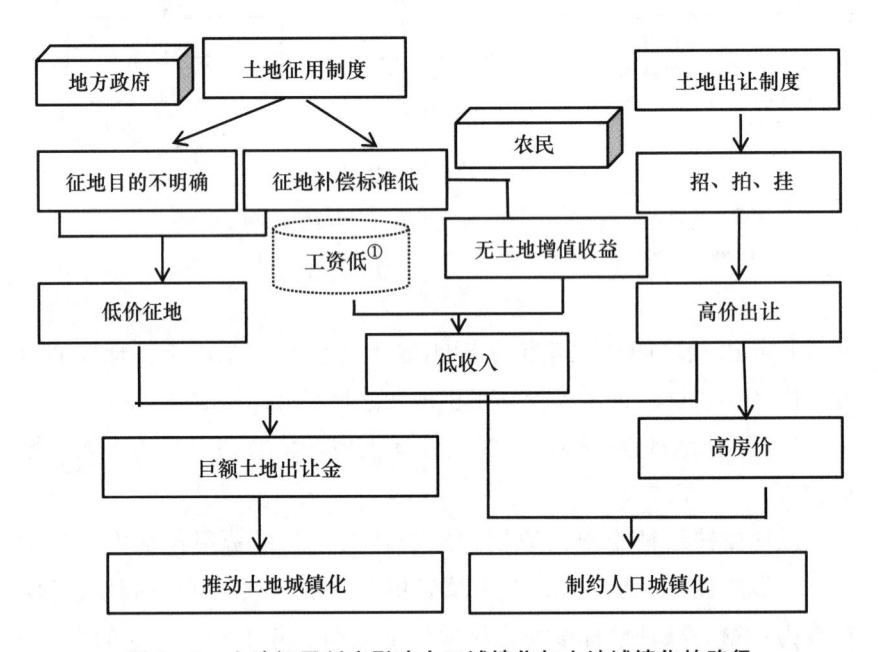

图 8-3　土地征用制度影响人口城镇化与土地城镇化的路径

注：图中①表示农民工资收入低。农民工资收入低是由于自身所拥有的人力资本存量小所致，与土地制度无关。农民收入包括工资收入与财产性收入，此处为了说明农民收入低，所以将工资收入低一起放到图中。

二　土地承包经营权流转制度阻碍人口城镇化

国家实行农村土地①承包经营制度，从农村土地承包经营权制度创立以来，我国土地承包经营权流转法律制度经历了一个从禁止流转

---

① 根据《中华人民共和国农村土地承包法》的规定，农村土地，是指农民集体所有和国家所有依法由农民集体使用的耕地、林地、草地，以及其他依法用于农业的土地。

到逐步承认流转再到正式确立流转制度的发展过程。① 20 世纪 80 年代中前期禁止农村土地承包经营权流转。1982 年《宪法》第 10 条第 4 款规定："任何组织或者个人不得侵占、买卖、出租或者以其他形式非法转让土地。"1988 年《宪法》修正案第一次在立法上确立农村土地承包经营权流转合法地位，第 2 条规定："土地使用权可以依照法律的规定转让。"2002 年《农村土地承包法》的颁布标志着我国农村土地承包经营权流转制度正式确立，第二章第 5 节专门规定了土地承包经营权流转的原则、主体、方式、程序以及流转合同、争议解决途径等内容。

党的十七届三中全会明确提出"加强土地承包经营权流转管理和服务，发展多种形式的适度规模经营"，进一步昭示了农村承包制度发展的方向。但在这样的一个政策背景下，农地流转的规模并不大，全国平均仅 10% 左右②，且流转的主要形式为农户间小规模短时间的流转③。

农村土地承包经营权流转制度存在很多缺陷，造成土地流转不畅，从而制约人口城镇化（见图 8-4），具体表现在：

（一）流转范围限制严格，阻碍了土地流转，对农民形成束缚，不利于人口城镇化

农村土地承包经营权只允许在集体内部流转④，对农地流转范围的严格限制"造成土地流转的封闭性"，强制干预买方市场，农村土

---

① 杨光：《我国农村土地承包经营权流转制度的缺陷与完善对策》，《当代经济研究》2011 年第 10 期。

② 刘向南、吴群：《农村承包地流转：动力机制与制度安排》，《中国土地科学》2010 年第 6 期。

③ 刘守英：《中国的二元土地权利制度与土地市场残缺——对现行政策、法律与地方创新的回顾与评论》，《经济研究参考》2008 年第 31 期。

④ 《中华人民共和国农村土地承包法》第 48 条规定："发包方将农村土地发包给本集体经济组织以外的单位或者个人承包，应当事先经本集体经济组织成员的村民会议三分之二以上成员或者三分之二以上村民代表的同意，并报乡（镇）人民政府批准。由本集体经济组织以外的单位或者个人承包的，应当对承包方的资信情况和经营能力进行审查后，再签订承包合同。"

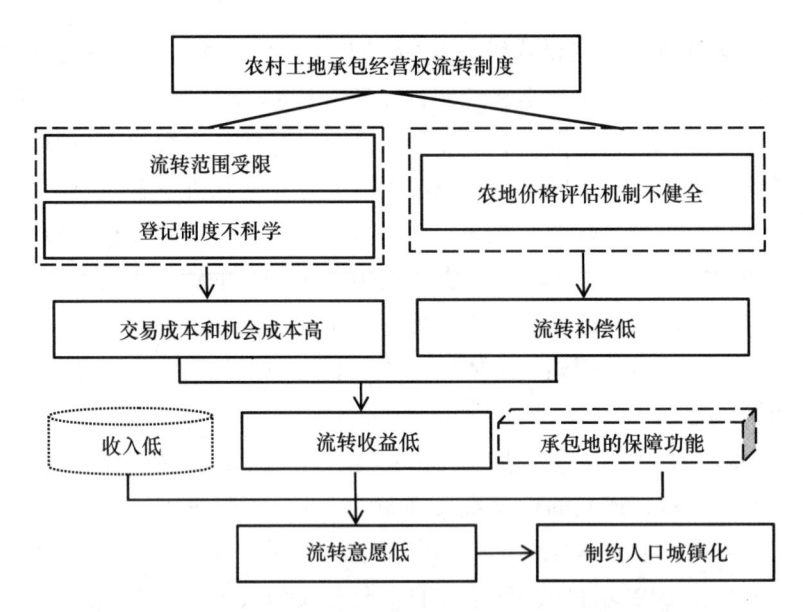

图 8-4 农村土地承包经营权流转制度制约人口城镇化的路径

地承包经营权"不能真正作为交易财产进入市场"①，一方面，农民的资产性收益难以兑现；另一方面，将农民束缚在土地上，不利于农民的市民化。

（二）土地承包经营权流转登记制度不科学

登记制度是物权取得和变动的基本原则。土地承包经营权流转登记的目的在于保障土地交易安全和确定土地权利归属。我国法律对于土地承包经营权流转的登记规定过于宽松，所以导致其难以落实，从而致使农村土地承包权流转过于随意。我国现行法律②对土地承包经营权流转采取的是债权合意主义，登记并不是确权的必要条件，仅具有对抗效力。一旦发生土地承包经营权转让而没有及时办理登记手

---

① 李敏飞、柳经纬：《农地承包经营权流转的制约性因素的法律分析和思考》，《福州大学学报》（哲学社会科学版）2006年第3期，第80—84页。

② 《物权法》总则第9条规定："不动产物权的设立、变更、转让和消灭，经依法登记，发生效力；未经登记，不发生效力，但法律另有规定的除外。"《物权法》第129条关于土地承包经营权流转登记的规定属于第9条的"法律另有规定的除外"。《农村土地承包法》第38条也作了与此相同的规定。

续，则以后的转让交易就会受阻。同时这种规定使土地承包经营权流转缺乏公信力，容易产生流转纠纷。[①]

（三）农地价格评估机制不健全

目前尚未建立农地评估制度，导致土地流转费用无法准确核算。[②]《中华人民共和国农村土地承包法》规定流转费用由双方协商确定，而无规范的参照标准。

以上农村土地承包经营权流转制度的两个缺陷（即承包地流转范围限制严格以及登记制度不科学），增加了土地流转的交易成本和机会成本。而与之相配套的农地价格评估机制的不健全，降低了承包地流转的补偿，导致承包地流转收益低。加上承包地的保障功能和财产功能[③]以及农民收入低的现实，农民流转承包地的意愿低。已有调查显示：78.5%的新生代农民工希望成为市民[④]，而84%的农民工希望进城定居后能保留承包地[⑤]。

三 宅基地制度减缓人口城镇化

农村宅基地制度对人口城镇化的制约主要包括三个方面：严格限制宅基地的处置，使得农民最重要的私有财产（房屋）收益变现难；宅基地不得抵押的制度规定降低了农民市民化的支付能力；宅基地无偿划拨、无期限使用的福利性质和保障功能降低了宅基地流转的意愿（见图8-5）。

[①] 杨光：《我国农村土地承包经营权流转制度的缺陷与完善对策》，《当代经济研究》2011年第10期。

[②] 李敏飞、柳经纬：《农地承包经营权流转的制约性因素的法律分析和思考》，《福州大学学报》（哲学社会科学版）2006年第3期。

[③] 钱忠好：《农地承包经营权市场流转：理论与实证分析——基于农户层面的经济分析》，《经济研究》2003年第2期。

[④] 刘传江、程建林：《第二代农民工市民化：现状分析与进程测度》，《人口研究》2008年第5期。

[⑤] 《农民工不愿"双放弃"换取城镇户口》，2011年6月，中工网（http://nmg.workercn.cn/c/2011/06/13/110613031207371914414.html）。

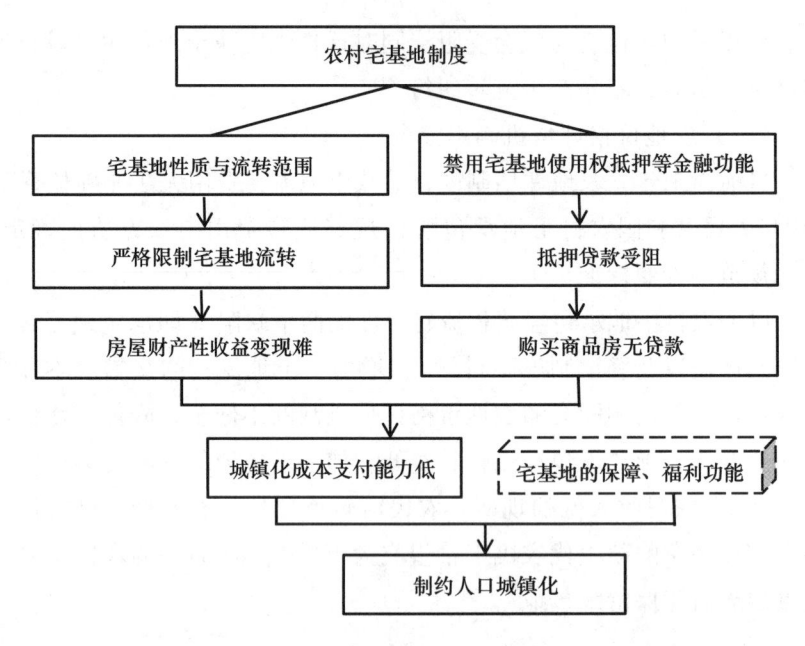

图 8-5 农村宅基地制度制约人口城镇化的路径

我国农村宅基地制度严格限制宅基地处置,具体表现在:

(1)宅基地集体所有与地上房屋私有,房屋产权不完整限制了宅基地的流转。"我国实行的是建筑物所有权独立于土地所有权但依赖于土地使用权的体制。"[①] 村民拥有宅基地使用权、地上房屋及财产的所有权以及严格受限的宅基地处置权。村民房屋的所有权依附在宅基地上,但村民仅有宅基地的使用权,这不利于对农户房屋私有权的尊重和财产权的实现。尤其在市场经济条件下,村民房屋的私有与宅基地的集体所有必然和二者不可分离的一体化特征产生矛盾,必然造成私有房屋的"半集体属性"(宅基地产权属于集体所有)与宅基地集体所有下的"半私有属性"(房屋属于农民私有财产)现象。

(2)严格限制宅基地流转范围,降低了农民财产性收益。我国宅基地经历了从自由流转、禁止流转到限制性流转的演变历程。1950

---

① 梁慧星:《中国民法典草案建议稿附理由·物权篇》,法律出版社 2004 年版,第 235 页。

年6月颁布的《中华人民共和国土地改革法》规定一切土地所有者有自由经营、买卖及出租其土地的权利。这一阶段宅基地属于农民所有,可以买卖、出租与继承,宅基地与房屋两权合一。① 1953—1958年的初级社到高级社时期,宅基地属于生产队集体所有,农户可长期使用并保持不变,禁止流转,不准出租和买卖。1978年以来,国家从法律和制度上进一步强化了宅基地的集体所有制,对宅基地的流转作出了严格的限制性规定。国务院《关于深化改革严格土地管理的决定》规定,禁止城镇居民在农村购置宅基地;国土资源部《关于加强农村宅基地管理的意见》规定,严禁城镇居民在农村购置宅基地,严禁为城镇居民在农村购买和违法建造的住宅发放土地使用证。宅基地转让须符合规定条件,购买人必须为房屋所在地本集体经济组织成员。② 目前将流转限制在集体内部,宅基地处置权被严格限制,导致农民财产变现难、财产性收益低,降低了人口城镇化成本的支付能力。

(3) 禁用宅基地使用权抵押等金融功能,使得抵押贷款受阻,从而阻碍农民工市民化。1995年《担保法》第37条规定宅基地的土地使用权不得抵押。2008年《物权法》第184条规定:"耕地、宅基地、自留地、自留山等集体所有的土地使用权不得抵押,但法律规定可以抵押的除外。"农民工在城镇购房无抵押物时,宅基地也不能作为抵押物,购房贷款受阻,农民工在城镇能够买得起房的概率降低。支付不起城镇高昂房价的农民工更多地选择进城务工,回乡建房,阻碍了市民化进程。

以上宅基地制度的缺陷降低了农民对城镇化成本的支付能力,而无期限、无偿使用的宅基地福利性质和保障功能则降低了宅基地的流

---

① 姜爱林、陈海秋:《新中国50多年来宅基地立法的历史沿革》,《理论导刊》2007年第12期。
② 徐万刚、杨少垒:《城市化视角下的农村宅基地流转制度分析》,《社会科学家》2009年第3期。

转意愿，使农民最重要的住房财产变成"死产"①，这样的制度安排最终严重阻碍了人口城镇化。

第三节 财权与事权不对称的分税制影响人口与土地城镇化协调发展

分税制是按照税种划分中央和地方收入来源，把中央与地方的预算严格分开，实行自收自支、自求平衡的"一级财政、一级事权、一级预算"②的财政管理体制。"实行分税制，要求按照税种实现三分：分权、分税、分管。"③1994年我国实施分税制改革，将税种统一划分为中央税、地方税和中央地方共享税，并建立中央税收和地方税收体系。地方税体系包括土地增值税、城镇土地使用税、契税、耕地占用税、车船使用税、个人所得税、车船使用牌照税、农业税、牧业税、屠宰税、筵席税、固定资产投资方向调节税等16个税种。

我国的分税制改革存在许多缺陷，财权上收事权下移的财权与事权不匹配的分税制度加剧了人口城镇化与土地城镇化的失调程度。我国实行的是税收集权制，行政权力的大小决定财政权力的多寡，因此，形成从中央到地方，再到基层，财权逐渐减少。然而，我国的分税制改革只是明确了中央与地方的财权关系，却未对各级政府间的事权加以明确，中央政府和地方政府的事权关系因为没有法定化而存在很多模糊的地方，导致若干事权从中央向地方政府甚至基层政府的层层下移，与此相对的是事权在下放的过程中并没有伴随着足够的财政转移支付④，其结果是"财权上收，事权下移"⑤，使得各级地方政府的财权和事权范围极度不对称。

---

① 谢培秀：《混合所有制导向的我国农村土地制度改革》，《中州学刊》2015年第5期。
② 程瑶：《土地财政与中国房地产税》，南京大学出版社2013年版，第50页。
③ 程瑶：《土地财政与中国房地产税》，南京大学出版社2013年版，第49页。
④ 程瑶：《土地财政与中国房地产税》，南京大学出版社2013年版，第51页。
⑤ 蔡书凯：《地方政府在房地产发展中的角色》，载倪鹏飞《中国住房发展报告》(2012—2013)，社会科学文献出版社2012年版，第175—177页。

从表 8-1 和图 8-6 可清晰地看出，分税制改革后，中央政府财政收入占全国财政收入的比重在逐渐增加，但财政支出所占比重却在逐渐减少；与之形成鲜明对比的是，地方政府财政收入占全国财政收入的比重逐渐减小，而财政支出所占比重却在逐年增加；地方政府的财政收入占全国财政收入的比重与其财政支出占全国财政支出的比重之间存在巨大的差距。

表 8-1 中央与地方财政收支占全国财政收支比重（1994—2015 年）

单位:%

年份	中央财政收入比重	地方财政收入比重	中央财政支出比重	地方财政支出比重	地方财政收支差
1993	22.02	77.98	28.26	71.74	6.24
1994	55.70	44.30	30.29	69.71	-25.41
1995	52.17	47.83	29.24	70.76	-22.93
1996	49.42	50.58	27.10	72.90	-22.32
1997	48.86	51.14	27.43	72.57	-21.43
1998	49.53	50.47	28.95	71.05	-20.59
1999	51.11	48.89	31.49	68.51	-19.62
2000	52.18	47.82	34.75	65.25	-17.43
2001	52.38	47.62	30.51	69.49	-21.86
2002	54.96	45.04	30.71	69.29	-24.25
2003	54.64	45.36	30.10	69.90	-24.54
2004	54.94	45.06	27.71	72.29	-27.23
2005	52.29	47.71	25.86	74.14	-26.42
2006	52.78	47.22	24.72	75.28	-28.06
2007	54.07	45.93	22.98	77.02	-31.08
2008	53.29	46.71	21.32	78.68	-31.97
2009	52.42	47.58	19.99	80.01	-32.42
2010	51.13	48.87	17.79	82.21	-33.34
2011	49.41	50.59	15.12	84.88	-34.30
2012	47.91	52.09	14.90	85.10	-33.01

续表

年份	中央财政收入比重	地方财政收入比重	中央财政支出比重	地方财政支出比重	地方财政收支差
2013	46.59	53.41	14.60	85.40	-31.99
2014	45.95	54.05	14.87	85.13	-31.08
2015	45.49	54.51	14.52	85.48	-30.97

资料来源：国家统计局。

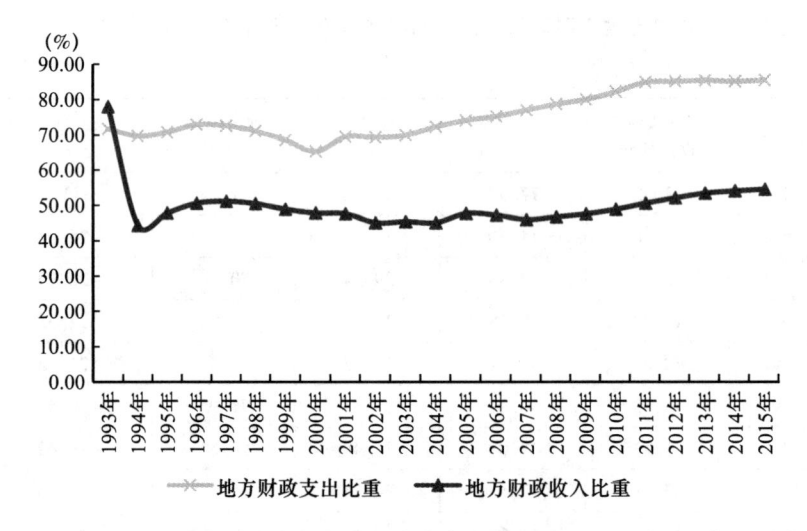

图8-6 地方财政收支占全国财政收支的比重（1993—2015年）
资料来源：国家统计局。

为了解决财政困难，地方政府可采取"减支"和"增收"两种办法。减少财政支出势必造成公共产品和服务的供给减少，涉及民生的教育、住房、社保、基础设施建设的投资和补贴减少，这些都会制约农民工市民化（见图8-7）。

增加地方政府财政收入的手段有多种，如中央的转移支付、巧设名目进行行政性收费、扩大税源等，而最有效、最便捷的途径是土地财政。土地财政是指地方政府利用土地所有权和管理权获取收益，通过土地税收、土地使用权出让、土地融资等方式获得收益来直接或间接增加财政收入。这是最为有效的增收办法，原因有三点：其一，土

第八章 中国人口城镇化滞后于土地城镇化的原因　181

```
            ┌─────────────────────────┐
            │  财权与事权不匹配的分税制  │
            └────────────┬────────────┘
              ┌──────────┴──────────┐
              ▼                     ▼
      ┌──────────────┐      ┌──────────────┐
      │ 地方政府财权减少 │      │ 地方政府事权增加 │
      └──────┬───────┘      └──────┬───────┘
             ▼                     ▼
      ┌──────────────┐      ┌──────────────┐
      │ 减少地方政府财政支出 │  │ 增加地方政府财政收入 │
      └──────┬───────┘      └──────┬───────┘
             ▼                     ▼
      ┌──────────────┐      ┌──────────────┐
      │  减少公共服务供给  │      │  土地财政（最有效） │
      └──────┬───────┘      └──────┬───────┘
             ▼                     ▼
      ┌──────────────┐      ┌──────────────┐
      │   制约人口城镇化   │     │   推动土地城镇化   │
      └──────────────┘      └──────────────┘
```

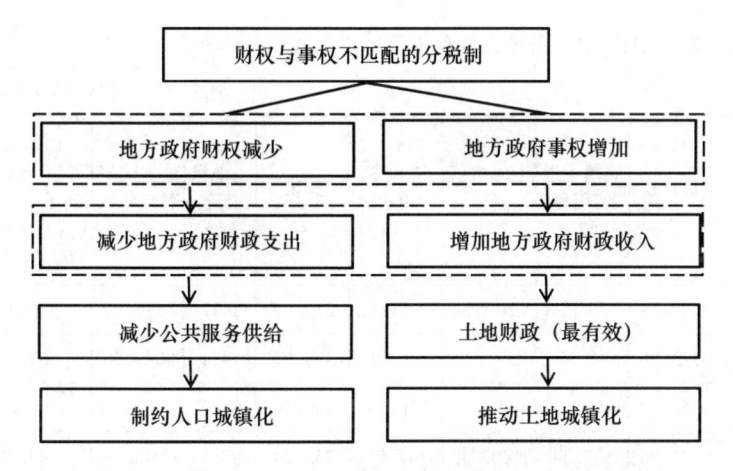

图 8-7　财权与事权不匹配的分税制影响人口城镇化与
土地城镇化路径

地财政主要组成部分是通过"招、拍、挂"获得的土地出让金，属于预算外收入，游离于监管体系外。其二，实施分税制后，土地出让金及房地产业、建筑业的营业税属于地方政府独享部分。其三，与土地相关的税收收入和非税收入较高。分税制下地方政府依靠土地获取收入主要包括两部分内容：（1）与土地有关的税收收入。目前实际征收的 14 个地方税种有 5 个与土地和房屋直接相关，分别是城镇房产税、城镇土地使用税、土地增值税、耕地占用税、契税。2002—2015 年与土地有关的税收收入累计高达 111393.86 亿元。（2）与土地有关的非税收入，如土地出让金、新增建设用地有偿使用费、新菜地开发建设基金等，其中主要非税收入是土地出让金。2002—2015 年土地出让金收益累计高达 260869 亿元。与土地直接有关的税收收入和非税收入中的土地出让金占地方政府财政收入的比重较大，2002—2015 年平均占到 60% 以上，2010 年甚至高达 82.56%（具体见表 8-2）。土地财政占地方财政收入的比重较大，已然成为地方政府的"小金库"和"第二财政"。

表8-2　土地财政占地方政府财政收入比重（2002—2015年）

单位：亿元、%

年份	房产税 （1）	城镇土地使用税 （2）	土地增值税 （3）	耕地占用税 （4）	契税 （5）	土地出让金 （6）	地方政府财政收入 （7）	土地财政占地方财政收入的比重（8）=[（1）+…+（6）]÷（7）
2002	282.38	76.83	20.51	57.34	239.07	2417	8515.00	36.33
2003	323.86	91.57	37.28	89.90	358.05	5421	9849.98	64.18
2004	366.32	106.23	75.04	120.09	540.10	6412	11893.37	64.07
2005	435.96	137.34	140.31	141.85	735.14	5884	15100.76	49.50
2006	514.85	176.81	231.47	171.12	867.67	7677	18303.58	52.66
2007	575.46	385.49	403.10	185.04	1206.25	13000	23572.62	66.84
2008	680.34	816.90	537.43	314.41	1307.54	9600	28649.79	46.27
2009	803.66	920.98	719.56	633.07	1735.05	16000	32602.59	63.84
2010	894.07	1004.01	1278.29	888.64	2464.85	27000	40613.04	82.56
2011	1102.39	1222.26	2062.61	1075.46	2765.73	31500	52547.11	75.61
2012	1372.49	1541.71	2719.06	1620.71	2874.01	26900	61078.29	60.62
2013	1581.50	1718.77	3293.91	1808.23	3844.02	42000	69011.16	78.61
2014	1851.64	1992.62	3914.68	2059.05	4000.70	33400	75876.58	62.23
2015	2050.90	2142.04	3832.18	2097.21	3898.55	33658	83002.04	57.44

数据来源：各项税收收入数据来自国家统计局，土地出让金数据来自国土资源部和财政部网站。

土地财政的"增收"模式推动土地城镇化快速扩张（见图8-7）。地方政府为了"创收"，通过征地卖地获取高昂的土地出让金；征地，再"以地抵押"向银行等金融机构融资；征地，以低价甚至零价格出让工业用地的优惠政策，打造良好的投资环境，大力招商引资（特别是外资，以此加大出口额，取得中央的出口退税），获取企业增值税25%分享部分，以及几乎完全由中央政府承担的出口退税[①]。地方政府这种"以地生财"来"经营城市"的模式，使得"空间城市化大跃进"[②]，极大地加快了土地城镇化进程。

第四节 政绩考核与晋升机制影响人口与土地城镇化协调发展

政绩，是指干部的思想和行为见之于客观实际的结果，是干部的思想品德、政策水平、工作能力以及努力程度等因素的综合体现，是对干部内在素质转化为实际效用的检验依据。政绩考核，是上级领导部门对一届班子在任期内"德、能、勤、绩、廉"状况进行的综合考核。[③] 近年来，我国的政绩考核制度在不断完善，考核体系更加科学、考核的指标也多样化，不再以地区生产总值论英雄。[④] 然而，现行的政绩考核制度依然存在许多问题，主要表现在：

（1）政绩考核指标不科学，依然注重经济指标[⑤]。虽已明确提出

[①] 1985—1987年，中央和地方共同负担出口退税。1988—1991年，出口退税全部由中央负担。1991年，中央外贸企业的出口退税由中央负担；地方外贸企业的出口退税由中央负担90%，地方负担10%。1992—1993年，中央外贸企业的出口退税由中央负担；地方外贸企业的出口退税由中央负担80%，地方负担20%。1994年在中央财政负担较重的情况下，国务院决定从2004年1月1日起，出口退税由中央和地方财政按照75%:25%的比例承担。2005年8月1日，国务院印发了《关于完善中央与地方出口退税负担机制的通知》（国发〔2005〕25号），宣布调整现行出口退税政策，决定从2005年1月1日起把中央和地方出口退税分担比例改为92.5%:7.5%。

[②] 陶然、曹广忠：《"空间城镇化"、"人口城镇化"的不匹配与政策组合应对》，《改革》2008年第10期。

[③] 李灿：《用科学的发展观构建新的政绩考核指标体系》，《统计与决策》2005年第1期。

[④] 2013年12月中组部印发《关于改进地方党政领导班子和领导干部政绩考核工作的通知》，"评官"的办法有了很大完善，改变了以往单纯强调经济增长的考核方式，规定"不能仅仅把地区生产总值及增长率作为考核评价政绩的主要指标，不能搞地区生产总值及增长率排名。中央有关部门不能单纯以地区生产总值及增长率来衡量各省（自治区、直辖市）发展成效。地方各级党委政府不能简单以地区生产总值及增长率排名评定下一级领导班子和领导干部的政绩和考核等次"。

[⑤] 经济指标包括地区生产总值增长率、财政收入、招商引资等指标。

政绩考核内容包括"德、能、勤、绩、廉"五方面，但是对于"德、能、勤、廉"这四个方面的评价主观因素比较大，难以量化，在考核时经济指标依然备受青睐，原因包括：经济指标易观察、可量化；对传统政绩考核方式的路径依赖；追求地区生产总值增长率的政绩观念依然根深蒂固。

在政绩考核指标的导向作用下，为了获取更高的地区生产总值和财政收入以彰显政绩，征地卖地、招商引资成为地方政府的"上策"，原因是通过征地卖地，不仅可以直接增加地方政府的"财力"，同时还能以低价工业用地等优惠政策来吸引投资，促进当地经济增长，获得更多税收。因此，在政绩考核指标的引导下，地方政府官员通过征地卖地，促进经济增长和增加财政收入，这种政府官员的"理性"行为选择，满足了政府官员任期内"功成"，追求"短、平、快"效应的需要，但却导致城镇规划不合理，城镇规模无序扩张、土地资源低效利用等问题（见图8-8）。如部分城镇提出不切实际的规划目标，进行国际大都市、生态城、大学城的规划建设，以及市政中

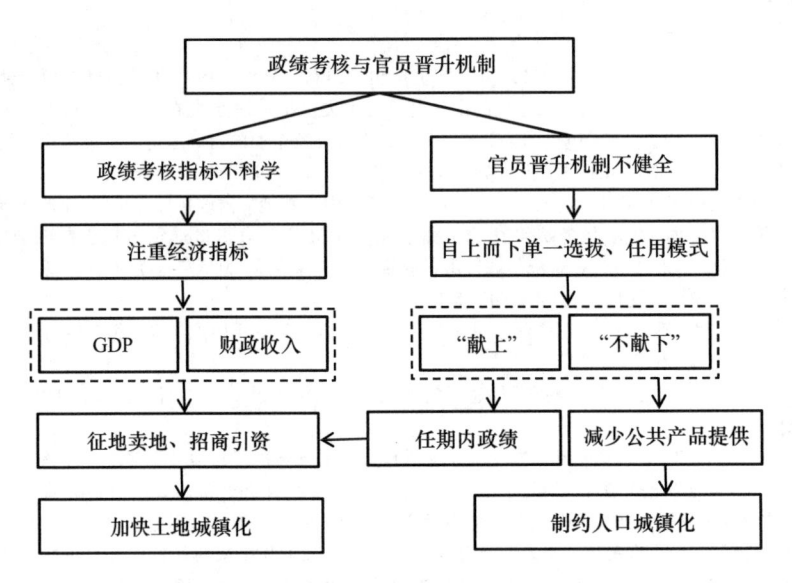

图8-8 政绩考核与官员晋升制度影响人口城镇化与土地城镇化的路径

心、豪华会展中心、大场馆、大绿地竞相建设，挤占了大量耕地；在进行城市建设的时候，"形象工程"、"面子工程"、重复建设等不断出现，城市建设在"建—拆—建"的恶性循环中徘徊，浪费了大量的人力、物力、财力；不少城镇热衷于行政区划调整，认为只要把市辖县改为市辖区，就可以推进城镇发展和经济繁荣，结果造成城镇"摊大饼式"发展。①

（2）官员晋升机制不健全，自上而下单一的官员选拔、任用模式加剧了人口城镇化与土地城镇化的失调。政府是由那些关注自己政治生涯和利益的政府官员组成，政府官员关心的是政治生涯中的晋升问题。现行的政府官员晋升机制不健全，采取的是自上而下的选拔、任用模式，"没有一种自下而上的考核机制，升迁决定权主要来自上级而并不在民"②，使得地方官员"献上不献下"③，导致人口城镇化与土地城镇化失调。

"献上"行为加快土地城镇化进程。在晋升考核中，上级部门主要考核"地方党政领导班子和领导干部在任期内的工作思路、工作投入和工作成效"，要想在"任期内政绩"上获得高分，从而获得晋升机会，地方政府官员必须注重政绩考核指标所含内容，在考核指标的导向作用下，如前所述一样加快了土地城镇化的进程。

"不献下"的行为制约了人口城镇化的发展。由于群众对于政府官员晋升的影响不大，导致地方政府缺乏提供公共产品的动力。政绩考核中，民生类公共产品的"潜绩"特性导致地方政府缺乏提供公共产品的激励。由于民生类公共产品"可测性较弱，难以具体量化"，民生政绩属于"潜绩"，其"考核比经济政绩考核更具复杂性"，导致地方政府不注重民生类公共产品的提供，即便是提供，也

---

① 杨宏山：《城市管理学》（第二版），中国人民大学出版社2013年版，第120页。
② 孔善广：《"土地财政"：地方政府增收的理性行为与相关制度的缺陷》，《学习与实践》2007年第5期。
③ "献上不献下"是指由于上级部门对下级部门官员的选拔、任用和晋升具有决定权，理性的政府官员更加关注的是关乎政绩的由上级部门订立的考核指标，在上级部门"指挥棒"的作用下，关心自己的政绩和政治生涯而非民生问题。

更愿意投资规模大、见效快、影响面广、可实际测量政绩的那些公共产品，比如，道路等基础设施建设。[①] 同时，公共产品的提供会减少地方政府上缴中央的财政收入，不利于政绩和晋升，对于"理性"的政府官员来说是不会做出这种"不理性"的选择和行为的。公共产品供给不足，城镇居民难享完备的公共服务和基础设施，降低了人口城镇化的愿望。

[①] 盛明科、唐玲：《地方政府民生类公共产品竞争失序及其治理研究》，《求索》2011年第10期。

第九章 促进人口城镇化与土地城镇化协调发展的措施

新型城镇化的核心是人的城镇化,目前人口城镇化滞后于土地城镇化主要是由与之相关的各项制度安排不合理、不完善所致。因此,需要针对这些制度的不足,深化各项改革使之有利于人口城镇化与土地城镇化的协调发展。

第一节 深化户籍制度改革,解绑与户籍关联的制度安排

深化二元户籍制度的改革,实现两个基本的目标:(1)逐步取消农业户口与非农业户口的"老二元结构"问题,逐步弱化有户籍的市民和无户籍的流民的"新二元结构"管理体制问题,给予城镇化人口以"市民"待遇,解决进城农民工与城镇本地户籍居民之间的差异问题,营建同化平等机制。(2)消除户口的社会附加功能,切断户籍身份与利益之间的关联,改变户籍与社会保障、教育、住房等公民利益挂钩的不合理现象,实现城乡一体化管理。

改革与户籍捆绑的社会保障制度、教育制度、住房保障制度,取消与城镇户口相关联的经济和社会福利待遇,推动基本公共服务均等化,公平对待农民工与市民,消除新老"二元社会"问题,从而推进农民工市民化进程。

一 建立全国统一的社会保障制度

针对我国社会保障制度存在的社保便携性差和逐渐形成的"碎片化"趋势，行之有效的方法是建立全国统一的社会保障制度，实现社保公共服务均等化和异地转续有效对接，保障流动人口的合法权益。具体而言：首先，建立起全国统一的社会保障体系，这样有利于异地转续对接，保障流动人口平等获得社会保障的权利。其次，加大财政对社会保障的支持，降低社会保障的个人账户的缴费比例，提高农民工的参保率。最后，采用"城保"模式，将农民工纳入城镇社会保障体系，提高农民工的社保水平，增强农民工市民化意愿和能力。

针对农民工工资收入低，不愿将自己辛苦赚来的钱用于缴纳保险费问题，在社会保障方面应该加大对农民的职业技能培训，增强农民工的人力资本存量，提高农民工的就业能力和职业水平，从而增加工资收入，促进人口城镇化的发展。在城镇就业市场上逐渐地由以户籍为导向转变为以受教育水平、职业资格证书、岗位技能资格证书等为筛选标准[1]，政府应有计划、有组织地对本地流出劳动力进行培训，提高他们的职业技能[2]，从而提高进城务工人员的工资收入，增强城镇化的能力。

二 建立全国统一的学籍管理系统

要想解决好农民工随迁子女在城镇接受教育的问题，建议从以下三点着手。

（1）将农民工随迁子女受教育问题纳入流入地城镇的义务教育体系，切实解决农民工子女入学难的问题，保障他们平等享有接受九年制义务教育的权利。

（2）改革现行的义务教育财政体制、实行中央财政统一预算，提高义务教育质量。首先，要进一步加强政府对义务教育的责任感。从

---

[1] 黄荣清：《转型时期中国社会人口》，辽宁教育出版社2004年版，第323页。
[2] 厉晓华：《农村城镇化制度性障碍分析》，《农村经济》2006年第1期。

世界范围来看，义务教育源于德国，从很多国家的实践来看，义务教育在某种程度上意味着强迫教育和免费教育，在当代，义务教育水平和实施情况成为人们评价政府教育工作的一个重要考量方面。国家通过实施免费、强迫的义务教育制度，使公民在事实上享有了接受教育的权利。其次，中国的城镇化情况比较特殊，大量农村人口因打工等需要迁移到城市，成为城市的流动人口，该群体子女的义务教育问题是一个难题。政府应创新观念，改革现有的"地方负责、分级管理"的义务教育财政体制，应考虑由国家设立专项资金，统一协调解决城镇流动人口子女的义务教育问题，将全民义务教育落到实处。①

（3）建立全国统一标准的电子学籍管理系统，用学籍管理代替户籍管理，让农民工享受"同城待遇"，监督农民工子女就学情况，解决农民工随迁子女异地升学问题。提升电子学籍的使用和覆盖范围，要将所有义务教育学校全部纳入全国电子学籍管理系统，政府加大投入、企业做好设计开发和维护、学校应派专门人员进行使用，确保每一个义务教育阶段的学生的入学、就读、转学、失辍学等学籍状态都在系统的监控之中，尤其是城镇流动人口的子女，为其提供公平和快捷的入学、转学、升学等"一条龙"服务，进而保障每一个孩子都能上学。②

三 将农民工纳入城镇住房保障覆盖范围

在城镇居民住房保障体系中应充分考虑到城镇流动人口。居住权是一项基本人权③，住房保障与医疗、养老保障等共同构成了社会保障体系，是社会中每一位居民应平等享有的基本权利。但一直以来，由于我国很多城镇人口是非永久性的迁移人口，他们的户籍还在农

---

① 蒋国河、孙萍：《农民工子女教育问题的政策反思》，《江西财经大学学报》2005年第6期。
② 蒋国河、孙萍：《农民工子女教育问题的政策反思》，《江西财经大学学报》2005年第6期。
③ 崔永亮、吕萍、张远索：《住房保障对象的覆盖范围、类别划分与保障需求》，《现代经济探讨》2014年第4期。

村,所以,在城镇的住房规划和财政安排中并没有充分考虑到这些人,由此导致他们无法成为真正的"市民",延缓了人口城镇化的进程。因此,应努力改变这种局面,建立多层次城镇住房保障体系,针对城镇流动人口,进一步强化廉租住房建设。

拓宽住房保障常住人口全覆盖,将农民工纳入城镇居民住房保障体系,降低农民工在城镇的成本支出,同时解决进城务工人员住房困难问题,提高农民工住房质量,有序推进农业转移人口市民化,建立农业人口转移的促进机制。

第二节　推进土地制度改革,促进城镇化健康发展

推进土地制度改革,促进农业转移人口与农村土地和集体资产有效分离,依靠土地和财产资本化,增强人口城镇化成本的支付能力。加速农村土地流转制度的改革,制定土地合法转让政策,规范土地转让手续和程序[①],使进城务工的农民摆脱"兼业化"的双重身份,同时加强这些居民土地的农业化集约经营,改变农村土地大量抛荒、资源大量浪费的局面。

一　推进土地征用制度改革

针对我国土地征用与出让制度存在的征地目的模糊、征地补偿标准低、农民难享土地增值收益问题,首先需要确权,然后是完善土地增值收益的分配机制;而针对土地出让制度存在的公开、透明度不足问题,则需要改革土地出让制度,增加透明度,降低政府从土地出让中所获得的收益,遏制地方政府征地冲动。

(一)采用"国有化"与"市场化"相结合的方式获取农村集体土地

这一方式首先需要区分用地性质,将建设用地区分为公共利益性

---

① 厉晓华:《农村城镇化制度性障碍分析》,《农村经济》2006年第1期。

用地和商业经营性用地。对于公共利益性用地，依然采用行政征用的"国有化"方式。但要明确征用概念，严格限定公共利益性用地的范围。将征地范围严格限制在以下几类：军事用地；国家机关及公益性事业研究单位用地；能源、交通用地；公共设施用地；国家重点工程用地；公益及福利事业用地；水利、环境保护用地；其他公认或法院裁定的公共利益用地。对于商业经营性用地"农转非"应该采用"市场化"方式来解决。农村土地按照政府的土地供应计划直接进入土地建设用地市场，让农民获得应有的土地增值收益，政府通过征收土地交易税获得部分土地增值收益。探索商业经营性用地直接入市交易的模式，减少地方政府的征地范围，可以有效地限制地方政府在征地过程中的"无限权力"[1]，降低因政府干预引起的农民权益损失程度，提高农民城镇化的财力。

（二）完善土地增值收益分配机制，提高失地农民收益

土地增值利益的分配应当首先满足失地农民的发展需求，在失地农民生活水平得到保障的前提下，提高失地农民的发展能力，使他们能够拥有公平的发展机会，参与社会发展和分享社会发展利益。[2]

（三）积极引入监督机制，实现阳光操作，提高土地市场的透明度，规避暗箱操作，有效促进土地市场的公开、公正、公平。

（四）改革土地出让金制度，遏制政府征地冲动

土地出让金实际上就是若干年土地使用期的地租之和。政府获得的土地出让金很大程度上是在"透支"未来的收益，表现在跨任期地方政府角度，是在任政府对下任政府土地收益的预支。因此，可以对土地出让金恢复其地租的经济学本质，在任的地方政府可以卖地，但土地的收益按年度在土地的使用年限内分期支付。对于在任政府来

---

[1] 地方政府既享有征地决定权，又享有补偿决定权；既是征地政策的制定者，又是该政策的执行者，还是征地纠纷裁判者。在这样的情况下，地方政府实质获得了无限的集体土地征用权。该资料引自董再平《地方政府"土地财政"的现状、成因和治理》，《理论导刊》2008年第12期。

[2] 董再平：《地方政府"土地财政"的现状、成因和治理》，《理论导刊》2008年第12期。

说，卖的地越多，给下任政府留下的预期收益就越多，这样从经济上就约束政府征地的冲动。另外，通过土地出让金分年度支付，降低了房地产开发商的成本，从而降低房价，降低了市民化成本，有利于人口城镇化。

二 推进土地承包经营权流转制度改革

针对农村土地承包经营权流转制度存在的土地所有权主体不明确、流转范围受限以及登记制度不科学等缺陷，可从以下几个方面推进农村土地承包经营权流转制度改革。

（一）明晰农村土地所有权主体

现有的《土地管理法》和《土地承包法》等相关法律中对农村土地所有权主体和土地承包经营权流转主体的规定都较为模糊，现实中乡（镇）政府、村委会往往成为农村土地承包经营权流转的实际操控者，农户利益得不到保障。因此，需修订现行的法律法规，进一步明确农村集体土地所有权主体的范围、权利和义务，扭转政府对土地承包经营权流转的过分干预，设立农村土地资产管理委员会，专门负责农村集体土地承包经营权的流转。[1]

（二）打破土地承包经营权流转的主体限制

根据《中共中央关于推进农村改革发展若干重大问题的决定》中关于土地承包经营权流转的相关规定，"……实现土地承包经营权流转主体的多元化，建立和完善开放型的农村土地流转市场"[2]，鼓励农业大户、农民专业合作社和农事企业等多种经营主体积极参与农村土地承包经营权流转，发展规模化经营，建立高效专业化农业集聚区。

（三）完善土地承包经营权流转登记制度

土地承包经营权是一种用益物权，属于不动产物权，但我国现行

---

[1] 杨光：《我国农村土地承包经营权流转制度的缺陷与完善对策》，《当代经济研究》2011年第10期。

[2] 姜德鑫：《试论农村土地承包经营权流转法律制度的完善》，《新疆财经大学学报》2009年第1期。

立法对土地承包经营权流转采取的债权合意主义的做法容易"使土地承包经营权的流转这一重要物权的变动缺乏必要的公信力，容易产生流转纠纷，造成对善意第三人的伤害"[1]。因此，要完善农村土地承包经营权流转的档案管理制度。设立专门机构，建立土地承包经营权流转及时登记制度，建立农村土地承包经营权流转管理的网络系统，将土地承包流转情况准确无误地进行登记，将相关文件进行归档，提高此项工作的制度化、规范化和信息化，切实保障土地流转登记公示公信力的实现。此外，还需完善土地承包经营权流转的"公告—查询"制度，建立各级土地承包经营权流转查询系统，简化查阅程序，进一步保护流转当事人的权益。[2]

三　完善农村宅基地流转机制

针对农村宅基地制度存在宅基地"半集体属性"以及地上房屋"半私有属性"导致的农民房屋产权不完整以及宅基地流转范围被严格限制在"本集体组织内"，从而导致农民房屋财产性收益难以变现，降低农民城镇化成本支付能力从而影响人口城镇化进程的问题，可以采用明晰产权，扩大流转范围的办法解决。而对于禁用宅基地使用权抵押等金融功能，国家应积极探索赋予宅基地使用权抵押融资功能的方法。具体来说：

（1）明晰产权，使农民拥有完整的房屋产权。从宅基地本身的使用性质出发，可以将其区分为生产类用地[3]和生活类用地[4]，根据马克思生产资料公有制原则，生产类用地所有权属于集体经济组织。按照生活资料私有制原则，生活类用地所有权归农民私人所有，为宅基

---

[1] 任懿：《有关农村土地承包经营权流转的法律问题研究》，《科学决策》2008年第9期。

[2] 杨光：《我国农村土地承包经营权流转制度的缺陷与完善对策》，《当代经济研究》2011年第10期。

[3] 即供生产所用的宅基地，如四旁绿化用地（房前屋后的竹林、林木、花圃用地）和其他生活服务设施用地（如水井、地窖、沼气池用地）等，具有明显的生产资料的性质。

[4] 即房屋的建设用地和相关辅助设施等的居住生活用地，如住房、厨房、牲畜房、仓库、厕所用地等，具有典型的生活资料的属性。

地的顺利流转奠定了清晰的产权基础。①

（2）扩大农村宅基地流转范围，允许农村宅基地在集体所有制成员之外流转，提高农民财产的变现率，从而增加人口城镇化的支付能力。

（3）赋予"两权"（农村土地承包经营权和农民住房财产权）抵押融资功能，维护农民土地权益。在防范风险、遵守有关法律法规和农村土地制度改革等政策基础上，在依法有序、自主自愿、稳妥推进、风险可控原则下，稳妥有序地开展"两权"抵押贷款业务，盘活农村各类资源、资金和资产，一方面解除土地对农民的束缚，另一方面加强人口城镇化的支付能力。

第三节 建立财权与事权对称的财税体制

分税制改革后，"财权上收、事权下移"导致地方政府财权与事权不对称，为了完成中央"下移"的事权，不得不寻找新的税收来源，而土地出让金收益因为其是一项地方政府可以独享却又不受中央干预的非预算内收入，受到地方政府的青睐，逐渐形成地方政府的"土地财政"。因此，要改变这种靠"卖地生财"的财政收入状况，必须推进财税制度改革，建立财权与事权相对称的分税制，具体措施包括以下三点。

（1）财权与事权同时下放。明确中央与地方的事权与财权，确保地方政府事权与财权相对称，确保地方政府获得提供相匹配公共产品（事权）的"财权"，确保地方政府在自己的"财权"范围内即可完成相应的职能权责，不用为了完成中央下移的事权，而减少公共产品和服务的提供，从而完善城镇的基础设施，增加公共产品和服务的提供，打造良好的城镇生活环境，吸引人口城镇化。

（2）完善转移支付制度，缩小区域间财力差距，逐步实现基本公

---

① 徐万刚、杨少垒：《城市化视角下的农村宅基地流转制度分析》，《社会科学家》2009年第3期。

共服务均等化，促进人口在区域之间合理流动，从而促进区域间协调发展。根据目前我国转移支付制度的现状，应从以下几个方面加以完善：①实行纵横结合的转移支付模式。一直以来，我国采取的是纵向的转移支付制度模式，而且中央转移支付力度不够，难以实现既定的目标。因此应考虑实行以纵为主、纵横结合的转移支付模式。一方面，考虑设立经济欠发达地区（主要是东北老工业基地和西部地区）专项资金，加大对这些地区的转移支付力度和政策倾斜，促进各地区经济协调发展。另一方面，考虑加大东部地区对经济欠发达地区的转移支付力度，帮助这些地区缓解财政困难。②以"因素法"取代传统的"基数法"，统一和规范财政转移支付的标准。要选取一些客观的、能够综合反映各地财政收支状况的因素确定各地的转移支付额，作为分配拨款的依据，提高转移支付透明度，减少各级政府间的盲目攀比。③规范省级以下的转移支付制度。由中央制定出相对统一的比较规范的省级以下的转移支付制度，各省、市应据此加大对本区域经济欠发达地区的转移支付力度，尤其加大对乡镇这一级的转移支付力度，以缓解乡镇财政困难。④尽快完善转移支付法律制度。目前，我国应尽快制定一部《财政转移支付法》，对转移支付的原则、项目、形式、标准和程序（特别是审批程序）、监管、法律责任等都应做出明确的规定，在此基础上完善相应的法律法规，将转移支付纳入法制轨道。①

（3）开辟新税源，降低地方政府对土地财政的依赖，控制土地城镇化。面对目前土地财政所占比重较大的问题，地方政府需重新寻找稳定的税源，确定新税种，以确保稳定的税收来源支持城镇建设所需。①开征土地增值税，改变地方财政收入的结构，使地方政府获得稳定的税基。城镇化进程中土地用途的转换所发生的增值在相当程度上来自具有"外部性"的城市基础设施建设和产业的发展，而非土地原使用者对土地的投资。因此，抽取一定比例的土地增值税不仅从

---

① 曹敏、刘恩华、牟进洲：《我国现行分税制的主要缺陷及其完善》，《上海经济研究》2006年第11期。

经济效率上有其合理性，而且可以实现由不规范的预算外土地出让金向更规范的预算内土地增值税的转化，减少当前地方政府在土地出让中的寻租行为和预算外财政收支缺乏透明度的情况。②开征财产税。逐渐引入对商住用房地产征收的财产税，以此激励地方政府增加商住类房地产用地的供给，缓解目前商住类房地产因为供给偏少而导致的价格过快上涨局面。

第四节 改革政绩考核与官员晋升机制

没有不合理的个人（政府）选择和行为，只有不合理的制度安排。政府官员注重"短期效应"的短视行为，是在各项制度安排下的理性选择。对于看重政治生涯的理性地方官员而言，则是在政绩考核指标"指挥棒"的导向作用下，更多地关注上级的政绩考核指标而非底层的普通百姓。要改变目前地方政府官员的"短期行为"，首先需要政府官员转变观念，树立"功成不必在我"的政绩观。"功成不必在我"，是务实为民的政绩观。立足实际，以群众利益为中心，多做打基础、利长远之事。正确处理好长远利益与眼前利益、集体利益与个人利益的关系，要有"前人栽树，后人乘凉"的胸襟。不贪一时之功，不图一时之名，不盲目冒进。人民的事业既离不开改革，也离不开"接力"。前人的课要补，后人的路更要铺，只有谋好几任的事，才能干好一任的活。但倘若为求个人名利，便"新官不理旧事"，脱离实际，"另起炉灶"，甚至大搞形象工程，其结果往往欲速则不达，留下一个个"半拉子"工程，既损害了个人形象，又劳民伤财，影响地方的长远发展。①

最重要的是建立"功成不必在任内"的政绩考核观和考核制度，从制度上防止急功近利和短期行为。通过完善政绩考核制度和官员晋升机制，鼓励干部多做打基础、利长远的事，使这类干部能安心干

---

① 魏华欣：《习近平"功成不必在我"为干部匡正政绩观》，2013年9月，人民网（http://qzlx.people.com.cn/n/2013/0929/c364918-23077117.html）。

事，不会因为真正为群众办好事，却因短期内难见成效而吃了考核的亏，挫伤积极性。①

（1）降低经济业绩在考核指标中的权重，"强化约束性指标考核，加大资源消耗、环境保护、消化产能过剩、安全生产等指标的权重。更加重视科技创新、教育文化、社会保障、人民健康状况等指标的考核"。避免因过度强调经济指标对地方政府形成不良导向作用，使得地方政府过度重视征地卖地、招商引资以促进地区生产总值、财政收入等考核指标的增长，造成城镇无序扩张，土地资源利用方式过于粗放。应重视土地资源的集约化使用，科学合理规划城镇建设，严格限制城镇用地。

（2）采用"自上而下"与"自下而上"相结合的官员晋升考核模式，建立体现民意的官员晋升考核机制。完善政府绩效考核标准，将居民幸福指数、城市公共服务水平等体现民意的指标纳入考核，着力增强居民对城市的归属感和幸福感，从而促进人口城镇化。同时也可以尝试在官员选拔任用时，加入民意调查，以检验考核人员"为民服务"的情况，从而激励地方官员提供完备的公共服务，吸引农村居民流入城镇，促进人口城镇化的发展。

综上，促进人口城镇化与土地城镇化协调发展的措施包括两个方面：一方面，促进人口城镇化快速发展，作用原理如下（见图9－1）：①深化户籍改革，消除户籍的社会附加功能，改变户籍与社会保障、教育、住房等公民利益挂钩的不合理现象。通过建立全国统一的社会保障制度，保障流动人口的合法权益，解决流动人口的后顾之忧；通过建立全国统一的学籍管理系统，用学籍管理代替户籍管理，解决进城农民工随迁子女的教育问题；通过建立城乡一体化的住房保障制度，在城镇居民住房保障体系中充分考虑到城镇流动人口，全面解决城镇流动人口的住房问题；通过深化户籍改革，建立城乡一体化的社会保障制度、教育制度和住房保障制度，解除农民城镇化的后顾

---

① 《建立"功成不必在任内"考核观》，2015年6月，新华网（http://news.xinhuanet.com/local/2015-06/30/c_127966055.html）。

之忧。②通过明晰农村土地产权、扩大流转范围、完善流转登记制度，促进"两权"有序流转，解除土地对农民的束缚；赋予"两权"抵押融资等金融功能，提高农民的财产性收益，从而提高市民化成本的支付能力。③建立财权与事权对称的分税制，地方政府获得相应事权的财权，确保地方政府提供匹配公共产品的财力。通过建立体现民意的官员晋升考核机制，为地方官员提供民生类公共产品提供制度激励。在地方官员同时具有提供公共产品的财力和动力的情况下，民生类公共产品的供给得到保障，有利于吸引人口城镇化。

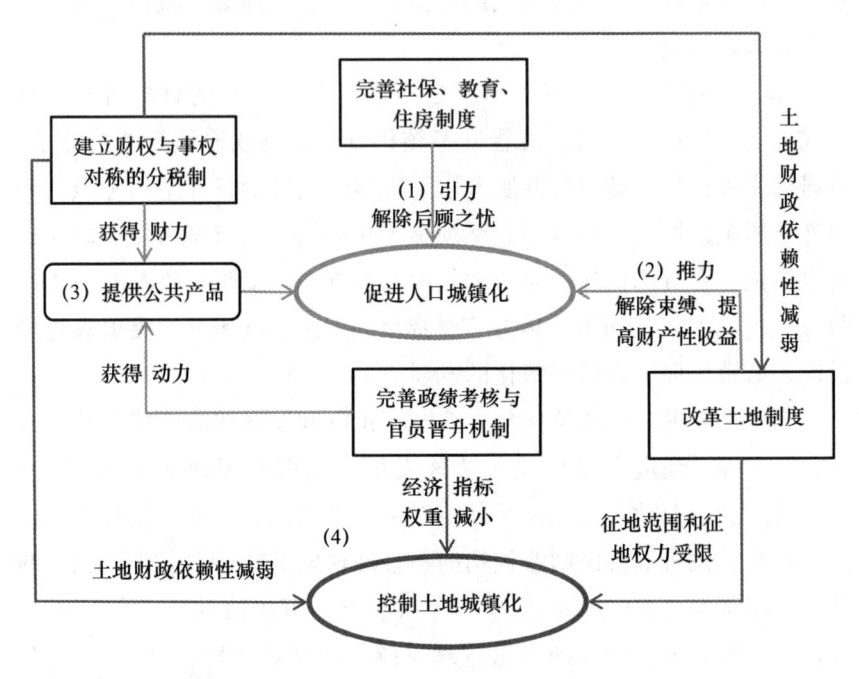

图 9-1 促进人口城镇化与土地城镇化协调发展的各项措施的作用原理

另一方面，控制土地城镇化。作用原理如下：财权与事权相对称的分税制的建立，地方政府获得了履行其基本职能的财政收入，不需要再通过"卖地生财"的方式来"创收"；通过土地征用与出让制度的改革，限制了地方政府征地的权力和范围，遏制了地方政府征地的冲动；同时也寻找到新的稳定税源，地方政府对土地财政的依赖性减弱；加上政绩考核和晋升考核时，经济指标的权重减小，地方政府不用再将土地作为区域间"标尺竞争"的筹码来招商引资。在税收制度、土地制度、政绩考核和官员晋升机制的共同作用下，土地城镇化得到合理控制，进而推动人口城镇化与土地城镇化的协调发展。

参考文献

［德］奥古斯特·勒施：《经济空间秩序——经济财货与地理间的关系》，王守礼译，商务印书馆1995年版。

［美］保罗·A. 萨缪尔森、［美］威廉·D. 诺德豪斯：《经济学》（第12版）（上册），萧琛译，中国发展出版社1993年版。

［美］查尔斯·林德布洛姆：《政治与市场：世界的政治—经济制度》，王逸舟译，上海人民出版社1994年版。

［美］刘易斯·芒福德：《城市发展史：起源、演变和前景》，倪文彦、宋俊岭译，中国建筑工业出版社1989年版。

［美］罗宾·巴德、［英］迈克尔·帕金：《经济学精要》（第二版），王秋石、张弘译，中国人民大学出版社2004年版。

［美］罗纳德·科斯：《论经济学和经济学家》，罗君丽、茹玉骢译，上海人民出版社2010年版。

［美］曼瑟尔·奥尔森：《集体行动的逻辑》，陈郁、郭宇峰、李崇新译，上海格致出版社、上海人民出版社2014年版。

［美］詹姆斯·布坎南：《成本与选择》，李芳、张旭昆译，浙江大学出版社2009年版。

［日］藤田昌久、［比］雅克-弗兰斯瓦·蒂斯：《集聚经济学：城市、产业区位与全球化》（第二版），石敏俊等译，格致出版社、上海三联书店、上海人民出版社2016年版。

［英］K. J. 巴顿：《城市经济学理论与政策》，上海社会科学院城市经济研究室译，商务印书馆1984年版。

［英］艾伦·W. 伊文思：《城市经济学》，甘士杰、唐雄俊等译，上

海远东出版社1992年版。

[英]保罗·贝尔琴、戴维·艾萨克、吉恩·陈:《全球视角中的城市经济》,刘书瀚、孙钰译,吉林人民出版社2003年版。

包永辉、陈先发:《乱征地引发无地无业之忧》,《瞭望新闻周刊》2003年第23期。

蔡继明、程世勇:《中国的城市化:从空间到人口》,《中国乡村发现》2011年第2期。

蔡继明、熊柴、高宏:《我国人口城市化与空间城市化非协调发展及成因》,《经济学动态》2013年第6期。

蔡书凯:《地方政府在房地产发展中的角色》,载倪鹏飞《中国住房发展报告》(2012—2013),社会科学文献出版社2012年版。

曹飞:《土地财政:本质、形成机理与转型之路》,《社会科学》2013年第1期。

曹敏、刘恩华、牟进洲:《我国现行分税制的主要缺陷及其完善》,《上海经济研究》2006年第11期。

曹文莉、张小林、潘义勇等:《发达地区人口、土地与经济城镇化协调发展度研究》,《中国人口·资源与环境》2012年第2期。

常丹丹:《全球大城市房屋空置率对比,北上广有多严重!》,2017年6月,和讯网(http://house.hexun.com/2017-06-16/189664346.html)。

陈超:《2015年中国50大"鬼城"排行榜出炉 县级城市成主流》,2015年11月,环球网(http://china.huanqiu.com/article/2015-11/8006492.html)。

陈琛:《被征地"农转城"人员可持续生计问题研究——以重庆两江新区龙兴工业园三个典型村为例》,硕士学位论文,西南大学,2012年。

陈春:《健康城镇化发展研究》,《国土与自然资源研究》2008年第4期。

陈春、冯长春:《农民工住房状况与留城意愿研究》,《经济体制改革》2011年第1期。

陈凤桂、张虹鸥、吴旗韬等：《我国人口城镇化与土地城镇化协调发展研究》，《人文地理》2010年第5期。

陈嫚娣：《破解征地矛盾的建议》，《黑龙江国土资源》2014年第8期。

陈美球：《中国农村城镇化进程中的土地配置研究》，博士学位论文，浙江大学，2002年。

陈明星、陆大道、张华：《中国城市化水平的综合测度及其动力因子分析》，《地理学报》2009年第4期。

陈霞：《国外农村土地城市化的比较研究》，《科技进步与对策》2000年第6期。

陈占锋：《我国城镇化进程中失地农民生活满意度研究》，《国家行政学院学报》2013年第1期。

程开明、庄燕杰：《中国中部地区城市体系规模分布及演进机制探析》，《地理科学》2013年第12期。

程雅丽：《浅谈农民工社会保障的现状及对策》，2012年9月，人民网（http://theory.people.com.cn/n/2012/0907/c40537 - 18946676.html）。

程瑶：《土地财政与中国房地产税》，南京大学出版社2013年版。

迟福林：《人口城镇化的转型与发展》，中国经济出版社2013年版。

迟福林：《推进规模城镇化向人口城镇化的转型》，中国经济出版社2013年版。

崔满红、黄晋：《论区域经济协调运行的财政规制》，《生产力研究》2002年第3期。

崔许锋：《民族地区的人口城镇化与土地城镇化：非均衡性与空间异质性》，《中国人口·资源与环境》2014年第8期。

崔永亮、吕萍、张远索：《住房保障对象的覆盖范围、类别划分与保障需求》，《现代经济探讨》2014年第4期。

戴均良、高晓路、杜守帅：《城镇化进程中的空间扩张和土地利用控制》，《地理研究》2010年第10期。

戴中亮：《城市化与失地农民》，《城市问题》2010年第1期。

邓宏乾：《土地增值收益分配机制：创新与改革》，《华中师范大学学报》（人文社会科学版）2008年第5期。

邓维青：《推进人口城镇化和土地城镇化协调发展的对策研究》，《财经界》（学术版）2015年第19期。

狄昌娅、竺杏月：《江苏省人口城镇化与土地城镇化的协调发展研究》，《中国商论》2015年第26期。

丁志伟：《中原经济区"三化"协调发展的状态评价与优化组织》，博士学位论文，河南大学，2014年。

董利民：《城市经济学》（第2版），清华大学出版社2016年版。

董再平：《地方政府"土地财政"的现状、成因和治理》，《理论导刊》2008年第12期。

董增刚：《城市学概论》，北京大学出版社2013年版。

段成荣、梁宏：《我国流动儿童状况》，《人口研究》2004年第1期。

段汉明：《城市学：理论·方法·实证》，科学出版社2012年版。

范虹珏、刘祖云：《中国城镇化空间发展态势研究——基于人口、土地、经济城镇化协调发展的视角》，《内蒙古社会科学》（汉文版）2014年第1期。

范进、赵定涛：《土地城镇化与人口城镇化协调性测定及其影响因素》，《经济学家》2012年第5期。

范玉才：《城镇化进程中失地农民犯罪问题探析》，《法制博览旬刊》2014年第6期。

方辉振：《农村公共品供给：市场失灵与政府责任》，《理论视野》2007年第8期。

方瑞博、周炳中：《上海大都市人地关系演变特征分析》，《经济研究导刊》2015年第23期。

冯云廷：《城市经济学》，东北财经大学出版社2011年版。

甘露：《新型城镇化的核心是人的城镇化》，《人民日报》2012年10月29日。

甘满堂：《城市农民工与转型期中国社会的三元结构》，《福州大学学报》（哲学社会科学版）2001年第4期。

高魏、闵捷、张安录：《农地城市流转与城市化、经济增长动态关系的计量经济分析——以湖北省 1980 年至 2003 年为例》，《资源科学》2010 年第 3 期。

辜胜阻、杨威：《反思当前城镇化发展中的五种偏向》，《中国人口科学》2012 年第 3 期。

辜胜阻：《新型城镇化：政府要重"引导"避"主导"》，《中国经济周刊》2013 年第 27 期。

顾朝林、于方涛、李王鸣等：《中国城市化格局·过程·机理》，科学出版社 2008 年版。

郭小忠：《新型城镇化进程中的土地集约利用问题与对策》，博士学位论文，中国地质大学（北京），2017 年。

国家环境保护总局：《2006 年中国环境状况公报》，中国环境科学出版社 2007 年版。

何勤、王飞鹏：《〈劳动合同法〉实施后企业用工成本的增量分析与应对措施》，《中国劳动关系学院学报》2009 年第 5 期。

和学新、李平平：《流动人口随迁子女教育政策：变迁、反思与改进》，《当代教育与文化》2014 年第 6 期。

胡伟艳：《城乡转型与农地非农化的互动关系》，科学出版社 2012 年版。

胡晓辉：《制度变迁的空间近邻效应》，博士学位论文，上海社会科学院，2016 年。

胡银根、刘彦随、张子卿：《协调城乡土地、资金与人口"三要素"助推新型城镇化》，《特区经济》2015 年第 2 期。

胡宇：《政府失灵与政府功能的限度》，《社会科学研究》2003 年第 5 期。

胡志九：《中国融资服务与经济发展的协调发展度研究》，《中央财经大学学报》2015 年第 3 期。

环境保护部：《2016 中国环境状况公报》，2017 年 6 月，中华人民共和国环境保护部（http：//www.zhb.gov.cn/gkml/hbb/qt/201706/t20170605_ 415442.htm）。

黄丹、徐邓耀：《基于 SPSS 的人口增长与土地城市化关系分析研究——以南充市区为例》，《重庆与世界》2011 年第 1 期。

黄荣清：《转型时期中国社会人口》，辽宁教育出版社 2004 年版。

黄忠华、吴次芳、杜雪君：《我国耕地变化与社会经济因素的实证分析》，《自然资源学报》2009 年第 2 期。

惠宁、霍丽：《中国农村剩余劳动力转移研究》，中国经济出版社 2007 年版。

吉黎：《分税制与中国的城镇化》，博士学位论文，对外经济贸易大学，2015 年。

贾国强：《解码中国鬼城：新城区大跃进导致住房空置率提升》，2014 年 10 月，中国广播网（http://finance.cnr.cn/txcj/201410/t20141029_516683976.shtml）。

简新华、何志扬、黄锟：《中国城镇化与特色城镇化道路》，山东人民出版社 2010 年版。

姜爱林、陈海秋：《新中国 50 多年来宅基地立法的历史沿革》，《理论导刊》2007 年第 12 期。

姜德鑫：《试论农村土地承包经营权流转法律制度的完善》，《新疆财经大学学报》2009 年第 1 期。

蒋国河、孙萍：《农民工子女教育问题的政策反思》，《江西财经大学学报》2005 年第 6 期。

金太军：《市场失灵、政府失灵与政府干预》，《中共福建省委党校学报》2002 年第 5 期。

孔善广：《"土地财政"：地方政府增收的理性行为与相关制度的缺陷》，《学习与实践》2007 年第 5 期。

孔祥毅：《金融协调的若干理论问题》，《经济学动态》2003 年第 10 期。

雷爱先：《市场配置与政府调控》，《中国土地》2003 年第 6 期。

雷万鹏、汪传艳：《农民工随迁子女"入学门槛"的合理性研究》，《教育发展研究》2012 年第 24 期。

李宝礼、胡雪萍：《我国土地城镇化过快的生成与演化——基于金融支持过度假说的研究》，《经济经纬》2016年第1期。

李彪：《全国每年损失约百万亩耕地 新规划出台要求5年内年均减少土壤流失8亿吨》，2015年11月，每日经济新闻网（http：//www.nbd.com.cn/articles/2015-11-02/958331.html）。

李灿：《用科学的发展观构建新的政绩考核指标体系》，《统计与决策》2005年第1期。

李超、万海远：《新型城镇化与人口迁移》，广东经济出版社2014年版。

李光勤：《土地城镇化与人口城镇化协调性及影响因素研究——基于省级面板数据的分析》，《地方财政研究》2014年第6期。

李焕俊：《考察与借鉴》，中国大地出版社1996年版。

李静江、吴小荧：《环保指标与政府政绩考核》，《马克思主义与现实》2006年第2期。

李力行：《中国的城市化水平：现状、挑战和应对》，《浙江社会科学》2010年第12期。

李敏飞、柳经纬：《农地承包经营权流转的制约性因素的法律分析和思考》，《福州大学学报》（哲学社会科学版）2006年第3期。

李明月、胡竹枝：《广东省人口城市化与土地城市化速率比对》，《城市问题》2012年第4期。

李强：《关于城市农民工的情绪倾向及社会冲突问题》，《社会学研究》1995年第4期。

李双海：《国有土地资本化经营研究》，博士学位论文，西南财经大学，2007年。

李铁：《城镇化是一次全面深刻的社会变革》，中国发展出版社2013年版。

李小敏、陈多长：《我国人口城镇化与土地城镇化失调原因分析》，《改革与战略》2014年第12期。

李小敏：《人口城镇化与土地城镇化协调发展研究》，硕士学位论文，浙江工业大学，2014年。

李昕、文婧、林坚：《土地城镇化及相关问题研究综述》，《地理科学进展》2012年第8期。

李鑫、李兴校、欧名豪：《江苏省城镇化发展协调度评价与地区差异分析》，《人文地理》2012年第3期。

李兴江、唐志强：《论区域协调发展的评价标准及实现机制》，《甘肃社会科学》2007年第6期。

李智广、曹炜、刘秉正等：《中国水土流失现状与动态变化》，《中国水土保持》2008年第12期。

李子联：《人口城镇化滞后于土地城镇化之谜——来自中国省际面板数据的解释》，《中国人口·资源与环境》2013年第11期。

厉晓华：《农村城镇化制度性障碍分析》，《农村经济》2006年第1期。

梁灏：《完善要素市场　加快西部国企产权改革》，《经济体制改革》2005年第4期。

梁慧星：《中国民法典草案建议稿附理由·物权篇》，法律出版社2004年版。

梁武：《鄱阳湖滨湖地区人口城镇化与土地城镇化协调性研究》，硕士学位论文，江西农业大学，2015年。

廖重斌：《环境与经济协调发展的定量评判及其分类体系——以珠江三角洲城市群为例》，《广州环境科学》1996年第1期。

林坚：《中国城乡建设用地增长研究》，商务印书馆2009年版。

林毅夫：《中国的城市发展与农村现代化》，《北京大学学报》（哲学社会科学版）2002年第4期。

刘宝涛：《吉林省新型城镇化与土地健康利用协调发展研究》，博士学位论文，吉林大学，2017年。

刘传江、程建林：《第二代农民工市民化：现状分析与进程测度》，《人口研究》2008年第5期。

刘登强、王欢欢：《新型城镇化背景下人口城镇化问题及对策》，《统计与决策》2016年第2期。

刘婧娟：《"分税制"与"土地财政"——我国土地征收问题之诱因分析》，《法学杂志》2012年第7期。

刘娟、郑钦玉、郭锐利等：《重庆市人口城镇化与土地城镇化协调发展评价》，《西南师范大学学报》（自然科学版）2012年第11期。

刘琼：《土地市场视角下我国城市土地潜力研究》，博士学位论文，南京农业大学，2007年。

刘守英：《中国的二元土地权利制度与土地市场残缺——对现行政策、法律与地方创新的回顾与评论》，《经济研究参考》2008年第31期。

刘习平：《中国土地城镇化、人口城镇化及产业集聚协调发展研究》，博士学位论文，华中科技大学，2014年。

刘向南、吴群：《农村承包地流转：动力机制与制度安排》，《中国土地科学》2010年第6期。

刘潇：《河南省人口城镇化与土地城镇化协调发展研究》，硕士学位论文，郑州大学，2015年。

刘彦随、邓旭升、甘红：《我国城市土地利用态势及优化对策》，《土木建筑与环境工程》2005年第3期。

卢长安、游斌、郑丹：《论中小城市人口城镇化与土地城镇化协调发展》，《中国房地产》2014年第18期。

鲁德银：《论中国特色的土地城镇化道路》，《农村经济》2010年第8期。

陆大道、宋林飞、任平：《中国城镇化发展模式：如何走向科学发展之路》，《苏州大学学报》（哲学社会科学版）2007年第2期。

陆大道等：《关于遏制冒进式城镇化和空间失控的建议》，《中国科学院院士咨询报告》，2007年。

吕萍：《土地城市化与价格机制研究》，中国人民大学出版社2008年版。

吕萍、周滔：《农民工住房保障问题认识与对策研究——基于成本—效益分析》，《城市发展研究》2008年第3期。

吕玉印：《城市发展的经济学分析》，上海三联书店2000年版。

罗肇鸿、张仁德：《世界市场经济模式综合与比较》，兰州大学出版社1994年版。

马春文、张东辉:《发展经济学》,北京高等教育出版社2007年版。
马浩:《山东区域经济非均衡协调发展研究》,博士学位论文,北京交通大学,2013年。
《马克思恩格斯选集》(第1卷),人民出版社1995年版。
《马克思恩格斯全集》(第25卷),人民出版社1974年版。
《马克思恩格斯全集》(第26卷),人民出版社1972年版。
《马克思恩格斯全集》(第3卷),人民出版社1960年版。
《马克思恩格斯选集》(第3卷),人民出版社1972年版。
马克思:《资本论》(第三卷),中共中央马克思恩格斯列宁斯大林著作编译局译,人民出版社2004年版。
马强、王军:《我国P2P网络借贷行业的现状、困境和未来》,《财经科学》2016年第8期。
马强:《共享经济在我国的发展现状、瓶颈及对策》,《现代经济探讨》2016年第10期。
马彦琳、刘建平:《现代城市管理学》(第2版),科学出版社2005年版。
梅福林:《我国农村土地流转的现状与对策》,《统计与决策》2006年第19期。
缪小林、王婷、程李娜:《以人为核心的新型城镇化质量与效益研究——基于中国省际数据的评价与比较》,《云南财经大学学报》2015年第4期。
倪鹏飞:《中国住房发展报告(2012—2013)》,社会科学文献出版社2012年版。
潘颖、丁奇:《城市集市空间的发展——传统功能与现代需求的统一》,《艺术与设计(理论)》2015年第12期。
彭荣胜:《区域经济协调发展的内涵、机制与评价研究》,博士学位论文,河南大学,2007年。
齐晓娟:《中国西北地区人口、环境与经济社会协调发展评价研究》,硕士学位论文,首都经济贸易大学,2008年。
钱忠好:《农地承包经营权市场流转:理论与实证分析——基于农户

层面的经济分析》,《经济研究》2003年第2期。

秦佳、李建民:《中国人口城镇化的空间差异与影响因素》,《人口研究》2013年第2期。

秦云鹏:《青岛市经济与环境协调发展研究》,博士学位论文,中国海洋大学,2009年。

任冲:《中国特色新型城镇化发展战略选择研究——基于印度城镇化经验教训分析》,博士学位论文,山东大学,2015年。

任静:《京津冀地区人口城镇化与土地城镇化协调发展研究》,博士学位论文,首都经济贸易大学,2016年。

任懿:《有关农村土地承包经营权流转的法律问题研究》,《科学决策》2008年第9期。

任远:《新型城镇化是以人为核心的城镇化》,《上海行政学院学报》2014年第4期。

商春荣:《土地征用制度的国际比较与我国土地资源的保护》,《农业经济问题》1998年第5期。

申鹏:《农村劳动力转移的制度创新》,社会科学文献出版社2012年版。

沈飞、朱道林、毕继业:《我国土地征用制度对农村集体经济福利的影响》,《农村经济》2004年第9期。

沈彦、朱翔、雷志刚:《新型城镇化视角下的湖南省土地城镇化与人口城镇化协调发展研究》,《中国人口·资源与环境》2015年第5期。

晟达者:《城市化不是建"空城"、"睡城"、"鬼城"》,2014年10月,人民网(http://cpc.people.com.cn/pinglun/n/2014/1014/c241220-25833203.html)。

盛明科、唐玲:《地方政府民生类公共产品竞争失序及其治理研究》,《求索》2011年第10期。

石忆邵:《辩证审视人口城镇化与土地城镇化之间的关系》,《上海国土资源》2015年第2期。

史常亮:《湖南省耕地数量变化与城市化进程相互关系探讨》,《湖南商学院学报》2010年第6期。

司成兰、周寅康：《南京市建设用地变化及其驱动力分析》，《南京社会科学》2008年第11期。

司马文妮：《中国城市化进程中的土地利用问题研究》，博士学位论文，西北农林科技大学，2011年。

宋戈：《中国城镇化过程中土地利用问题研究》，中国农业出版社2005年版。

孙本良：《发挥政府调控职能——城市土地集约利用面面观》，《中国土地》2003年第11期。

孙斌艺：《土地腐败现象的制度经济学分析》，《上海房地》2007年第8期。

孙海鸥、赵晓雷：《2005年中国区域经济发展报告》，上海财经大学出版社2005年版。

孙丽萍、杨筠：《基于城镇体系视角的西部人口城镇化和土地城镇化协调性的实证分析》，《现代城市研究》2015年第12期。

孙文凯、白重恩、谢沛初：《户籍制度改革对中国农村劳动力流动的影响》，《经济研究》2011年第1期。

孙亚南：《二元经济转型国际比较研究》，中国社会科学出版社2016年版。

孙亚南、张桂文：《二元经济转型的一般规律研究——基于跨期国际比较分析的视角》，《天津社会科学》2017年第2期。

谭峥嵘：《征地矛盾的调处机制研究》，《行政与法》2012年第10期。

唐春梅：《香格里拉县城市绿化现状与树种选择》，《林业调查规划》2011年第6期。

唐云松、张洁如：《土地寻租治理的制度困境与路径选择》，《求索》2011年第2期。

陶然、曹广忠：《"空间城镇化"、"人口城镇化"的不匹配与政策组合应对》，《改革》2008年第10期。

陶然、陆曦、苏福兵等：《地区竞争格局演变下的中国转轨：财政激励和发展模式反思》，《经济研究》2009年第7期。

田国强:《和谐社会构建与现代市场体系完善》,《经济研究》2007年第3期。

童长江:《城乡经济协调发展评价与模式选择》,科学出版社2013年版。

王本兵:《我国城镇化发展的制度创新研究》,博士学位论文,中国海洋大学,2011年。

王磊:《城镇化进程中失地农民利益保护研究》,硕士学位论文,苏州大学,2011年。

王丽艳、郑丹、游斌:《实现人口城镇化与土地城镇化良性互动发展问题研究》,《当代经济研究》2014年第12期。

王丽艳、郑丹、王振坡:《我国人口城镇化与土地城镇化协调发展的区域差异测度——来自东中西部省际面板数据》,《学习与实践》2015年第4期。

王帅:《人口城镇化与土地城镇化协调发展研究——以山东半岛蓝色经济区为例》,硕士学位论文,曲阜师范大学,2015年。

王素斋:《科学发展观视域下中国新型城镇化发展模式研究》,博士学位论文,南开大学,2014年。

王维国:《协调发展的理论与方法研究》,博士学位论文,东北财经大学,1998年。

王夏晖、张惠远、王波等:《快速城镇化进程中的环境安全研究》,《城市问题》2008年第5期。

王晓丽:《农村集体经济与农民发展的良性互动研究》,博士学位论文,山西大学,2014年。

王兴芬、张荣:《新常态下中国经济增长潜力研究》,《工业技术经济》2016年第7期。

王兴芬、孙宁遥、李保玉:《商品拜物教思想对当代中国高等教育的影响及对策》,《当代经济》2016年第20期。

王兴芬、杨海平:《中国土地城镇化与人口城镇化协调发展研究述评》,《企业经济》2017年第1期。

王兴芬:《中国土地城镇化与人口城镇化协调发展的实证研究——基

于协调发展模型》,《技术经济与管理研究》2017年第1期。

王泽彩:《我国财政分税制的缺陷日益显现》,《经济纵横》2007年第3期。

魏华欣:《习近平"功成不必在我"为干部匡正政绩观》,2013年9月,人民网 (http://qzlx.people.com.cn/n/2013/0929/c364918-23077117.html)。

魏玮:《黑龙江省人口与土地城镇化均衡发展政策研究》,硕士学位论文,哈尔滨商业大学,2014年。

文军:《城镇化的核心是人的城镇化》,《光明日报》2013年10月16日第11版。

吴群、郭贯成:《城市化水平与耕地面积变化的相关研究——以江苏省为例》,《南京农业大学学报》2002年第3期。

吴一平、陈素云、孙德中:《中原经济区三化协调路径及关键问题研究》,《中国农业科学》2012年第21期。

吴友仁:《中国城镇化道路问题学术讨论会在宁召开》,《经济地理》1983年第1期。

武帅:《美媒图揭中国城镇自有住房空置率高现状》,2014年6月,环球网 (http://finance.huanqiu.com/pictures/2014-06/2737657_4.html)。

夏浩、张勇:《欠发达地区人口城镇化与土地城镇化协调发展研究——以安徽省为例》,《国土与自然资源研究》2015年第3期。

夏琪琪:《长沙市人口城镇化与土地城镇化协调发展及其相互作用机理研究》,硕士学位论文,湖南师范大学,2016年。

向德平:《城市社会学》,武汉大学出版社2002年版。

项英辉、李荣彬:《城镇化对我国耕地资源变化的影响分析》,《沈阳建筑大学学报》(社会科学版) 2008年第3期。

肖周燕:《政府调控、市场机制与城市发展》,《中国人口·资源与环境》2016年第4期。

谢培秀:《混合所有制导向的我国农村土地制度改革》,《中州学刊》2015年第5期。

谢文蕙、邓卫:《城市经济学》,清华大学出版社1996年版。

新玉言:《国外城镇化——比较研究与经验启示》,国家行政学院出版社2013年版。

熊德平:《农村金融与农村经济协调发展研究》,社会科学文献出版社2009年版。

熊冬洋:《保护我国耕地质量的财税政策研究》,《税务与经济》2015年第2期。

徐万刚、杨少垒:《城市化视角下的农村宅基地流转制度分析》,《社会科学家》2009年第3期。

徐志耀、柳思维:《城镇化进程中土地财政的空间传导及其实证检验》,《财经问题研究》2015年第6期。

许经勇:《人口城镇化是城镇化的核心》,《学习论坛》2014年第2期。

薛欧、赵凯、陈艳蕊等:《陕西省土地城市化水平评价分析》,《山东农业大学学报》(自然科学版)2011年第3期。

严思齐、吴群:《土地城镇化与人口城镇化的非协调性和互动关系》,《中国人口·资源与环境》2016年第11期。

[丹麦]扬·盖尔:《交往与空间》,何人可译,中国建筑工业出版社2002年版。

杨光:《我国农村土地承包经营权流转制度的缺陷与完善对策》,《当代经济研究》2011年第10期。

杨宏山:《城市管理学》(第二版),中国人民大学出版社2013年版。

杨菊华:《新型城镇化背景下户籍制度的"双二属性"与流动人口的社会融合》,《中国人民大学学报》2017年第4期。

杨立申:《人口城镇化应与经济社会发展相协调》,《宏观经济管理》1996年第2期。

杨丽霞、苑韶峰、王雪禅:《人口城镇化与土地城镇化协调发展的空间差异研究——以浙江省69县市为例》,《中国土地科学》2013年第11期。

杨鹏、高素英、田亚:《人口城镇化与土地城镇化协调发展实证研究》,《山东社会科学》2015 年第 S1 期。

杨士弘:《广州城市环境与经济协调发展预测及调控研究》,《地理科学》1994 年第 2 期。

杨士弘、廖重斌、郑宗清:《城市生态环境学》,科学出版社 1996 年版。

杨艳昭、封志明、赵延德等:《中国城市土地扩张与人口增长协调性研究》,《地理研究》2013 年第 9 期。

姚明明:《新型城镇化进程中我国农业转移人口市民化成本分担机制研究》,博士学位论文,辽宁大学,2015 年。

姚士谋、陆大道、陈振光等:《顺应我国国情条件的城镇化问题的严峻思考》,《经济地理》2012 年第 5 期。

姚懿洺:《基于面板数据模型的土地与人口城镇化非均衡性研究——以陕西省为例》,硕士学位论文,长安大学,2015 年。

叶青清:《江汉平原城镇化与耕地保护协调发展研究》,博士学位论文,华中师范大学,2015 年。

《最高人民检察院通报近两年查办城镇建设领域商业贿赂犯罪情况》,《人民日报》2009 年 9 月 15 日。

《农民工不愿"双放弃"换取城镇户口》,2011 年 6 月,中工网(http://nmg.workercn.cn/c/2011/06/13/110613031207371914414.html)。

《2014 年全国农民工监测调查报告》,2015 年 4 月,国家统计局(http://www.stats.gov.cn/tjsj/zxfb/201504/t20150429_797821.html)。

《建立"功成不必在任内"考核观》,2015 年 6 月,新华网(http://news.xinhuanet.com/local/2015-06/30/c_127966055.html)。

《2015 年中国住房空置率调查:整体低于 30% 去化压力大》,2015 年 6 月,赢商网(http://yn.winshang.com/news-487290.html)。

《2015 年农村宅基地政策改革,把完整产权还给农民》,2015 年 12 月,土流网(http://www.tuliu.com/read-18216.html)。

《中华人民共和国国民经济和社会发展第十三个五年规划纲要》,人民出版社 2016 年版。

《2016 年农民工监测调查报告》,2017 年 4 月,国家统计局(http://

www.stats.gov.cn/tjsj/zxfb/201704/t20170428_1489334.html)。

《国家统计局：2016年全国人均住房面积40.8m² 你达标没?》，2017年7月，凤凰网（http://news.ifeng.com/a/20170711/51413867_0.shtml）。

尹宏玲、徐腾：《我国城市人口城镇化与土地城镇化失调特征及差异研究》，《城市规划学刊》2013年第2期。

尹伟华：《我国城镇化进程中生态环境问题及对策》，《中国经贸导刊》（理论版）2017年第23期。

尹优平：《中国区域金融协调发展研究》，博士学位论文，西南财经大学，2007年。

余运江：《城市集聚、外部性与劳动力流动研究》，博士学位论文，华东师范大学，2015年。

袁艳：《关于户籍人口城镇化水平的探讨》，《科学经济社会》2015年第1期。

苑韶峰、孙乐、杨丽霞等：《农村土地流转近期研究评述与启示》，《上海国土资源》2011年第4期。

苑韶峰、刘欣玫、杨丽霞等：《农地转用过程中土地增值收益分配研究综述》，《上海国土资源》2012年第1期。

苑韶峰、杨丽霞、施伟伟等：《农地非农化过程中土地增值收益分配的物元模型分析》，《上海国土资源》2012年第4期。

曾珍香：《可持续发展协调性分析》，《系统工程理论与实践》2001年第3期。

张安录：《紧缩地根下政府的职能和行为规范——兼论土地政策在国民经济宏观调控中的运作》，《理论月刊》2007年第4期。

张超：《甘肃省新型城镇化质量与土地利用效益的协调性及其空间分异研究》，硕士学位论文，兰州大学，2015年。

张传玉：《徘徊在城市边缘的底层农民工群体》，《重庆科技学院学报》（社会科学版）2006年第4期。

张桂文：《中国二元经济结构转换的政治经济学分析》，经济科学出版社2011年版。

张桂文:《二元经济转型视角下的中国粮食安全》,《经济学动态》2011年第6期。

张桂文:《推进以人为核心的城镇化 促进城乡二元结构转型》,《当代经济研究》2014年第3期。

张国胜、陈瑛:《社会成本、分摊机制与我国农民工市民化——基于政治经济学的分析框架》,《经济学家》2013年第1期。

张国胜、陈明明:《我国新一轮户籍制度改革的价值取向、政策评估与顶层设计》,《经济学家》2016年第7期。

张静、章海鸥:《用推拉理论分析我国现阶段非转农现象》,《消费导刊》2008年第19期。

张彤玉、张桂文:《政治经济学》(资本主义部分),陕西人民出版社2014年版。

张晓东、池天河:《90年代中国省级区域经济与环境协调度分析》,《地理研究》2001年第4期。

张晓燕:《现代城市管理学》,武汉大学出版社2012年版。

张新海:《给予宏观经济结构合理化的宁夏水资源合理配置》,《水利学报》2006年第3期。

张许颖、黄匡时:《以人为核心的新型城镇化的基本内涵、主要指标和政策框架》,《中国人口·资源与环境》2014年第11期。

张学敏:《离农农民承包地退出机制研究》,博士学位论文,西南大学,2014年。

张勇:《四川省城镇空间结构优化研究》,博士学位论文,西南财经大学,2014年。

张勇:《城镇土地扩张与人口增长协调性分析——以安徽省为例》,《城市问题》2015年第2期。

张志胜:《新生代农民工住房保障的阙如与重构》,《城市问题》2011年第2期。

赵尔强:《人口对城市建设用地增长的影响》,《湖北经济学院学报》(人文社会科学版)2008年第2期。

赵宏海:《安徽省城镇化与农业现代化协调发展研究》,博士学位论文，安徽大学，2013年。

赵玉领、王巍、陈桂珅：《以补定占等别约束——破解"占优补劣"难题的几点对策》，《中国土地》2014年第2期。

郑秉文：《改革开放30年中国流动人口社会保障的发展与挑战》，《中国人口科学》2008年第5期。

郑功成：《农民工的权益与社会保障》，《中国党政干部论坛》2002年第8期。

中共中央马克思恩格斯列宁斯大林著作编译局：《斯大林选集》（下），人民出版社1979年版。

中国（海南）改革发展研究院：《人的城镇化——40余位经济学家把脉新型城镇化》，中国经济出版社2013年版。

中国发展研究基金会：《中国发展报告2010：促进人的发展的中国新型城市化战略》，人民出版社2010年版。

中国人口与发展研究中心课题组，桂江丰、马力、姜卫平等：《中国人口城镇化战略研究》，《人口研究》2012年第3期。

中国社会科学院研究生院城乡建设经济系：《城市经济学》，经济科学出版社1999年版。

钟春艳：《统筹城乡发展中北京郊区城镇化研究》，博士学位论文，中国农业科学院，2009年。

周健：《农用地征收导致农村资金外流规模估算研究》，《贵州社会科学》2014年第5期。

周一星、史育龙：《建立中国城市的实体地域概念》，《地理学报》1995年第4期。

周一星：《城市地理学》，商务印书馆2012年版。

周元、孙新章：《中国城镇化道路的反思与对策》，《中国人口·资源与环境》2012年第4期。

周再清：《面向"三农"的金融机构协调发展研究》，博士学位论文，湖南大学，2012年。

朱莉芬、黄季焜：《城镇化对耕地影响的研究》，《经济研究》2007年第2期。

朱晓:《人口、资源、环境与经济协同发展研究:以新疆为例》,东北财经大学出版社 2010 年版。

朱一中、曹裕:《农地非农化过程中的土地增值收益分配研究——基于土地发展权的视角》,《经济地理》2012 年第 10 期。

诸培新、曲福田:《农地非农化配置中的土地收益分配研究——以江苏省 N 市为例》,《南京农业大学学报》(社会科学版) 2006 年第 3 期。

祝天智:《土地调控的市场与政府双重失灵及其对策》,《兰州学刊》2014 年第 10 期。

Ades A. F., Glaeser E. L., "Trade and Circuses: Explaining Urban Giants", *NBER Working Papers*, No. 4715, April 1994.

Alonso W., *Location and Land Use*, Massachusetts: Harvard University Press, 1964.

Arku G., "Rapidly Growing African Cities Need to Adopt Smart Growth Policies to Solve Urban Development Concerns", *Urban Forum*, Vol. 20, No. 3, February 2009.

Banzhaf H. S., Lavery N., "Can the Land Tax Help Curb Urban Sprawl? Evidence from Growth Patterns in Pennsylvania", *Social Science Electronic Publishing*, Vol. 67, No. 2, March 2010.

Bento A. M., Franco S. F., Kaffine D., "The Efficiency and Distributional Impacts of Alternative Anti-Sprawl Policies", *Journal of Urban Economics*, Vol. 59, No. 1, January 2006.

Bertinelli L., Black D., "Urbanization and Growth", *Journal of Urban Economics*, Vol. 56, No. 1, July 2004.

Brown D. G., Page S. E., Riolo R., et al., "Agent-Based and Analytical Modeling to Evaluate the Effectiveness of Greenbelts", *Environmental Modelling & Software*, Vol. 19, No. 12, December 2004.

Brueckner J. K., Fansler D. A., "The Economics of Urban Sprawl: Theory and Evidence on the Spatial Sizes of Cities", *Review of Economics & Statistics*, Vol. 65, No. 3, February 1983.

Brueckner J. K. , "The Structure of Urban Equilibria: A Unified Treatment of the Muth-Mills Model", *Handbook of Regional & Urban Economics*, Vol. 2, No. 1, 1987.

Brueckner J. K. , "Urban Sprawl: Diagnosis and Remedies", *International Regional Science Review*, Vol. 23, No. 2, April 2000.

Brueckner J. K. , Helsley, R. W. , "Sprawl and blight", *Journal of Urban Economics*, Vol. 69, No. 2, March 2011.

Camagni R. , Gibelli M. C. , Rigamonti P. , "Urban Mobility and Urban Form: The Social and Environmental Costs of Different Patterns of Urban Expansion", *Ecological Economics*, Vol. 40, No. 2, February 2002.

Chiew P. Y. , "Pseudo-Urbanization? Competitive Government Behavior and Urban Sprawl in China", *Journal of Contemporary China*, Vol. 21, No. 74, February 2012.

Clark C. , *The Conditions of Economic Progress*, London: Macmillan & Co. Ltd. , 1940.

Deng X. , Huang J. , Rozelle S. , et al. , "Growth, Population and Industrialization, and Urban Land Expansion of China", *Journal of Urban Economics*, Vol. 63, No. 1, January 2008.

Filion P. , Mcspurren K. , "Smart Growth and Development Reality: The Difficult Coordination of Land Use and Transport Objectives", *Urban Studies*, Vol. 44, No. 3, March 2007.

Freeman L. , "The Effects of Sprawl on Neighborhood Socialties", *Journal of the American Planning Association*, Vol. 67, No. 1, November 2001.

Friedmann J. , "Four Theses in the Study of China's Urbanization", *International Journal of Urban & Regional Research*, Vol. 30, No. 2, June 2006.

Gabriel S. A. , Faria J. A. , Moglen G. E. , "A multiobjective Optimization Approach to Smart Growth in Land Development", *Socio-Economic Planning Sciences*, Vol. 40, No. 3, September 2006.

Geller A. L. , "Smart Growth: A Prescription for Livable Cities", *American*

Journal of Public Health, Vol. 93, No. 9, September 2003.

Gennaio M. P., Hersperger A. M., Bürgi M., "Containing Urban Sprawl—Evaluating Effectiveness of Urban Growth Boundaries Set by the Swiss Land Use Plan", *Land Use Policy*, Vol. 26, No. 2, April 2009.

Glaeser E. L., Kahn M. E., *Sprawl and Urban Growth*, Harvard Institute of Economic Research, Massachusetts: Harvard University, May 2003.

Haase D., Kabisch N., Haase A., "Endless Urban Growth? On the Mismatch of Population, Household and Urban Land Area Growth and Its Effects on the Urban Debate", *Plos One*, Vol. 8, No. 6, June 2013.

Henderson V., "Urbanization in Developing Countries", *World Bank*, Vol. 17, No. 1, Spring 2002.

Henderson J. V., *Urbanization in China Policy Issues and Options*. China Economic Research and Advisory Programme, Brown University and NBER, November 2009.

Hoenack S. A., Peris J. A., Weiler W. C., "Can Economic Incentives Explain the Recent Population Movements to Nonmetropolitan areas?", *The Annals of Regional Science*, Vol. 18, No. 1, January 1984.

Hughes C., Spray R., "Smart Communities and Smart Growth - Maximising Benefits for the Corporation", *Journal of Corporate Real Estate*, Vol. 4, No. 3, June 2002.

Hunter L. M., Manuel D. J. G. G., Stevenson M., et al., "Population and Land Use Change in the California Mojave: Natural Habitat Implications of Alternative Futures", *Population Research and Policy Review*, Vol. 22, No. 4, August 2003.

Hushak L. J., "The Urban Demand for Urban-Rural Fringe Land", *Land Economics*, Vol. 53, No. 1, February 1975.

Karen A. Danielsen, Robert E. Lang, and William Fulton., "Retracting suburbia: Smart growth and the future of housing", *Housing Policy Debate*, Vol. 10, No. 3, March 1999.

Kenneth D. Roberts., "The Determinants of Job Choice by Rural Labor Migrants in Shanghai", *China Economic Review*, Vol. 12, No. 1, Spring 2001.

Kocabas V., Dragicevic S., "Bayesian Networks and Agent-Based Modeling Approach for Urban Land-Use and Population Density Change: A BNAS Model", *Journal of Geographical Systems*, Vol. 15, No. 4, October 2013.

Krugman P. R., *The Self-Organizing Economy*, England: Cambridge, 1996.

Liang S. M., "China's Urban Development Strategy Based on Arable Land Preservation", *Urban Problems*, Vol. 137, No. 7, July 2009.

Lori M. Hunter, et al., "Population and Land Use Change in the California Mojave Natural Habitat Implications of Alternative Future", *Kluwer Academic Publishers*, Vol. 22, No. 4, August 2003.

Louw E., "Land Assembly for Urban Transformation—The Case of 's-Hertogenbosch in The Netherlands", *Land Use Policy*, Vol. 25, No. 1, January 2008.

Marshall J. D., "Urban Land Area and Population Growth: A New Scaling Relationship for Metropolitan Expansion", *Urban Studies*, Vol. 44, No. 10, September 2007.

Moos M., Skaburskis A., "Workplace Restructuring and Urban Form: the Changing National Settlement Patterns of the Canadian Workforce", *Journal of Urban Affairs*, Vol. 32, No. 1, January 2010.

Mubarak F. A., "Urban Growth Boundary Policy and Residential Suburbanization: Riyadh, Saudi Arabia", *Habitat International*, Vol. 28, No. 4, December 2004.

Parfrey E., "What is 'Smart Growth'?", *Sierra Club*, 1999. http://www.sierraclub.org/sprawl/community/smartgrowth.asp.

Porter J. R., Mason P. B., Howell F. M., "Metropolitan Influence and Land Use Competition in Potential Biomass Crop Production: A Spatial Demographic Analysis", *Population Research and Policy Review*,

Vol. 32, No. 2, April 2013.

Reynolds H. W., "Population Displacement in Urban Renewal", *American Journal of Economics and Sociology*, Vol. 22, No. 1, January 1963.

Seto K. C., Michail F., Burak G., et al., "A Meta-Analysis of Global Urban Land Expansion", *Plos One*, Vol. 6, No. 8, August 2011.

Shaffer R. E., "Rural Employment and Rural-Urban Population Shifts: Discussion", *American Journal of Agricultural Economics*, Vol. 61, No. 5, December 1979.

Shirazi S. A., Kazmi J., "Analysis of Population Growth and Urban Development in Lahore-Pakistan Using Geospatial Techniques: Suggesting Some Future Options", *South Asian Studies*, Vol. 29, No. 1, January 2014.

Shoshany M., Goldshleger N., "Land-Use and Population Density Changes in Israel-1950 to 1990: Analysis of Regional and Local Trends", *Land Use Policy*, Vol. 19, No. 2, April 2002.

Sierra Club., "Sprawl Costs Us All: How Your Taxes Fuel Suburban Sprawl", *The Sierra Club Report on Sprawl*, 2000a. http://www.sierraclub.org/sprawl/report00/sprawl.pdf.

Sierra Club., "Smart Choices or Sprawling Growth: A 50 – State Survey of Development", *The Sierra Club Report on Sprawl*, 2000b. http://www.sierraclub.org/sprawl/50statesurvey/intro.asp.

Small C., "Global Population Distribution and Urban Land Use in Geophysical Parameter Space", *Earth Interactions*, Vol. 8, No. 8, June 2004.

ULI., "Smart Growth: Myth and Fact", *Urban Land Institute*, 1999. http://www.uli.org/Pub/Media/A_issues/A_SmL4_Myth.pdf.

Vesterby M., Heimlich R. E., "Land Use and Demographic Change, Results from Fast-Growth Counties", *Land Economics*, Vol. 67, No. 3, August 1991.

William R. B., Howard E. C., "New Farmland Preservation Programs in New York", *Journal of the American Planning Association*, Vol. 41, No. 6, November 1975.

Wilson C. , *The Dictionary of Demography*, Oxford: Basil Blackwell Ltd. , 1986.

Wu Y. , Zhang X. , Shen L. , "The Impact of Urbanization Policy on Land Use Change: A Scenario Analysis", *Cities*, Vol. 28, No. 2, April 2011.

Zhang K. H. , Song S. , "Rural-Urban Migration and Urbanization in China: Evidence from Time-Series and Cross-Section Analyses", *China Economic Review*, Vol. 14, No. 4, September 2003.

Zhang T. W. , "Community Features and Urban Sprawl: The Case of the Chicago Metropolitan Region", *Land Use Policy*, Vol. 18, No. 3, July 2001.